国家精品课程配套教材

病原生物学学习纲要

第2版

主　编　王兆军　何　平

主　审　徐大刚

副主编　赵　蔚

编　委　(按姓氏汉语拼音排序)

陈雪玲(石河子大学医学院)
段义农(南通大学医学院)
郭晓奎(上海交通大学医学院)
贺利芳(遵义医学院)
黄孝天(南昌大学医学院)
瞿　涤(复旦大学上海医学院)
刘世国(新乡医学院)
刘晓波(广东药学院)
马淑霞(佳木斯大学)
潘　卫(第二军医大学)
孙　军(同济大学医学院)
王红英(新疆医科大学)
王兆军(上海交通大学医学院)
徐大刚(上海交通大学医学院)
袁正宏(复旦大学上海医学院)
赵　蔚(上海交通大学医学院)
朱淮民(第二军医大学)
崔　昱(大连医科大学)
葛　艳(同济大学医学院)
何　平(上海交通大学医学院)
黄红莹(河南大学医学院)
焦红梅(扬州大学医学院)
凌　虹(哈尔滨医科大学)
刘先洲(武汉大学医学院)
卢　颖(辽宁医学院)
毛佐华(复旦大学上海医学院)
潘卫庆(第二军医大学)
唐　立(大连医科大学)
王　玲(北京大学医学部)
夏明超(苏州大学医学部)
袁红英(河南科技大学医学院)
张　浩(齐齐哈尔医学院)
赵英会(泰山医学院)

科学出版社

北　京

内 容 简 介

本书是作为“十二五”普通高等教育国家级规划教材《病原生物学》(第2版,郭晓奎、潘卫庆主编)的辅助教材。并根据规划教材所设置的医学微生物学和医学寄生虫学两部分,以细菌学、真菌学、病毒学、蠕虫学、原虫学和医学节肢动物学的各个章节框架进行编排,其中微生物学内容为第一章至第三十七章,寄生虫学内容为第三十八章至第五十章。按基本体现教学大纲的要求,每个章节分教学要求、教学要点(包括学习引导和学习内容)进行编写,以突出教学内容的重点和难点,并在书的最后有自测题和答案。

本书适用于医学院校的学生、临床执业医师、从事预防医学工作的专业人员学习病原生物学作为参考,也可为从事病原生物学的教师提供教育辅助。

图书在版编目(CIP)数据

病原生物学学习纲要 / 王兆军,何平主编 . —2 版 . —北京:科学出版社,2015. 12

ISBN 978-7-03-046207-7

Ⅰ. ①病…　Ⅱ. ①王…　②何…　Ⅲ. ①病原微生物-高等学校-教学参考资料　Ⅳ. ①R37

中国版本图书馆 CIP 数据核字(2015)第 262226 号

责任编辑:胡治国/ 责任校对:韩　杨
责任印制:赵　博/ 封面设计:陈　敬

科学出版社 出版
北京东黄城根北街 16 号
邮政编码: 100717
http://www.sciencep.com
北京华宇信诺印刷有限公司印刷
科学出版社发行　各地新华书店经销
*
2008 年 5 月第 一 版　开本:787×1092 1/16
2015 年 12 月第 二 版　印张:14
2025 年 3 月第十三次印刷　字数:332 000
定价:59. 80 元
(如有印装质量问题,我社负责调换)

编写说明

本书是在《病原生物学学习纲要》(第1版)的基础上,作为"十二五"普通高等教育国家级规划教材、郭晓奎和潘卫庆主编的《病原生物学》(第2版)配套教材,对相关内容做了一定的修改。基本内容仍按照医学微生物学和医学寄生虫学两个部分,以及病原生物学课程教学中的三基(基础理论、基本知识、基本技能)要求,分别以细菌学、真菌学、病毒学、蠕虫学、原虫学和节肢动物学的相关篇章进行阐述,以突出教学重点和难点。本书共五十章,微生物学内容是第一章至第三十七章,寄生虫学内容是第三十八章至第五十章。因此,本书每个章节中按"教学要求"、"教学内容"两部分阐述。教学要求分别列出"掌握、熟悉和了解"三个不同层次;教学内容按教学要求中的三个层次进行表述。为了帮助掌握各章节的主要内容,在医学微生物学的每个章和医学寄生虫的每个章或节的教学内容中,以提问的方式列出了"学习引导",以便在学习过程中起到提纲挈领的效果。在书的最后有自测题,分别按选择题、填空题、名词解释(或简答题)、问答题的形式供学习中应用,并附有参考答案。

本书供临床、预防、基础、口腔医学及其他医学相关专业的《病原生物学》课程教与学时,作为纲要起教学辅助作用;也可为研究生、临床执业医师、从事预防医学工作的专业人员学习病原生物学提供参考。

希望广大师生和读者对本书的不足之处提出批评指正。

编　者

2015年5月

目　　录

第一部分　医学微生物学

第二部分　医学寄生虫学

第一部分　医学微生物学

第一章　绪　　论

教学要求

(1) 掌握微生物的基本概念、种类和分布。

(2) 熟悉微生物的特点、微生物与人类的关系,学习医学微生物学的目的和意义。

(3) 了解微生物学和微生物学发展史。

教学要点

[学习引导]

(1) 什么是微生物? 有何特点?

(2) 非细胞型、原核细胞型、真核细胞型三类微生物各有何特点? 各包括什么种类微生物?

(3) 微生物与人类关系如何? 什么是病原微生物?

(4) 学习医学微生物学的目的是什么?

(5) 微生物学的发展分哪些阶段?

一、微生物定义

自然界的生物中,除动物和植物以外,一般体形微小、结构简单、大部分肉眼不能直接看见,必须借助光学显微镜或电子显微镜放大数百倍、数千倍,甚至数万倍才能观察到的生物,统称为微生物(microorganism)。

二、微生物的种类与分布

1. 微生物的种类　见表1-1。

表1-1　微生物的种类

种类	特点	举例
非细胞型微生物(acellular microorganism)	最小的一类微生物。无典型的细胞结构,无产生能量的酶系统,只能在活的敏感细胞内增殖	病毒(virus)
原核细胞型微生物(prokaryotic microorganism)	原始核呈裸DNA团块结构,无核膜、核仁,细胞器很不完善,只有核糖体	细菌(bacterium)
真核细胞型微生物(eukaryotic microorganism)	细胞核分化程度高,有核膜和核仁,细胞器完善	真菌(fungus)

2. 微生物的分布 微生物在自然界的分布极为广泛,以土壤中的微生物最多。

三、微生物的特点

绝大多数微生物个体极其微小,常以微米(μm)或纳米(nm)作为计量单位;结构简单;繁殖速度快;代谢旺盛;营养谱广泛;基因变异频率高。

四、微生物与人类的关系

绝大多数微生物对人类和动、植物是有益的,甚至有些是必需的。仅有少数微生物能引起人类和动物、植物的病害,这些具有致病性的微生物称为病原微生物(pathogenic microorganism)。

五、微生物学定义

微生物学(microbiology)是生命科学的一个重要分支,是研究微生物的类型、分布、形态、结构、代谢、生长繁殖、遗传、进化,以及与人类、动物、植物等相互关系的一门科学。微生物学工作者的任务是将对人类有益的微生物用于生产实际,对人类有害的微生物予以改造、控制和消灭,使微生物学朝向人类需要的方向发展。

六、医学微生物学定义

医学微生物学是微生物学的一个分支,是一门基础医学课程。主要研究与医学有关病原微生物的生物学特性、致病和免疫机制,以及特异性诊断、防治措施,以控制和消灭感染性疾病和与之有关的免疫损伤等疾病,达到保障和提高人类健康水平的目的。

七、医学微生物学发展过程

(一) 微生物学的经验时期

略。

(二) 实验微生物学时期

1. 荷兰人列文虎克(Antony van Leeuwenhoek) 1676年创制了一架能放大266倍的原始显微镜首次观察到微生物。

2. 法国科学家巴斯德(Louis Pasteur) 微生物学的奠基人之一,率先实验证明有机物质的发酵与腐败是由微生物所引起,创立的巴氏消毒法沿用至今。研制鸡霍乱、炭疽和狂犬病疫苗并获得成功,开创了现代疫苗学。

3. 德国学者郭霍(Robert Koch) 微生物学的另一奠基人,提出了著名的郭霍法则(Koch's postulates, 1884):①特殊的病原菌应在同一种疾病中查见,在健康人中不存在;②该特殊病原菌能被分离培养得纯种;③该纯培养物接种至易感动物,能产生同样病症;④自人工感染的实验动物体内能重新分离得该病原菌纯培养。郭霍法则在鉴定一种新病原体时确有重要的指导意义,但应注意到一些特殊情况。

李斯特、琴纳、伊凡诺夫斯基、弗莱明也做出了重大贡献。

（三）现代微生物学时期

最近几十年来，随着分子生物学、基因组学（genomics）、系统生物学（systems biology）及众多交叉学科的建立，使得微生物学也得到了极为迅速的发展。新病原微生物陆续被发现，对于病原微生物致病机制的研究深入到分子基因水平，快速诊断方法发展较快，开发了基因工程疫苗、核酸疫苗等新型疫苗。

（赵 蔚 郭晓奎）

第二章　细菌的形态与结构

教学要求

(1) 掌握细菌细胞壁和细菌特殊结构的生物学特性及与医学的关系；革兰染色的步骤、结果及意义。

(2) 熟悉细菌的大小、形态和排列，细菌的各种结构、化学组成和功能，细菌L型的概念、特点及与医学的关系。

(3) 了解细菌形态与结构的检查法。

教学要点

[学习引导]

(1) 细菌的测量单位是什么？细菌有哪些基本形态？

(2) 试述细菌细胞壁的结构。

(3) 试述革兰阳性菌和革兰阴性菌细胞壁的主要区别。

(4) 什么是细菌L型？L型变异与医学有何关系？

(5) 细菌有哪些特殊结构？它们与医学有何关系？

(6) 试述革兰染色的步骤、结果及意义。

一、细菌的大小和形态

细菌的测量单位是微米(μm)。细菌按其外形，主要有球菌、杆菌和螺形菌三大类。多数球菌直径在1μm左右。

细菌的形态受温度、pH、培养基成分和培养时间等因素影响很大。

二、细菌的结构

(一) 基本结构

1. 细胞壁(cell wall)　位于菌细胞的最外层，包绕在细胞膜的周围。

(1) 化学组成

1) 共有组分：肽聚糖(peptidoglycan)(又称为黏肽、糖肽)是细菌细胞壁中的主要组分，为原核细胞所特有。革兰阳性菌的肽聚糖由聚糖骨架、四肽侧链和五肽交联桥三部分组成，革兰阴性菌的肽聚糖仅由聚糖骨架和四肽侧链两部分组成。

a. 聚糖骨架：由*N*-乙酰葡糖胺和*N*-乙酰胞壁酸交替间隔排列，经β-1，4糖苷键联结而成，该糖苷键可被溶菌酶水解，从而导致肽聚糖结构的解体，引起细菌死亡。

b. 四肽侧链：连接在*N*-乙酰胞壁酸分子上由四个氨基酸组成的侧链，氨基酸的组成随细菌不同而异。

c. 五肽交联桥(革兰阳性菌特有)：由五个甘氨酸组成，使相邻四肽侧链相连。

青霉素能与细菌竞争合成肽聚糖过程中所需的转肽酶，抑制四肽侧链和五肽交联桥之间的联结，使肽聚糖不能合成而导致细菌死亡。

2）革兰阳性菌细胞壁特殊组分：磷壁酸（teichoic acid）

a. 壁磷壁酸（wall teichoic acid）：一端通过磷脂与肽聚糖上的胞壁酸共价结合固定于细胞壁。

b. 膜磷壁酸（membrane teichoic acid）或脂磷壁酸（lipoteichoic acid, LTA）：一端与细胞膜外层上的糖脂共价结合固定于细胞膜上。

3）革兰阴性菌细胞壁特殊组分：外膜（outer membrane）

a. 革兰阴性菌细胞壁的主要成分：革兰阴性菌的细胞壁较薄，含有 1～2 层的肽聚糖，而外膜，约占细胞壁干重的 80%。

b. 由脂蛋白、脂质双层和脂多糖三部分组成。中心是脂质双层，其内侧含有较丰富的脂蛋白，向细胞外伸出的是脂多糖（lipopolysaccharide, LPS）。

c. 脂多糖的组成

脂质 A（lipid A）：不同种属细菌的脂质 A 骨架基本一致。脂质 A 是内毒素的毒性和生物学活性的主要组分，无种属特异性，故不同细菌产生的内毒素的毒性作用均相似。

核心多糖（core polysaccharide）：位于脂质 A 的外层，核心多糖有属特异性，同一属细菌的核心多糖相同。

特异多糖（specific polysaccharide）：是脂多糖的最外层。特异多糖即革兰阴性菌的菌体抗原（O 抗原），具有种特异性。特异多糖的缺失，可使细菌从光滑型变为粗糙型。

（2）革兰阳性菌和革兰阴性菌细胞壁比较见表 2-1。

表 2-1　革兰阳性菌与阴性菌细胞壁比较

	革兰阳性菌	革兰阴性菌
主要结构	肽聚糖，磷壁酸	外膜，肽聚糖
强度	较坚韧	较疏松
厚度	厚，20～80nm	薄，10～15nm
肽聚糖结构	三维立体（聚糖骨架、四肽侧链、五肽交联桥）	二维网状（聚糖骨架、四肽侧链）
肽聚糖层数	可多达 50 层	少，1～2 层
肽聚糖含量	多，占细胞壁干重 50%～80%	少，占细胞壁干重 5%～20%
磷壁酸	+	−
外膜	−	+
周浆间隙	−	+
染色性	紫色	红色
抗原性	主要为磷壁酸	主要为外膜
致病性	无内毒素	有内毒素
青霉素的作用	大多有效	大多无效
溶菌酶的作用	有效	无效

（3）功能

1）维持菌体固有的形态并保护细菌抵抗低渗环境。

2）参与菌体内外的物质交换。

3）菌体表面带有多种抗原表位，可以诱发机体的免疫应答。

革兰阳性菌的磷壁酸是重要表面抗原，与血清型分类有关。还可起到稳定和加强细胞壁的作用。另外,有些菌有表面蛋白,如乙型溶血性链球菌表面的M蛋白与致病性有关。

革兰阴性菌的外膜是一种有效的屏障结构,使细菌不易受到机体的体液杀菌物质、肠道的胆盐及消化酶等的作用,还可阻止某些抗生素的进入,成为细菌耐药的机制之一。LPS(内毒素)是革兰阴性菌重要的致病物质。

(4) 细菌L型(L-form of bacteria)

1) 定义:细菌细胞壁的肽聚糖结构受到理化或生物因素的直接破坏或合成被抑制后,在高渗透压环境下仍能生长和分裂的细菌。

2) 形成条件及影响因素:在体内或体外、人工诱导或自然情况下均可形成,诱发因素很多,如溶菌酶和溶葡萄球菌素、青霉素、胆汁、抗体、补体等。

3) 特点:形态呈高度多形性,大多革兰染色阴性。需在高渗低琼脂含血清的培养基中生长,生长繁殖较原菌缓慢,一般培养形成荷包蛋样细小菌落,也有的长成颗粒状或丝状菌落。在液体培养基中生长后呈较疏松的絮状颗粒,沉于管底,培养液则澄清。

4) 与医学关系:①作用于细胞壁的抗菌药物(β-内酰胺类抗生素等)治疗失效;②某些L型仍保留有一定的致病力,引起慢性感染,如尿路感染、骨髓炎、心内膜炎等;③临床上遇有症状明显而标本常规细菌培养阴性者,应考虑细菌L型感染的可能性。

2. 细胞膜(cell membrane) 或称胞质膜,位于细胞壁内侧,紧包着细胞质。

(1) 化学组成:由磷脂和多种蛋白质组成,但不含胆固醇(支原体例外)。

(2) 功能:主要有物质转运、生物合成、分泌和呼吸、信号转导等。可形成中介体,其功能类似于真核细胞的线粒体。

3. 细胞质(cytoplasm) 细胞膜包裹的溶胶状物质。其中含有核糖体、质粒、胞质颗粒等重要结构。

(1) 核糖体(ribosome):细菌合成蛋白质的场所。细菌核糖体沉降系数为70S,由50S和30S两个亚基组成,与真核生物的核糖体不同,因此,细菌核糖体是一些抗生素作用的重要靶点。有些抗生素如链霉素或红霉素能分别与细菌核糖体的30S亚基或50S亚基结合,干扰其蛋白质合成,从而杀死细菌。

(2) 质粒(plasmid):为细菌染色体以外的遗传物质。

(3) 胞质颗粒(cytoplasma granula):有一种主要成分是RNA和多偏磷酸盐的颗粒,其嗜碱性强,用亚甲蓝染色时着色较深呈紫色,称为异染颗粒(metachromatic granule)或迂回体。异染颗粒常见于白喉棒状杆菌,位于菌体两端,故又称极体(polar body),有助于该菌的鉴定。

4. 核质(nuclear material) 为细菌的遗传物质又称为拟核(nucleoid),决定细菌的遗传特征。其功能与真核细胞的染色体相似,通常也称为细菌染色体。

(二) 细菌的特殊结构

1. 荚膜(capsule) 某些细菌在其细胞壁外包绕一层黏液性物质,为疏水性多糖或蛋白质的多聚体,用理化方法去除后并不影响菌细胞的生命活动。

(1) 化学组成:多糖,少数菌为多肽。

(2) 形成:一般在机体内和营养丰富的培养基中才能形成荚膜。

(3) 染色:荚膜常用墨汁做负染色。用特殊染色法可将荚膜染成与菌体不同的颜色。

(4) 功能

1) 抗吞噬作用:荚膜具有抵抗宿主吞噬细胞的作用,是病原菌的重要毒力因子。

2）黏附作用：荚膜多糖可使细菌彼此之间粘连，也可黏附于组织细胞或无生命物体表面，形成生物膜，是引起感染的重要因素。

3）抗有害物质的损伤作用。

4）鉴别细菌及细菌分型。

2. 鞭毛(flagellum)　许多细菌在菌体上附有细长并呈波状弯曲的丝状物称为鞭毛。

(1) 鞭毛的分类：不同鞭毛菌其鞭毛的数量和部位有很大的差别：① 单毛菌；② 双毛菌；③ 丛毛菌；④ 周毛菌。

(2) 鞭毛的功能

1）细菌的运动器官。

2）根据鞭毛抗原(H 抗原)对某些细菌进行鉴定、分型及分类。

3）与致病性有关。

3. 菌毛(pilus)　许多革兰阴性菌和少数革兰阳性菌菌体表面遍布的比鞭毛更为细、短、直、硬的丝状蛋白附属物。在普通光学显微镜下看不到，必须用电子显微镜观察。

(1) 普通菌毛(ordinary pilus)：遍布菌细胞表面，每菌可达数百根。这类菌毛和细菌的致病性密切相关，往往构成细菌致病的毒力因子，能与宿主细胞表面的特异性受体结合，启动细菌感染的第一步——定植。

(2) 性菌毛(sex pilus)：仅见于少数革兰阴性菌，数量少，一个菌只有 1 ~ 4 根，比普通菌毛长且粗，中空呈管状，是细菌传递遗传物质的一种结构。性菌毛由 F 质粒编码，故性菌毛又称 F 菌毛。

4. 芽胞(spore)　某些细菌在一定的环境条件下，能在菌体内部形成一个圆形或卵圆形小体。产生芽胞的细菌都是革兰阳性菌。

(1) 特性：一个细菌只形成一个芽胞，一个芽胞发芽也只生成一个菌体，细菌数量并未增加，因而芽胞不是细菌的繁殖方式，而是适应恶劣环境、维持细菌生存而处于代谢相对静止的休眠体。

(2) 功能

1）细菌的芽胞对热力、干燥、辐射、化学消毒剂等理化因素均有强大的抵抗力。

2）细菌芽胞并不直接引起疾病，但当发芽成为繁殖体后，就能迅速大量繁殖而致病。

3）被芽胞污染的用具、敷料、手术器械等，用一般方法不易将其杀死，杀灭芽胞最可靠的方法是高压蒸汽灭菌。当进行消毒灭菌时，应以芽胞是否被杀死作为判断灭菌效果的指标。

三、细菌形态与结构检查法

细菌体积小半透明，经染色放大后才能观察较清楚。细菌染色法可分为单染色法和复染色法；常用的染色方法有革兰染色法、抗酸染色法以及荚膜、芽胞等特殊染色法。

革兰染色法(Gram stain)是最常用、最重要的分类鉴别染色法。标本固定后，先用碱性染料结晶紫初染，再加碘液媒染，使之生成结晶紫—碘复合物。此时细菌均被染成深紫色。然后用95% 乙醇处理，有些细菌被脱色，有些不能。最后用稀释复红或沙黄复染。此法可将细菌分为两大类：不被乙醇脱色仍保留紫色者为革兰阳性菌，被乙醇脱色后复染成红色者为革兰阴性菌。该法在鉴别细菌、选择抗菌药物、研究细菌致病性等方面都有重要的意义。

(陶　晶　潘　卫)

第三章 细菌生理

教学要求

（1）掌握细菌生长繁殖的基本条件及与医学有关的合成代谢产物。

（2）熟悉细菌的分类、命名、常见的生化反应、生长繁殖的规律和人工培养。

（3）了解细菌的理化性状、营养和营养类型。

教学要点

[学习引导]

（1）细菌生长繁殖的基本条件有哪些？

（2）何谓生长因子？

（3）根据细菌对氧气的需求可把细菌分为哪几类？

（4）专性厌氧菌为什么在有氧的情况下不能生长？

（5）菌落的定义，培养基的定义，细菌在培养基上有哪些生长现象？

（6）细菌群体的生长繁殖有何规律？

（7）何谓热原质？如何去除？

一、细菌的营养与生长繁殖

（一）细菌的营养类型

1. 自养菌（autotroph） 以简单的无机物为原料合成菌体成分。

2. 异养菌（heterotroph） 以多种有机物为原料合成菌体成分并获得能量。分为腐生菌（saprophyte）和寄生菌（parasite）。所有的病原菌都是异养菌，大部分属寄生菌。

（二）细菌的营养物质

一般包括水、碳源、氮源、无机盐和生长因子（growth factor）等，生长因子是指细菌生长必需而自身不能合成的生长因子，包括维生素、某些氨基酸、嘌呤、嘧啶等。少数细菌还需特殊的生长因子，如流感嗜血杆菌的生长需要X因子和V因子。

（三）影响细菌生长的环境因素

1. 营养物质 为细菌的新陈代谢及生长繁殖提供必要的原料和充足的能量。

2. 氢离子浓度（pH） 每种细菌都有一个可生长的pH范围及最适生长pH。多数病原菌最适pH为7.2~7.6，在宿主体内极易生存。

3. 温度 根据细菌对温度的要求将细菌分为嗜冷菌、嗜温菌和嗜热菌。病原菌均为嗜温菌，最适生长温度为人的体温，即37℃。

4. 渗透压 大多数细菌的生长需要等渗或低渗环境。

5. 气体 根据细菌代谢时对氧气的需求，可将细菌分为四类（表3-1）。

表 3-1　根据细菌对氧的需要分类

细菌类型	定义	举例
专性需氧(obligate aerobe)	具有完善的呼吸酶系统,需要分子氧作为受氢体以完成需氧呼吸,仅能在有氧环境下生长	结核分枝杆菌、假单胞菌属
微需氧菌(microaerophilic bacterium)	在低氧压(5% ~6%)生长最好,氧浓度>10% 有抑制作用	弯曲菌属、螺杆菌属
兼性厌氧菌(facultative anaerobe)	兼有需氧呼吸和无氧发酵两种功能,不论在有氧或无氧环境中都能生长,但以有氧时生长较好	大多数病原菌
专性厌氧菌(obligate anaerobe)	缺乏完善的呼吸酶系统,利用氧以外的其他物质作为受氢体,只能在无氧环境中进行发酵。有游离氧存在时,不但不能利用分子氧,而且还将受其毒害,甚至死亡	厌氧芽胞梭菌属、类杆菌属

专性厌氧菌在有氧环境中不能生长,可能由于①缺乏氧化还原电势(Eh)高的呼吸酶;②缺乏分解有毒氧基团的酶。

(四) 细菌的生长繁殖

1. 细菌个体的生长繁殖　以二分裂方式(binary fission)进行无性繁殖。在适宜条件下,多数细菌繁殖速度很快。细菌分裂数量倍增所需要的时间称为代时(generation time),在最佳生长条件下,多数细菌的代时仅为 20 ~60 min。

2. 细菌群体的生长繁殖　将取自饱和菌液的细菌接种至适宜的液体培养基,连续定时计数每毫升液体中的活细胞并作图。以培养时间为横坐标,活菌数的对数值为纵坐标,可以绘制出一条生长曲线(growth curve)。

根据生长曲线,可将细菌的群体生长繁殖分为四期(图 3-1)。

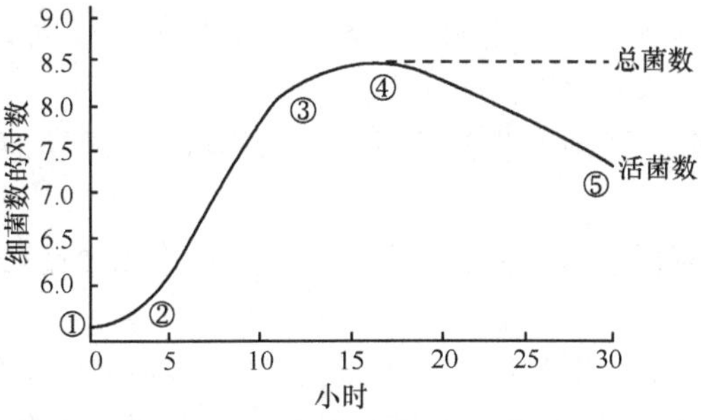

图 3-1　大肠埃希细菌的生长曲线

①~②迟缓期;②~③对数期;③~④稳定期;④~⑤衰亡期

(1) 迟缓期(lag phase):该期菌体增大,代谢活跃,为细菌的分裂繁殖合成并积累充足的酶、辅酶和中间代谢产物;但分裂迟缓,繁殖极少。

(2) 对数期(logarithmic phase):在培养后的 8 ~18h。细菌在该期生长迅速,活菌数以恒定的几何级数增长,达到顶峰状态。此期细菌的形态、染色性、生理活性等都较典型,对外界环境因素的作用敏感。研究细菌的生物学性状(形态染色、生化反应等)应选用该期的细菌。

(3) 稳定期(stationary phase):细菌繁殖速度渐减,死亡数逐渐增加,活菌数保持恒定。

细菌形态、染色性和生理性状常有改变。芽胞、外毒素和抗生素等代谢产物大多在此期产生。

(4) 衰亡期(death / decline phase):细菌繁殖越来越慢,死亡数越来越多超过活菌数。该期细菌形态显著改变,出现衰退型或菌体自溶,难以辨认;生理代谢活动也趋于停滞。

二、细菌的新陈代谢

(一) 分解代谢产物和细菌的生化反应

各种细菌所具有的酶不完全相同,对营养物质的分解能力亦不一致,因而具有不同的代谢产物。因此,在培养基中加入指示剂,指示剂可以和被测终产物反应,产生肉眼可见的变化,如颜色的改变等,这种利用生物化学方法来鉴别细菌的方法称为细菌的生化反应试验。

1. 分解糖类 糖发酵试验、VP(Voges-Proskauer)试验、甲基红(methyl red)试验、枸橼酸盐利用(citrate utilization)试验。

2. 分解蛋白质 吲哚(indol)试验、硫化氢试验。

3. 其他 尿素酶试验。

其中吲哚(I)、甲基红(M)、VP(V)、枸橼酸盐利用(C)四种试验常用于鉴定肠道杆菌,合称为IMViC试验。例如,大肠埃希菌对这四种试验的结果是“++--”,产气杆菌则为“--++”。

(二) 合成代谢产物及其医学上的意义

1. 热原质(pyrogen) 注入人体或动物体内能引起发热反应的一类物质。细菌热原质的主要成分是其细胞壁的脂多糖,产生热原质的细菌大多是革兰阴性菌。

热原质耐高温,高压蒸汽灭菌不被破坏,250℃高温干烤才能破坏热原质。用吸附剂和特殊石棉滤板可除去液体中大部分热原质,蒸馏法效果最好。因此,在制备和使用注射药品过程中应严格遵守无菌操作,防止细菌污染。

2. 毒素与侵袭性酶 细菌产生外毒素和内毒素两类毒素,在细菌致病作用中甚为重要。

某些细菌可产生具有侵袭性的酶,能损伤机体组织,促使细菌的侵袭和扩散,是细菌重要的致病物质。

3. 色素(pigment) 某些细菌能产生色素,有助于鉴别细菌。分水溶性和脂溶性两类。

4. 抗生素(antibiotic) 某些微生物代谢过程中产生的一类能抑制或杀死某些其他微生物或肿瘤细胞的物质,称为抗生素。抗生素大多由放线菌和真菌产生。

5. 细菌素(bacteriocin) 某些菌株产生的一类具有抗菌作用的蛋白质。作用范围狭窄,仅对与产生菌有亲缘关系的细菌有杀伤作用,可用于细菌分型和流行病学调查。

6. 维生素(vitamin)

三、细菌的人工培养

(一) 培养细菌的方法

人工培养细菌,需要提供充足的营养物质和适宜的环境条件。根据不同标本及不同培养目的,可选用不同的接种和培养方法。

(二) 培养基(culture medium)

培养基是由人工方法配制而成的,专供微生物生长繁殖使用的混合营养物制品。

1. 按其营养组成和用途不同分类　可分为以下几类。

(1) 基础培养基(basic medium):基础培养基是含有一般微生物生长繁殖所需的基本营养物质的培养基,是最常用的培养基。

(2) 其他培养基:在基础培养基上加入某些物质制成有不同用途的培养基,如增菌培养基,选择培养基、鉴别培养基、厌氧培养基。

可根据不同细菌的培养要求,选择不同的培养基(表3-2)。

表3-2　常用培养基举例

常用培养基	适用细菌
巧克力色平板	脑膜炎奈瑟菌
SS平板	肠道杆菌
碱性蛋白胨水	霍乱弧菌
吕氏血清培养基	白喉棒状杆菌
亚碲酸钾血平板	白喉棒状杆菌
罗氏培养基	结核分枝杆菌
沙保培养基	真菌

2. 根据培养基的物理状态的不同分类　分为液体、固体和半固体三大类。

液体培养基可用于大量繁殖细菌。固体培养基常用于细菌的分离。半固体培养基用于观察细菌的动力,鉴定菌种和短期保存细菌。

(三) 细菌在培养基中的生长情况

1. 液体培养基中　混浊生长、沉淀生长、表面生长。

2. 固体培养基中　菌落和菌苔。

菌落(colony):一般经过18~24 h培养后,单个细菌分裂繁殖成一堆肉眼可见的细菌集团。菌落大小、形状、颜色、气味、透明度、表面光滑或粗糙、湿润或干燥、边缘整齐与否,以及在血琼脂平板上的溶血情况等均有不同表现,有助于识别和鉴定细菌。

细菌的菌落一般分为三型:光滑型菌落(smooth colony, S型菌落)、粗糙型菌落(rough colony, R型菌落)、黏液型菌落(mucoid colony, M型菌落)。

3. 在半固体培养基中生长情况　有鞭毛的细菌呈羽毛状或云雾状混浊生长。无鞭毛细菌只能沿穿刺线呈明显的线状生长。

四、细菌的分类和命名法

(一) 细菌的分类

细菌的分类层次依次为界、门、纲、目、科、属、种。

种(species)是细菌分类的基本单位。生物学性状基本相同的细菌群体构成一个菌种;

性状相近、关系密切的若干菌种组成一个菌属。同一菌种的各个细菌,虽性状基本相同,但在某些方面仍有一定差异,差异较明显的称亚种(subspecies, subsp.)或变种(variety, var.),差异小的则称为型(type)。

对不同来源的同一菌种的细菌称为该菌的不同菌株(strain)。具有某种细菌典型特征的菌株称为该菌的标准菌株(standard strain)或模式菌株(type strain)。

(二) 细菌的命名法

细菌的命名采用拉丁双名法,由两个拉丁字组成。前一字为属名,用名词、大写,一般表示细菌的形态或发现或有贡献者,可简写,用第一个字母代表;后一字为种名,用形容词,小写,表明细菌的性状特征、寄居部位或所致疾病等,不可简写。中文的命名次序与拉丁文相反,是种名在前,属名在后。例如,大肠埃希菌,*Escherichia coli*(*E. coli*)。

(陶　晶　赵　蔚)

第四章　细菌的遗传与变异

教学要求

(1) 掌握细菌基因的转移与重组:转化、接合、转导、溶原性转换概念、特点及举例;温和噬菌体的特性、与宿主的关系,噬菌体、温和噬菌体、前噬菌体、溶源性细菌概念;质粒的定义、种类、特征。

(2) 熟悉细菌的变异现象、细菌遗传变异的物质基础、噬菌体的生物学特性、毒性噬菌体的复制周期。

(3) 了解细菌变异的实际意义。

教学要点

[学习引导]

(1) 什么是质粒,有何特征?与医学关系如何?医学上重要质粒有哪些?

(2) 试述前噬菌体、温和噬菌体、毒性噬菌体、溶原性细菌的概念。毒性噬菌体的复制周期可分为哪几个阶段?

(3) 细菌基因转移和重组有哪些方式?概念,举例。

(4) 细菌的遗传物质有哪些?

(5) R 质粒的结构如何?

针对环境的变化,细菌某些基因的表达在转录、翻译水平会发生明显的改变,这称为表型变异(phenotypic variation)。表型变异与基因型突变(genotypic mutation)不同:基因型突变是可以遗传的,不受环境条件改变的影响,而表型变异是可逆的,并随着环境的改变而发生变化。表型变异不属于突变的范畴。

一、细菌遗传变异的物质基础——细菌基因组

(一) 细菌染色体

细菌的染色体大都为双链 DNA 分子组成的封闭的环,缺乏组蛋白,外无核膜包围,编码 4000 个左右的基因(随细菌种类不同,差别较大)。

(二) 质粒(plasmid)

1. 定义　质粒是细菌染色体以外,不依赖于染色体而自我复制的遗传物质。大多数质粒是环状闭合的双链 DNA 分子。有的质粒可整合到细菌染色体中,称为附加体(episome)。

2. 种类　耐药性质粒、细菌素质粒、毒力质粒、代谢质粒、致育质粒或称 F 质粒。

3. 特征　自我复制的能力;质粒携带多种遗传信息,赋予细菌某些性状特征;并非细菌生命活动所必须;可转移性;相容性与不相容性(并非所有类型的质粒都能稳定共存于同一细胞,某些质粒会干扰其他质粒的复制,如果把这两种质粒转移到同一细胞中,在细胞分裂时其中一种就很可能会丢失。这一现象称为质粒的不相容性)。

（三）噬菌体

1. 定义 噬菌体(bacteriophage, phage)是在细菌内增殖的专性细胞内寄生微生物,是感染细菌的病毒,其增殖依赖于宿主细胞的部分或全部生物合成机制。

2. 生物学性状 典型的蝌蚪形大肠埃希菌 T4 噬菌体,由头部和尾部两部分组成。头部为二十面体立体对称的衣壳,内含遗传物质核酸;尾部是一注射器样结构,由一个中空的尾髓和外面包着的尾鞘组成。

3. 分类

(1) 毒性噬菌体(virulent phage)

1) 复制:毒性噬菌体能在宿主菌内复制增殖,产生许多子代噬菌体,并最终裂解细菌。从噬菌体吸附至细菌溶解释放出子代噬菌体,称为噬菌体的复制周期或溶菌周期(life cycle)。

2) 增殖过程:吸附(adsorption)、穿入(penetration)、生物合成(biological synthesis)、成熟和释放(maturation and release)几个阶段。

(2) 温和噬菌体(temperate phage)

1) 温和噬菌体:基因与宿主菌染色体整合,不产生子代噬菌体,噬菌体 DNA 能随细菌 DNA 复制,并随细菌分裂而传代。自发地或在某些因素地诱导下整合的噬菌体 DNA 脱离宿主的基因组而进入溶菌性周期,产生成熟噬菌体,导致细菌裂解。

2) 前噬菌体(prophage):整合在宿主染色体上的噬菌体 DNA。

3) 溶原性细菌(lysogenic bacterium):带有前噬菌体的细菌。

4) 溶原性转换(lysogenic conversion):当细菌处于溶原期,有时噬菌体携带的外源基因会在细菌内表达,从而改变细菌的某些生物学性状,这一过程称为溶原性转换,在临床上具有非常重要的意义。例如,白喉棒状杆菌产生的白喉毒素正是由前噬菌体携带的基因编码的。

（四）转位因子(transposable element)

转位因子是存在于细菌染色体或质粒 DNA 分子上的一段可移动的遗传元素,它能在一个基因组内或不同的基因组间从一个位置移动到另一个位置。原核生物中的转位因子有三类:插入序列(insertion sequence, IS)、转座子(transposon, Tn)和转座噬菌体。

二、细菌遗传性变异的机制

遗传性变异包括突变、DNA 的损伤后修复和基因的转移与重组。

（一）转化

转化(transformation)是供体菌裂解后,游离的 DNA 片段被受体菌直接摄取并整合到受体菌基因组中,使受体菌获得新的性状的过程。

在转化过程中,来自死亡降解细菌的 DNA 片段结合至感受态受体菌表面的 DNA 结合蛋白,然后 DNA 被核酸酶切割,其中一条链被破坏,另一条链则进入受体菌,与受体菌染色体同源片段发生置换性重组。

（二）接合

1. 定义　接合（conjugation）是细菌通过性菌毛相互连接沟通，将遗传物质（主要是质粒 DNA）从供体菌转移给受体菌的过程。能通过接合方式转移的质粒称为接合性质粒，不能通过性菌毛在细菌间转移的质粒为非接合性质粒。

2. 种类

（1）F 质粒的接合：F 质粒编码性菌毛，带有 F 质粒的细菌有性菌毛，相当于雄菌（F^+）；无 F 质粒的细菌无性菌毛，相当于雌菌（F^-）。F^+菌性菌毛末端与 F^-菌表面受体结合，性菌毛逐渐缩短使两菌靠近，F 质粒中的一条链可通过性菌毛通道进入 F^-受体菌内。两菌内的单链 DNA 通过复制形成完整 F 质粒，使两菌都成为 F^+菌。

（2）R 质粒的接合：又称耐药质粒（resistance plasmid），R 质粒含有耐药传递因子（resistance transfer factor，RTF）和耐药决定子（resistant determinant factor，r 决定子）。RTF 编码性菌毛的形成，r 决定子编码对一种或多种抗生素的耐药性，可由几个转座子连接相邻排列，两端的插入序列（IS）使 r 决定子可整合入质粒，也可与质粒分离，只有两者处于结合状态时，r 决定子才可通过接合传递给受体菌，而受体菌就获得耐药性，同时也变成雄性菌，可以把 R 质粒再转移给其他细菌。

（三）转导

1. 定义　转导（transduction）是以噬菌体为载体，将供体菌的一段 DNA 转移到受体菌内，使受体菌获得供体菌的某些性状。

2. 分类　根据转导基因片段的范围可分为以下两种转导。

（1）普遍性转导（generalized transduction）：在裂解期的后期，噬菌体 DNA 组装入衣壳蛋白组成新的噬菌体时，可能发生装配错误，误将细菌的 DNA 片段装入噬菌体的衣壳蛋白，成为一个转导噬菌体。转导噬菌体感染另一宿主菌时，将原供体菌染色体 DNA 片段注入受体菌内。供体菌染色体上的任何部分都可能被包装入转导噬菌体，故称为普遍性转导。

结局：完全转导和流产转导。

（2）局限性转导（restricted transduction）：又称特异性转导（specialized transduction），当处于溶原期时，噬菌体 DNA 整合在大肠埃希菌染色体的特定部位，当前噬菌体 DNA 从细菌染色体上切离，可能发生偏差，将其本身 DNA 上的一段留在细菌染色体上，却带走了细菌 DNA 上相邻的基因。这样的噬菌体基因转导并整合到受体菌中，便使受体菌获得供体菌的相应遗传性状。由于所转导的只限于供体菌 DNA 上某些特定基因，故称局限性转导。

上述两种转导的区别见表 4-1。

表 4-1　普遍性转导与局限性转导的区别

	普遍性转导	局限性转导
转导的发生时期	裂解期	溶原期的后期
转导的原因	错误的装配	前噬菌体偏差切离

续表

	普遍性转导	局限性转导
转导噬菌体所含遗传物质	供体菌染色体 DNA 任何部位或质粒	同时含有供体菌 DNA 的特定片段和噬菌体 DNA
转导的后果	受体菌随机获得供体菌的任何遗传特性	受体菌获得供体菌 DNA 特定片段的遗传特性

三、细菌遗传变异的应用

研究细菌的遗传和变异可以在细菌分类学；疾病的诊断、治疗与预防；测定致癌物质；在流行病学及基因工程等各方面广泛应用。

（秦金红　郭晓奎）

第五章　细菌的感染与免疫

教学要求

(1) 掌握条件致病菌致病的特定条件、细菌的致病机制、宿主的免疫防御机制。

(2) 熟悉

1) 感染、致病菌、非致病菌、正常菌群、条件致病菌、医院获得性感染、微生态学、毒力、半数致死量、半数感染量、毒血症、菌血症、败血症、脓毒血症、内毒素血症、带菌者和带菌状态的含义。

2) 正常菌群的生理学意义。

3) 细菌感染的来源。

4) 传播方式与途径。

5) 感染的类型。

(3) 了解

1) 外毒素的作用机制。

2) 医院获得性感染常见病原体及特点、类型、传播途径。

教学要点

[学习引导]

(1) 感染、致病菌、非致病菌、正常菌群、条件致病菌、医院获得性感染、微生态学、毒力、半数致死量、半数感染量、毒血症、菌血症、败血症、脓毒血症、内毒素血症、带菌者和带菌状态的含义。

(2) 条件致病菌的致病条件有哪些？正常菌群的生理学意义是什么？

(3) 细菌侵袭力包括哪些方面？毒力包括哪些方面？举例说明。

(4) 细菌感染的方式和途径有哪些？

(5) 感染可分为哪几种类型？

(6) 试比较内毒素与外毒素的区别？

(7) 什么是胞外菌和胞内菌？引起的免疫各有何特点？

感染：细菌侵入宿主后，进行生长繁殖，释放毒性物质，引起不同程度的病理过程。

致病菌(病原菌)：能使健康宿主致病的细菌。

非致病菌(非病原菌)：不能造成宿主致病的细菌，它们可能是宿主正常菌群的不可缺少的组成部分。

一、人体正常菌群与条件致病菌

(一) 正常菌群

1. 定义　正常人的体表与外界相通的腔道(如消化道、呼吸道、泌尿生殖道等)中寄居着不同种类和数量的微生物，通称正常菌群，在正常情况下，正常菌群对宿主不表现任何致病作用。

2. 微生态学　研究正常微生物群的结构、功能，以及与其宿主相互关系的学科。

3. 正常菌群的生理作用

(1) 生物拮抗作用:正常菌群在宿主皮肤黏膜表面特定部位黏附、定植和繁殖,形成菌膜屏障,通过空间争夺、营养争夺和产生代谢产物等机制,抑制并排斥外籍菌的入侵和定植,维持人体微生态平衡。

(2) 免疫作用:能促进宿主免疫器官的发育,刺激宿主产生免疫应答,产生的免疫分子对具有交叉抗原组分的致病菌有一定程度的抑制或杀灭作用。

(3) 营养作用:参与宿主的物质代谢、营养转化和合成。

(4) 排毒作用:有利于毒素,致癌物的排泄。

(二) 条件致病菌

1. 定义 有些细菌在正常情况下并不致病,但在某些特殊条件下(如宿主免疫防御机制受到损害时)可以致病。

2. 致病条件

(1) 宿主免疫功能下降:宿主有先天或后天免疫功能缺陷,患有慢性消耗性疾病,烧伤或烫伤,接受介入性诊治操作等,免疫力普遍下降,易发生内源性感染。

(2) 菌群失调:是指在宿主正常菌群中各菌种间的比例发生较大幅度变化而超出正常范围的状态。严重的菌群失调可导致二重感染。正常情况下,正常菌群间相互依存、相互制约而维持动态平衡。但是,当较长期或大量应用广谱抗生素后,宿主正常菌群中的敏感菌株大部分被抑制,而体内原处于劣势的或来自外界环境的少数耐药菌则趁机定植和大量繁殖,引起疾病。例如,不恰当的应用抗生素将使肠道微生态平衡受到破坏,寄居在肠道的艰难梭菌趁机大量生长繁殖,引起伪膜性肠炎。

(3) 定位转移:是指正常菌群由原籍生境转移到外籍生境或本来无菌生存的位置上的现象。正常菌群在原籍生境通常是不致病的,如果转移到外籍生境则可能致病。例如,大肠埃希菌原籍生境为肠道,可侵犯泌尿道,引起尿路感染。

二、细菌的致病机制

(一) 细菌的毒力

1. 侵袭力 致病菌突破宿主的防御机制,侵入机体并在体内定植、繁殖和扩散的能力,称为侵袭力。细菌的侵袭力主要由菌体的表面结构和侵袭性物质组成。

(1) 黏附和定植:细菌黏附到受体细胞主要由黏附素介导,细菌黏附素与宿主上皮细胞表面受体相互作用的高度特异性就决定了感染的组织特异性。

(2) 侵袭:某些病原菌能产生侵袭素,有助于细菌侵入到上皮细胞或向邻近细胞扩散。如A群溶血性链球菌产生的透明质酸酶、链激酶和链道酶,能降解细胞间质透明质酸、溶解纤维蛋白、液化脓液中高黏度的DNA等,有利于细菌扩散至邻近组织。

(3) 抵抗宿主防御机制:细菌荚膜能抵抗吞噬细胞的吞噬及体液中杀菌物质的作用。有些致病菌能引起吞噬细胞凋亡,有些能抵抗吞噬细胞的杀伤作用等。

2. 毒素

(1) 外毒素

1) 来源:主要由革兰阳性菌产生。某些革兰阴性菌,如痢疾志贺菌、鼠疫耶氏菌、霍乱弧菌、肠产毒型大肠埃希菌、铜绿假单胞菌等也能产生外毒素。大多数外毒素是在菌体内合成后分泌至菌体外;也有少数存在于菌体内,待细菌死亡裂解后才释放出来。

2) 化学成分和特性:化学成分是蛋白质,易被蛋白酶分解破坏,绝大多数不耐热。

3) 毒性:强。不同细菌产生的外毒素对宿主组织器官具有选择性毒性作用,引起特殊病变。

4) 分类:外毒素按其作用机制和所致临床病理特征,可分为神经毒素、细胞毒素、肠毒素和溶细胞毒素四大类。

5)结构特点:有两种。①A-B 型毒素:多数外毒素属于此类,是由两种不同功能的肽链(或亚单位),即,A 链和 B 链构成完整毒素。其中 A 链是毒性中心,决定毒素作用方式及致病特点;B 链负责识别靶细胞膜上特异性受体并与之结合,介导 A 链进入靶细胞,决定毒素对宿主细胞的选择亲和性。②单肽链毒素。

6) 抗原性:大多具有良好的抗原性,可刺激机体产生抗毒素。外毒素可被甲醛脱去毒性,但仍保持免疫原性,成为类毒素。

(2) 内毒素

1) 来源和化学成分:革兰阴性菌细胞壁外膜中的脂多糖组分,当细菌死亡裂解或用人工方法破坏菌体后,LPS 游离才作为毒素起作用。脂质 A 是内毒素的主要毒性组分。

2) 特性:耐热,加热 100℃经 1h 不被破坏。

3) 毒性:内毒素引起的毒性作用大致相同。主要临床症状有:① 发热反应;②白细胞反应;③内毒素血症与内毒素休克;④弥散性血管内凝血。

4) 抗原性:抗原性很弱,不能用甲醛脱毒成类毒素。

两种毒素的区别见表 5-1。

表 5-1　外毒素与内毒素的主要区别

特性	外毒素	内毒素
来源	革兰阳性菌与部分革兰阴性菌	革兰阴性菌
存在部分	从活菌分泌出,少数细菌崩解后释出	细胞壁组分,细菌死亡裂解后释出
化学成分	蛋白质	脂多糖
稳定性	多不耐热,60 ~ 80℃,30min 被破坏	耐热,160℃,2 ~ 4h 才被破坏
毒性作用	强,对组织器官有选择性毒性效应,引起特殊临床表现	较弱,各菌的毒性效应大致相同,引起发热、白细胞增多、微循环障碍、休克、DIC 等
抗原性	强,刺激机体产生抗毒素;甲醛液处理脱毒形成类毒素	弱,刺激机体产生的中和抗体作用弱;甲醛液处理不形成类毒素

(二) 细菌的侵入数量

感染的发生,除致病菌必须具有一定的毒力外,还需有足够的数量。菌量的多少,一方面与致病菌毒力强弱有关;另一方面取决于宿主免疫力的高低。一般是细菌毒力越强,宿主免疫力越低,引起感染所需的菌量越小。

(三) 细菌侵入的部位

有了一定的毒力和足够数量的致病菌,若侵入易感机体的部位不适宜,仍不能引起感染。各种致病菌具有特定的侵入部位,这与其生长繁殖所需特定的微环境有关。

三、宿主的抗菌免疫机制

（一）天然免疫

1. 屏障结构

（1）物理屏障

1）皮肤与黏膜屏障：人体与外界环境接触的表面，覆盖着一层完整的皮肤和黏膜结构，能阻挡致病菌的穿透。

2）血-脑脊液屏障：由软脑膜、脉络丛的毛细血管内皮细胞和星状胶质细胞等组成，主要借助脑毛细血管内皮细胞层的紧密连接和微弱的吞饮作用，阻挡致病菌及其毒性产物，从血流进入脑组织或脑脊液，保护中枢神经系统。

3）胎盘屏障：由母体子宫内膜的基蜕膜和胎儿绒毛膜组成，能阻止母体血液中的病原体及其有害产物进入胎儿体内。

（2）化学屏障：皮肤黏膜分泌的杀菌物质、补体、抗菌肽、急性期蛋白、细胞因子。

（3）微生物屏障：正常菌群构成的菌膜屏障是宿主抵御外籍菌感染最重要的防御系统之一。

2. 吞噬细胞　包括中性粒细胞和巨噬细胞，它们具有捕获、吞噬和杀灭病原体的能力。

（1）吞噬和杀菌过程：大致分为游走和趋化、识别与结合、吞入及杀灭几个连续步骤。

（2）吞噬作用的后果

1）完全吞噬：正常情况下，大多数细菌会被吞噬杀灭，称为完全吞噬。

2）不完全吞噬：结核分枝杆菌、布鲁杆菌、伤寒沙门菌、嗜肺军团菌等胞内寄生菌在免疫力缺乏或低下的宿主中，虽被吞噬却未被杀死，称为不完全吞噬。

（二）获得性免疫

1. 获得性免疫系统

（1）黏膜免疫：SIgA。

（2）体液免疫：是指由特异性抗体介导的免疫应答，主要作用于胞外菌及其毒素。

（3）细胞免疫：是以 T 淋巴细胞为主的免疫应答，在抵御胞内菌感染中起主要作用。

2. 胞外菌感染的免疫　胞外菌寄居在宿主细胞外的组织间隙和血液、淋巴液、组织液等体液中。大多数致病菌属胞外菌，主要有葡萄球菌、链球菌、肺炎链球菌、脑膜炎奈瑟菌、淋病奈瑟菌、志贺菌、霍乱弧菌、白喉棒状杆菌、破伤风梭菌、流感嗜血杆菌和铜绿假单胞菌等。胞外菌的致病机制主要是：①产生内、外毒素等毒性物质；②引起炎症反应。

中性粒细胞、单核细胞和巨噬细胞是杀灭和清除胞外菌的主要力量，黏膜免疫和体液免疫是抗胞外菌感染的主要获得性免疫机制。

特异性抗体发挥的主要作用有：①调理细胞促进吞噬；②中和外毒素；③阻挡致病菌黏附与定植；④激活补体。

参与胞外菌免疫应答的 T 淋巴细胞主要是 $CD4^+$ Th2 细胞。

3. 胞内菌感染的免疫

（1）胞内菌

1）兼性胞内菌：在宿主体内，主要寄居在细胞内生长繁殖；在体外，亦可在无活细胞的适宜环境中生存和繁殖，如结核分枝杆菌、麻风分枝杆菌、伤寒沙门菌、布鲁杆菌、嗜肺军团菌、产单核细胞李氏菌等。

2）专性胞内菌：不论在宿主体内或体外，都只能在活细胞内生长繁殖。立克次体、柯克斯体、衣原体等属于专性胞内菌。

（2）感染的特点：胞内寄生，低细胞毒性，潜伏期较长，病程缓慢，主要通过病理性免疫损伤而致病等。持续的抗原刺激可形成胞内菌感染常有的肉芽肿病变特征。

（3）胞内菌的免疫：主要靠以 T 淋巴细胞为主的细胞免疫。其特异性细胞免疫应答一为 $CD4^+$ Th1 细胞产生的细胞因子；另一为 $CD8^+$ T 淋巴细胞（CTL）。$CD4^+$ Th1 细胞可产生 IFN-γ、IL-1、TNF-α 等细胞因子，使巨噬细胞活化释放 IFN-γ、IL-1 和溶酶体酶等重要炎性因子，促进感染部位的血管内皮细胞黏附分子的表达，募集大量的吞噬细胞移向炎症部位，加重炎症反应（迟发型超敏反应），有利于对胞内菌的清除。CTL 能分泌穿孔素和颗粒酶，破坏受胞内菌感染的细胞，亦可诱导受感染的细胞发生凋亡，释放出致病菌，再由抗体或补体等调理后，由吞噬细胞吞噬消灭。

四、感染的发生与发展

（一）传染源

1. 外源性感染　病原体来自宿主体外（患者、带菌者、病畜和带菌动物）的感染。

2. 内源性感染　指病原体来自患者体内或体表的感染，亦称为自身感染。

（二）传播方式与途径

病原菌可以通过呼吸道、消化道、创伤、接触及节肢动物叮咬感染。

（三）感染的类型

1. 隐性感染　当宿主的抗感染免疫力较强，或侵入的致病菌数量不多、毒力较弱，感染后对机体损害较轻，不出现或只出现不明显的临床症状，为隐性感染，又称亚临床感染。隐性感染后，机体常可获得足够的特异免疫力。隐性感染的宿主可向体外排出致病菌而成为传染源。

2. 潜伏感染　当宿主与致病菌在相互作用过程中暂时处于平衡状态时，致病菌潜伏在病灶内或某些特殊组织中，一般不排出体外。一旦机体免疫力下降，潜伏的致病菌则被激活，大量繁殖后，引起疾病复发。例如，结核分枝杆菌和梅毒螺旋体有潜伏感染。

3. 显性感染　当宿主的抗感染免疫力较弱，或侵入的致病菌数量较多，毒力较强，以致机体的细胞组织受到不同程度的损害，出现一系列临床症状和体征，为显性感染。

（1）临床上按病情缓急分

1）急性感染：病情发展迅速，病程较短，一般是数日至数周。病愈后，外来的致病菌从宿主体内消失，但内源性急性感染的条件致病菌则不一定消灭。急性感染的致病菌有脑膜炎奈瑟菌、霍乱弧菌、痢疾志贺菌、鼠疫耶氏菌等。

2）慢性感染：病情较急性感染轻，病程缓慢，常持续数月至数年。胞内菌往往引起慢性感染，如结核分枝杆菌、麻风分枝杆菌等。

（2）临床上按感染的部位及性质不同分

1）局部感染：致病菌侵入宿主体后，仅局限在一定部位生长繁殖，引起局部病变。

2）全身感染：感染发生后，致病菌或其毒性代谢产物通过血液向全身播散而引起全身急性症状。

a. 毒血症：致病菌侵入宿主体后，只在机体局部生长繁殖，不进入血循环，但其产生的外毒素入血,并经血液到达并损伤易感的细胞和组织,引起特殊的临床症状,如白喉、破伤风等。

b. 内毒素血症:革兰阴性菌侵入血液,并在其中大量繁殖,死亡崩解后释放大量内毒素;也可由病灶内大量革兰阴性菌死亡、释放的内毒素入血所致。在严重革兰阴性菌感染时,常发生内毒素血症,严重者可出现内毒素休克、DIC 等症状,甚至死亡,如小儿急性中毒性细菌性痢疾。

c. 菌血症:致病菌由局部侵入血液,但未在其中生长繁殖,只是短暂的一时性或间断性侵入血循环,到达体内适宜部位后再进行繁殖而致病。例如,伤寒早期有菌血症。

d. 败血症:致病菌侵入血液并在其中大量繁殖,产生毒性产物,造成机体严重损害,出现全身性中毒症状,如高热、皮肤和黏膜瘀血、肝脾肿大等。例如,鼠疫耶氏菌、炭疽芽胞杆菌等可引起败血症。

e. 脓毒血症:化脓性致病菌从感染部位侵入血液,并在其中大量繁殖,通过血液扩散至宿主的其他组织或器官,产生新的化脓性病灶。例如,金黄色葡萄球菌的脓毒血症常导致多发性肝脓肿、皮下脓肿和肾脓肿等。

4. 带菌状态 有时宿主在显性或隐性感染后,致病菌并未立即消失,而在体内继续留存一定时间,与机体免疫力处于相对平衡状态,为带菌状态。

五、医院感染

医院感染又称医院获得性感染,是指患者或工作人员在医院内获得并产生临床症状的感染。

(一)常见病原体及其特点

1. 常见病原体 随着治疗方法、药物种类、诊断技术的发展变化,医院感染的病原体种类亦随之改变。目前,医院感染主要由大肠埃希菌、铜绿假单胞菌、金黄色葡萄球菌、肠球菌、克雷伯菌属和凝固酶阴性葡萄球菌引起,其中,革兰阴性杆菌感染发生率超过50%。真菌感染逐年增长,主要是白假丝酵母菌。医院感染大多由单一病原体引起。

2. 特点

(1)大多为条件致病菌:多数是患者体内的毒力较低的、甚至是无致病力的条件致病性微生物,如凝固酶阴性葡萄球菌、大肠埃希菌、白假丝酵母菌等,以及来自医院环境中的非致病微生物。

(2)耐药性:耐药菌的检出率远比社区高。

(3)具有特殊的适应性:一些细菌在获得耐药性质粒的同时,也可能获得侵袭力及毒素基因,从而增强其毒力,更容易攻击免疫力低下的宿主。

(二)医院感染的类型

1. 外源性感染

(1)交叉感染(cross infection):由医院内患者、病原携带者或医务人员直接或间接接触引起的感染。

(2)医源性感染(iatrogenic infection):在治疗、诊断和预防过程中,由于所用器械消毒不严而造成的感染。

2. 内源性感染 患者非特异性免疫与特异性免疫受损;接受侵(介)入性诊治措施;微生态平衡遭受破坏,患者自身的正常菌群可因菌群失调或定位转移而引起医院感染。

(何　平　郭晓奎)

第六章　细菌感染的检查方法与防治原则

教学要求

(1) 掌握人工主动免疫和人工被动免疫的原理与主要生物制品。

(2) 熟悉

1) 病原菌的检验程序、常用血清学试验的原理。

2) 特异性免疫获得方式。

3) 常用抗菌药物的杀菌机制。

(3) 了解

1) 细菌学检查在临床诊断中的重要性。

2) 控制细菌耐药性的策略、临床常见的耐药菌及耐药机制。

教学要点

[教学引导]

(1) 病原菌标本采集的原则是什么？常用的检验程序是什么？血清学试验的原理是什么？

(2) 人工免疫的概念、种类及比较。

(3) 灭活疫苗和减毒活疫苗各有何优缺点？

(4) 类毒素的概念及其用途。

(5) 人工被动免疫常用的生物制品有哪些？

(6) 常用抗菌药物的杀菌机制有哪些？

一、细菌感染的实验室诊断

(一) 细菌学诊断

1. 标本采集原则

(1) 严格执行无菌操作：尽量避免患者正常菌群或外界环境中杂菌污染标本。采取局部病变标本处，不可用消毒剂，必要时宜以无菌生理盐水冲洗，拭干后再取材。从呼吸道、消化道、泌尿生殖道、伤口或体表分离可疑致病菌时，应与其特定部位的正常菌群及临床表现一并加以考虑。

(2) 采集标本部位：根据致病菌在患者不同病期的体内分布和排出部位，采集不同的标本，尽可能采集病变明显部位的材料。

(3) 采集标本时间：应在疾病早期和使用抗菌药物之前采集标本。

(4) 采集标本的要求：标本必须新鲜，采集后尽快送检。若不能立即送检，应将标本置于特殊的转运培养基中，低温保存。

2. 致病菌的检验程序

(1) 直接涂片染色镜检：可在显微镜下直接观察致病菌的形态、大小、排列方式和染色特点。凡在形态和染色性上具有特征的致病菌，直接涂片染色后镜检有助于初步诊断。

(2) 分离培养:是确诊细菌感染性疾病最可靠的方法(金标准)。不同细菌采用不同的培养基和培养方法。

(3) 生化试验:检测细菌对各种基质(如糖类和蛋白质)的代谢作用和代谢产物的差异,借以区别和鉴定细菌。生化试验对菌体形态、革兰染色反应和菌落特征相同或相似的细菌(如肠道杆菌)的鉴定尤为重要。

(4) 血清学试验:用含有已知的特异性抗体的免疫血清,可快速、准确地检出临床标本中极微量的致病菌特异抗原,亦可鉴定分离培养出的未知纯种细菌,并可确定致病菌的种或型,有助于确定病因。

(5) 动物试验:可进行致病菌的分离与鉴定、细菌毒力的检测等。常用实验动物有小鼠、豚鼠和家兔等。一般不作为常规细菌学诊断。

(6) 基因诊断技术:核酸杂交和 PCR 技术等。

(二) 血清学诊断

采用已知的细菌或其特异性抗原,检测患者血清或其他体液中有无相应特异性抗体及其效价的动态变化,可作为某些传染病的辅助诊断,这类方法通常称为血清学诊断(serological diagnosis)。血清学诊断主要适用于抗原性较强、生化试验不易区别、难以培养或不能培养的致病菌及病程较长的感染性疾病。

在血清学诊断中,最好采取患者急性期和恢复期双份血清标本。必须有抗体效价明显高于健康人群的水平或随病程递增才有诊断价值。当恢复期的抗体效价比急性期升高≥4倍时,即可区别既往感染或现症感染。常用血清学诊断方法见表 6-1。

表 6-1 常用的血清学诊断方法

类型	诊断应用举例
直接凝集试验	伤寒和副伤寒(肥达试验)、立克次体(外斐试验)、钩端螺旋体(显微凝集试验)
乳胶凝集试验	检测脑膜炎奈瑟菌、流感嗜血杆菌等抗体
沉淀试验	梅毒(VDRL、RPR 试验)
补体结合试验	检测 Q 热柯克斯体等抗体
中和试验	风湿热(抗 O 试验)
ELISA	广泛用于病原体的诊断和流行病学调查

二、细菌感染的免疫预防

人工免疫包括人工主动免疫(artificial active immunization)和人工被动免疫(artificial passive immunization),是预防细菌感染的有效措施(表 6-2)。人工主动免疫方法通常称为预防接种(prophylactic inoculation)或疫苗接种(vaccination),是将疫苗(vaccine)接种于人体,使之产生获得性免疫力的一种防治微生物感染的措施。人工被动免疫是注射含有特异性抗体的免疫血清、纯化免疫球蛋白等,使机体立即获得特异性免疫,作用及时,但维持时间不长,主要用于急性传染病的治疗或紧急预防。

表 6-2 人工主动免疫与人工被动免疫的比较

区别要点	人工主动免疫	人工被动免疫
免疫物质	抗原	抗体或细胞因子等
免疫出现时间	慢(数天～4 周)	快(立即)
免疫维持时间	长(数月～数年)	短(2～3 周)
主要用途	预防	治疗或紧急预防

(一) 人工主动免疫

1. 灭活疫苗(inactivated vaccine) 选用免疫原性强的病原体,经人工大量培养后,用理化方法杀死,但仍保留抗原性而制成的生物制品,称之为灭活疫苗。常用的灭活疫苗有百日咳、伤寒、霍乱等疫苗。

2. 减毒活疫苗(live-attenuated vaccine) 从自然界发掘,或通过人工培育筛选,或通过基因突变或重组,将病原体的毒力降低到足以产生模拟自然发生隐性感染,诱发理想的免疫应答而又不产生临床症状的疫苗,称之为减毒活疫苗。例如,卡介苗(BCG)。

两种疫苗的效果见表 6-3。

表 6-3 灭活疫苗与减毒活疫苗的比较

区别	灭活疫苗	减毒活疫苗
制剂特点	死,强毒株	活,减毒株
接种剂量与特点	量较大,2～3 次	量较小,1 次
保存及有效期	易保存,约 1 年	不易保存
免疫效果	较低,主要刺激产生体液免疫,维持数月至 2 年	较高,能诱发体液、细胞、黏膜免疫应答,维持 3～5 年甚至更长
毒力回复突变	无	有

3. 亚单位疫苗(subunit vaccine) 是指不含病原体核酸,仅含能诱发宿主产生中和抗体的微生物蛋白或表面抗原的疫苗。其突出优点是已除去病原体中不能激发机体保护性免疫和对宿主有害的部分,只保留有效的免疫原成分,因而免疫作用明显增强而稳定。亚单位疫苗可分为:非重组的亚单位疫苗和基因重组亚单位疫苗。

4. 类毒素(toxoid) 细菌外毒素经 0.3%～0.4% 甲醛处理后,失去毒性但仍保持免疫原性,成为类毒素,可诱导机体产生抗毒素。

5. 核酸疫苗(nucleic acid vaccine)

(二) 人工被动免疫

1. 抗毒素(antitoxin) 一般用细菌类毒素或外毒素多次免疫马,待马产生高效价抗毒素后采血,分离出血清并提取其免疫球蛋白,精制成抗毒素制剂。使用这种异种抗毒素时,应避免Ⅰ型超敏反应的发生。注射前务必先做皮肤试验,必要时可采用脱敏疗法。用抗毒素进行人工被动免疫时,应尽可能早期、足量注射。

2. 免疫球蛋白(immunoglobulin) 包括胎盘丙种球蛋白(placetal gamma globulin)和血清丙种球蛋白(serum gamma globulin)。血清中含有抗多种病原体的特异性抗体。免疫球蛋白主要用于麻疹、甲型肝炎、脊髓灰质炎等病毒性疾病的紧急预防。

三、细菌感染的治疗

（一）抗菌药物杀菌机制

抗生素杀菌通常的机制有：阻碍细胞壁的形成；抑制蛋白质的合成；抑制核酸的合成；影响细胞膜的功能。

（二）细菌耐药性

1. 临床常见的耐药菌 金黄色葡萄球菌［耐甲氧西林金黄色葡萄球菌（methicillin resistant *S. aureus*，MRSA）］、革兰阴性杆菌（大肠埃希菌、肺炎克雷伯菌、铜绿假单胞菌等）、耐万古霉素肠球菌（vancomycin resistant enterococcus，VRE）、结核分枝杆菌［多重耐药结核分枝杆菌（MDR-TB）］、肺炎链球菌、流感嗜血杆菌、淋病奈瑟菌和志贺菌属。

2. 耐药的生化机制

（1）灭活作用：这是细菌产生耐药性的最重要方式。细菌被诱导产生灭活酶，通过修饰或水解作用破坏抗生素，使之转化为无活性的衍生物。

（2）靶位改变：细菌通过产生诱导酶对抗生素的作用靶位进行化学修饰，或通过基因突变造成靶位改变，使抗菌药物不能与靶位结合或亲和力下降，失去杀菌作用。

（3）减少药物吸收：由于细胞壁的有效屏障或细胞膜通透性的改变，阻止药物吸收，使抗生素难以或无法进入菌体内发挥作用。

（4）增加药物排出：细菌具有能量依赖性的主动外排系统，可将不同种类的抗生素同时泵出体外，使菌体内的抗生素浓度明显降低，不足以杀死细菌。

3. 控制细菌耐药性的策略

（1）科学合理用药。

（2）严格执行消毒隔离制度，防止耐药菌的交叉感染。

（3）寻找新型抗菌药物和新的抗感染方法。

（4）发展疫苗。

（赵　蔚　唐　立）

第七章　消毒灭菌与生物安全

教学要求

（1）掌握消毒、灭菌、防腐和无菌的概念。

（2）熟悉热力灭菌、紫外线杀菌、滤过除菌等方法各自的应用范围及注意点，生物安全的概念。

（3）了解

1）常用化学消毒剂的种类、作用原理、使用对象和影响因素。

2）生物危害程度的分级、实验室生物安全防护设施。

教学要点

[学习引导]

（1）什么是消毒、灭菌、无菌、防腐？

（2）主要消毒灭菌方法有哪些？各自的适用范围是什么？

（3）常用术语

1）消毒（disinfection）：指杀死物体上病原微生物的方法，但不一定能杀死含芽胞的细菌或非病原微生物。用于消毒的药品称为消毒剂（disinfectant）。

2）灭菌（sterilization）：指杀灭物体上所有微生物的方法，包括全部病原微生物和非病原微生物及细菌的芽胞。

3）防腐（antisepsis）：是指防止或抑制体外细菌生长繁殖的方法。一般低浓度的消毒剂即为防腐剂。

4）无菌（asepsis）及无菌操作（aseptic technique）：无菌指不含有活的微生物，为灭菌的结果。防止微生物进入人体或其他物品的操作技术，称为无菌操作。例如，在进行外科手术时需要防止细菌进入创口，微生物学实验操作中要注意防止微生物的污染和感染。

一、物理消毒灭菌法

物理消毒灭菌法的种类包括热力消毒灭菌法、紫外线杀菌法（ultraviolet radiation，UV）、滤过除菌法（filtration）和超声杀菌法等。

（一）热力消毒灭菌法

高温对微生物有明显的致死作用，其主要是通过变性蛋白质、破坏细胞膜和降解核酸达到杀菌作用。因而常用于消毒和灭菌。热力灭菌法分为干热灭菌和湿热灭菌两大类，在同一温度下，湿热灭菌的效力优于干热灭菌。常用的热力灭菌法见表7-1。

表 7-1　热力灭菌法分类

种类	方法	特点用途
焚烧和烧灼法	焚烧炉内焚烧、火焰烧灼	废弃的污物、尸体;接种环、试管口、瓶口
干烤	烤箱,一般加热至 160 ~ 170℃ 经 2 h	耐高温物品,如玻璃器皿、陶瓷制品等
巴氏消毒法(pasteurization)	加热至 61.1 ~ 62.8℃ 30min 或 71.7℃加热 15 ~ 30s	用较低温度杀灭液体中的病原菌或特定微生物,而仍保持物品中所需的成分不被破坏的消毒方法。适用于牛奶、酒类等
煮沸法	1 个大气压下,煮锅内 100℃,10min	餐具、金属器皿不适合在海拔较高的地方使用
间歇蒸汽灭菌法	蒸笼中,经 100℃ 15 ~ 30 min,取出后放 37℃孵箱过夜,使芽胞发育成繁殖体,次日再蒸一次,如此连续 3 次以上	不耐高热的含糖、牛奶等培养基
高压蒸气灭菌法(autoclaving steralization)	密闭灭菌器,压力 103.4kPa,121.3℃,15 ~ 20min	细菌培养基、玻璃器皿、生理盐水、手术敷料等耐高温、耐湿制品是最有效、最常用的灭菌方法

(二) 紫外线杀菌法

1. 杀菌波长　波长为 240 ~ 280nm 的紫外线,其中以 265 ~ 266nm 杀菌作用最强。

2. 杀菌机制　作用于 DNA,使一条 DNA 链上相邻两个胸腺嘧啶共价结合而形成二聚体,干扰 DNA 的转录复制,进而影响蛋白质合成而引起微生物的死亡。

3. 作用特点　紫外线穿透力较弱,普通玻璃、纸张、尘埃、水蒸气等均能阻挡紫外线。

4. 适用范围　仅适用于空气、物体表面的消毒灭菌,如无菌室、手术室、烧伤病房、传染病房、细胞培养室的空气消毒。

(三) 滤过除菌法

1. 原理　用物理阻留的方法除去液体或空气中的细菌,以达到无菌目的。

2. 方法　所用的器具是滤菌器(filter),滤菌器有许多微细的小孔(0.22 ~ 0.45μm),只允许液体或气体通过,而大于孔径的细菌等颗粒则被阻隔在筛板或滤膜的上方。

3. 用途　不耐热的血清、毒素、抗生素,细胞培养液的除菌及生物安全柜和空气中的滤过除菌。

(四) 超声波杀菌法

超声波杀灭病原微生物不彻底,但能明显减少病原微生物的数量。可用于餐具消毒。

(五) 其他物理抑菌或杀菌方法

低温、高渗和干燥也具有一定的抑菌或杀菌的作用。

冷冻真空干燥法是目前保存菌种的最好方法,一般可保存微生物数年至数十年。

二、化学消毒灭菌法

（一）消毒剂的主要种类和用途

消毒剂和防腐剂一般都对人体组织有害，只能外用或用于环境的消毒灭菌。常用的有醇类、酚类、表面活性剂、氧化剂、重金属盐类等（表7-2）。

表7-2　常用消毒剂的种类、作用机制与用途

类别	作用机制	常用消毒剂及浓度	用途
醇类	蛋白质变性并能溶解细菌细胞膜中的脂类	70% ~75% 乙醇	皮肤、体温计消毒
酚类	破坏菌细胞膜，菌体蛋白凝固变性	3% ~5% 苯酚	地面、器具表面消毒、皮肤消毒
表面活性剂	损伤细胞膜、灭活氧化酶、蛋白质沉淀	0.05% ~0.1% 新洁尔灭	手术洗手，皮肤黏膜消毒
氧化剂	氧化作用、蛋白质沉淀	0.1% 高锰酸钾	皮肤、尿道、水果消毒
		3% 过氧化氢	创口、皮肤黏膜消毒
		0.2% ~0.3% 过氧乙酸	塑料、玻璃器材消毒
		2.0% ~2.5% 碘伏	皮肤消毒
		0.2 ~0.5ppm 氯气	饮水消毒
		10% ~20% 漂白粉	地面、厕所、排泄物消毒
烷化剂	菌体蛋白、核酸的烷基化	10% 甲醛	浸泡，物品表面消毒，空气消毒
		2% 戊二醛	精密仪器、内镜消毒
重金属盐类	蛋白质变性、沉淀、灭活酶	2% 红汞	皮肤黏膜、小创伤消毒
		0.1% 硫柳汞	皮肤消毒、手术部位消毒
		1% 硝酸银	新生儿滴眼、预防淋病奈瑟菌感染

（二）影响消毒灭菌效果的因素

1. 消毒剂的化学性质、浓度与作用时间　消毒剂的理化性质不同，对微生物的作用效果也有差异。同一种消毒剂浓度增加，则杀菌作用增强（乙醇例外）。一定浓度的消毒剂，作用时间越长，杀菌效果越好。

2. 微生物的种类与数量　微生物的种类和结构特点不同对消毒剂的敏感性不同。被消毒的物品中微生物含量多时，应延长消毒的时间。

3. 环境温度与酸碱度　灭菌效果可随温度提高而增强。酸碱度也直接影响消毒剂的杀菌效果。

4. 有机物　环境中的有机物与消毒剂结合，不仅消耗药品，还可阻碍消毒剂与病原菌的接触而降低杀菌效果。

三、实验室生物安全

生物安全（biosafety）指防范、处理危险生物因子对人体危害的综合性措施。

（一）生物危害程度的分级

Ⅰ级：指危害性最低的微生物和寄生虫等生物因子，其绝大部分不感染人类。

Ⅱ级：指中等危害性的生物因子，这类生物因子感染后，有效药物或疫苗用于防治。

Ⅲ级：指那些可能通过气溶胶感染或能导致严重后果的生物因子。其所致的感染和疾病，可以用抗生素等药物治疗，有些可以用疫苗预防。

Ⅳ级：可通过气溶胶感染的危险的或致死性的生物因子，其引起的感染性疾病一般难以治疗，亦无有效疫苗进行预防。其感染可能在人群中，人与动物之间和动物相互之间迅速传播。

（二）实验室的生物安全防护设施

实验室的生物安全防护水平（biosafety level，BSL）分为 BSL-1、BSL-2、BSL-3 和 BSL-4 四个级别。进行不感染人或动物的微生物工作时，采用 BSL-1；如果病原体不形成气溶胶，如肝炎病毒、多数肠道致病菌等采用 BSL-2；如果病原体传染性强，且能通过气溶胶传播，或在操作时可能发生大量接触的，均应采用 BSL-3；BSL-4 仅在极少数情况下采用。

（赵　蔚　卢　颖）

第八章　球　　菌

教学要求

(1) 掌握致病性葡萄球菌的鉴别要求和防治原则;链球菌的分型、链球菌溶素和抗“O”试验;甲型链球菌与肺炎链球菌的鉴别要点;脑膜炎球菌的标本采集及注意点。

(2) 熟悉引起人类化脓性感染的主要病原性球菌的种类、形态染色、培养特性、致病物质、所致疾病及微生物学检查方法。

(3) 了解凝固酶阴性葡萄球菌;肠球菌。

教学要点

[学习引导]

(1) 简述引起人类化脓性感染的主要病原性球菌的种类、形态染色。

(2) 葡萄球菌的主要生物学特性及根据色素和生化反应不同的分类。

(3) 如何鉴别致病性葡萄球菌和非致病性葡萄球菌?

(4) 金黄色葡萄球菌的致病物质有哪些? 可引起哪些疾病?

(5) 链球菌的主要生物学特性及根据溶血性不同分为哪三类?

(6) 链球菌的致病物质有哪些,可引起哪些疾病?

(7) 脑膜炎奈瑟菌与淋病奈瑟菌各引起什么疾病?

病原性球菌根据革兰染色性的不同,可将其分成革兰阳性和革兰阴性两类。前者主要包括葡萄球菌、链球菌和肠球菌等,后者包括脑膜炎奈瑟菌和淋病奈瑟菌等。

一、葡萄球菌属

(一) 生物学性状

1. 形态结构　球形,革兰染色阳性,排列呈不规则的簇状,似葡萄串状。

2. 培养和生化反应　需氧或兼性厌氧。营养要求不高,致病性葡萄球菌菌落呈金黄色,于血琼脂平板上生长后菌落周围出现完全透明溶血环(β 溶血),能分解甘露醇。

3. 抗原构造　葡萄球菌 A 蛋白(SPA)具有属特异性, 该蛋白可与人类 IgG1、IgG2 和 IgG4 的 Fc 段非特异性结合,故采用含 SPA 的葡萄球菌作为载体,结合特异性抗体后,可用于多种微生物抗原的检测,该方法称为协同凝集试验。在体内,SPA 通过与吞噬细胞争夺 Fc 段,有效地降低抗体介导的调理作用。

4. 分类　将葡萄球菌分为金黄色葡萄球菌(*S. aureus*)、表皮葡萄球菌(*S. epidermidis*)、腐生葡萄球菌(*S. saprophyticus*)。其中金黄色葡萄球菌多为致病菌。三种葡萄球菌主要性状比较见表 8-1。根据有无凝固酶分为凝固酶阳性菌株和凝固酶阴性菌株。噬菌体分型可用于流行病学调查。

表 8-1　三种葡萄球菌主要性状比较

主要性状	金黄色葡萄球菌	表皮葡萄球菌	腐生葡萄球菌
色素	金黄色	白色	白色或柠檬色
凝固酶	+	-	-
甘露醇发酵	+	-	-
α 溶素	+	-	-
耐热核酸酶	+	-	-
A 蛋白(SPA)	+	-	-
致病性	强	弱(偶致病)	无

5. 抵抗力　在无芽胞细菌中,葡萄球菌对外界因素的抵抗力最强。耐药菌株中耐甲氧西林金黄色葡萄球菌已经成为医院内感染最常见的致病菌。

(二) 致病性

1. 金黄色葡萄球菌

(1) 致病物质:金黄色葡萄球菌的毒力因子如下。

1) 凝固酶(coagulase):是鉴别葡萄球菌有无致病性的重要指标,是一种能使含有抗凝剂的人或兔血浆发生凝固的酶类物质。凝固酶有游离和结合两种类型。游离凝固酶(free coagulase)是分泌至菌体外的蛋白质,可使液态的纤维蛋白原变成固态的纤维蛋白,导致血浆凝固。结合凝固酶(bound coagulase)存在于细菌表面并不释放,能与纤维蛋白原结合,使纤维蛋白原变为纤维蛋白而沉积于细菌表面。故含有凝固酶的葡萄球菌能阻碍吞噬细胞的吞噬或吞噬后被消化,保护病菌不受血清中杀菌物质的破坏,也可使葡萄球菌引起的感染易于局限化和形成血栓。

2) 葡萄球菌溶素(staphylolysin):是损伤细胞膜的毒素,主要是 α 溶素,有溶血,损伤破坏白细胞、血小板、肝细胞和皮肤细胞等作用。

3) 杀白细胞素(leukocidin):破坏中性粒细胞和巨噬细胞。

4) 肠毒素(enterotoxin):临床分离的约 1/3 金黄色葡萄球菌可产生肠毒素,主要由噬菌体Ⅲ群金黄色葡萄球菌产生。耐热,抵抗胃肠液中蛋白酶的水解作用。其作用机制可能是到达中枢神经系统后刺激呕吐中枢而导致以呕吐为主要症状的食物中毒。

5) 表皮剥脱毒素(exfoliative toxin, exfoliatin):由噬菌体Ⅱ群金黄色葡萄球菌产生。引起的烫伤样皮肤综合征(staphylococcal scalded skin syndrome, SSSS),又称剥脱性皮炎。

6) 毒性休克综合征毒素-1(toxic shock syndrome toxin 1, TSST-1):约 20% 的金黄色葡萄球菌(主要为噬菌体Ⅰ群)产生此毒素。可导致机体发热、对内毒素的敏感性增加、多器官系统功能紊乱或毒性休克综合征(toxic shock syndrome, TSS)。

7) 其他酶类:如耐热核酸酶、透明质酸酶等。

(2) 所致疾病:有侵袭性和毒素性两种类型。

1) 侵袭性疾病:主要引起化脓性感染,包括局部感染(如疖、痈、气管炎、中耳炎,感染的特点是脓汁黏稠、病灶局限、界限清楚)和全身感染(如败血症、脓毒血症等)。

2) 毒素性疾病:由葡萄球菌产生的外毒素引起。主要包括如下疾病。

a. 食物中毒:由葡萄球菌肠毒素引起,潜伏期 1 ~ 6h,表现以呕吐为最主要症状的急性胃肠炎。

b. 假膜性肠炎:当使用抗生素造成菌群失调时,由少数耐药性葡萄球菌产生肠毒素,引起以腹泻为主的临床症状。病理特点是,肠黏膜上被覆盖一层由肠黏膜坏死组织、炎性渗出物和细菌组成的伪膜。

c. 烫伤样皮肤综合征:由表皮剥脱毒素引起。

d. 毒性休克综合征:主要由 TSST-1 引起。主要表现为急性高热、呕吐、腹泻、低血压、猩红热样皮疹伴脱屑,严重时出现休克。

2. 凝固酶阴性葡萄球菌(coagulase negative *staphylococcus*, CNS) 是医源性感染的常见病原菌,而且 CNS 对多种抗生素的耐药率逐年升高,成为临床治疗的难题。CNS 在机体免疫功能低下或进入非正常寄居部位时,可引起多种感染。以表皮葡萄球菌的感染最为常见。

(三) 免疫性

人体对葡萄球菌有一定的天然免疫力。患病恢复后获得一定的免疫力,但难以防止葡萄球菌再次感染。

(四) 微生物学检查

1. 标本 不同病型采取不同标本,如脓汁、渗出液、血液、脑脊液、食物和呕吐物等。

2. 直接涂片镜检 根据细菌形态、排列特征和染色性可做出初步诊断。

3. 分离培养和鉴定 分离培养采用血琼脂平板。致病菌株的鉴定主要根据色素、溶血、血浆凝固酶、耐热核酸酶和发酵甘露醇等作为参考指标。

4. 肠毒素检测 取食物中毒患者的标本,用 ELISA 法检测葡萄球菌肠毒素。

(五) 预防

反复发作的顽固性疖疮,宜采用自身疫苗或类毒素进行人工主动免疫。葡萄球菌也是医院内交叉感染的重要传染源,要做好消毒隔离,以防医源性感染。

二、链球菌属

(一) 生物学性状

1. 形态结构 球形或卵圆形,革兰染色阳性,多数呈链状排列。

2. 培养和生化反应 多数为兼性厌氧,少数厌氧。营养要求高,培养时须加血液或血清等成分。不同种类细菌可产生不同的溶血现象。肺炎链球菌可产生自溶酶,该酶可被胆汁或胆盐激活。除肺炎链球菌外,链球菌一般不分解菊糖,不被胆汁溶解,因此这两种特性可用来鉴别甲型溶血性链球菌和肺炎链球菌。

3. 抗原构造 多糖抗原(C 抗原)存在于链球菌细胞壁中,具群特异性。表面蛋白抗原位于 C 抗原的外层,具有型特异性。核蛋白抗原无特异性。荚膜多糖抗原可对肺炎链球菌进行分型。M 蛋白是化脓性链球菌的重要毒力因子,具有抗中性粒细胞吞噬的作用。此外,M 蛋白与心瓣膜和肾小球基膜有交叉抗原,可致风湿热和肾小球肾炎。

4. 链球菌分类

(1) 根据溶血现象分为三类,详见表 8-2。

(2) 根据特异性抗原分类:根据链球菌细胞壁多糖(c)抗原不同将链球菌分为A、B等20个群,对人致病的90%左右属于A群。对人类致病的A群链球菌多数呈现乙型溶血。

(3) 根据对氧的需要分类:分需氧、厌氧和兼性厌氧三种链球菌。

表 8-2 链球菌根据溶血现象分类

链球菌类型	溶血现象	致病性
甲型溶血性链球菌	草绿色溶血,不完全溶血,又称甲型(或α)溶血	多为条件致病菌
乙型溶血性链球菌	完全溶血,乙型(或β)溶血	致病力强
丙型链球菌	不溶血	一般不致病

5. 抵抗力 本菌抵抗力不强,对一般消毒剂、抗生素均敏感。

(二) 致病性

1. 化脓性链球菌(*S. pyogenes*) 化脓性链球菌也称A群链球菌(group A strepto-coccus),是人类链球菌感染最常见病原菌,也是链球菌中致病力最强的细菌。

(1) 致病物质

1) 胞壁成分:介导细菌黏附于上皮细胞,主要有脂磷壁酸(LTA)、M蛋白和F蛋白。

2) 侵袭性酶类:主要有①透明质酸酶(hyaluronidase),又称扩散因子,能分解细胞间质的透明质酸,使细菌易在组织中扩散;②链激酶(streptokinase, SK),又称链球菌溶纤维蛋白酶(streptococcal fibrinolysin),能使血液中溶纤维蛋白酶原转变成溶纤维蛋白酶,溶解血块或阻止血浆凝固,有利于细菌在组织中扩散。重组链激酶(r-sk)用于治疗急性心肌梗死患者十分有效;③链道酶(streptodornase, SD),亦称链球菌DNA酶(streptococcal deoxyribonucle-ase),能降解脓汁中高度黏稠的DNA,使脓汁稀薄,促进细菌扩散;④胶原酶(collagenase),能溶解胶原纤维,亦有利于细菌的扩散。

3) 毒素:链球菌溶素(streptolysin),有溶解红细胞、破坏白细胞和血小板的作用。按其对氧的稳定性不同可分为对氧敏感链球菌溶素O(streptolysin O, SLO)和对氧稳定的链球菌溶素S(streptolysin S, SLS)两种,SLO抗原性强,测其抗体含量可作为链球菌新近感染指标或风湿热及其活动性的辅助诊断。链球菌致热外毒素(streptococcal pyrogenic exotoxin, SPE),是人类猩红热的主要毒性物质。

(2) 所致疾病:化脓性炎症(如痈、脓肿、蜂窝组织炎),毒素性疾病(猩红热)和超敏反应性疾病(风湿热和急性肾小球肾炎)。

2. 草绿色链球菌(*S. viridans*) 也称甲型溶血性链球菌,具有机会致病性,是亚急性细菌性心内膜炎最常见的致病菌。变异链球菌与龋齿的发生密切相关。

3. 肺炎链球菌(*S. pneumoniae*) 主要致病物质为荚膜。主要引起人类大叶性肺炎。

4. 无乳链球菌(*S. agalactiae*) 也称B群链球菌(GBS)主要引起新生儿肺炎、败血症和脑膜炎。

(三) 免疫性

化脓性链球菌感染后,机体产生具有保护作用的抗体是抗M蛋白抗体和抗红疹毒素抗体。抗红疹毒素抗体能防止猩红热的再发。

（四）微生物学检查

1. 细菌学诊断

（1）不同病型采取不同标本：常取脓汁。

（2）直接涂片镜检。

（3）分离培养：采用血琼脂平板，血平板上肺炎链球菌菌落周围有草绿色溶血环，应与草绿色链球菌鉴别。常用的有胆汁溶菌实验、菊糖实验和奥普托辛实验，这些试验肺炎链球菌均为阳性，甲型溶血性链球菌均为阴性。

2. 血清学诊断　链球菌溶素 O 试验（antistreptolysin O test，ASO test），简称抗“O”试验，为体外中和试验。常用于风湿热或肾小球肾炎的辅助诊断。

（五）防治

对急性咽炎和扁桃体炎患者，尤其是儿童要彻底治疗，以防止急性肾小球肾炎和风湿热的发生。国外研制多价肺炎链球菌荚膜多糖疫苗有较好效果。

三、肠　球　菌

肠球菌（*enterococcus*）是人类和动物肠道中正常菌群之一，目前在需氧革兰阳性球菌中，它是仅次于葡萄球菌的重要医院内感染致病菌。常引起心血管系统感染和尿路感染。

四、脑膜炎奈瑟菌

（一）生物学性状

1. 形态结构　革兰阴性双球菌，呈肾形或豆形排列。

2. 培养　在普通培养基上不能生长，常用的是巧克力（色）培养基。专性需氧。

3. 抗原构造与分型　荚膜多糖抗原具有群特异性，据此抗原的不同，将脑膜炎奈瑟菌（*N. meningitidis*）分成 A、B、C 等 13 个血清群，对人类致病的多属 A、B、C 群。其中以 C 群致病力最强但病例极少，B 群呈散发流行，我国主要由 A 群引起。

4. 抵抗力　对理化因素的抵抗力很弱。对寒冷、干燥、热、阳光和化学消毒剂等均很敏感。在室温中 3h 即死亡。

（二）致病性

1. 致病物质　主要致病物质是荚膜、菌毛和脂寡糖（LOS）。其中，细菌死亡而释放出的 LOS（作用似内毒素）是最主要的致病物质。

2. 所致疾病　主要通过飞沫经空气传播。带菌者和患者均可作为传染源，引起流行性脑脊髓膜炎。发病后可出现发热、皮肤出血性皮疹及肝脾肿大等全身中毒症状及头痛、喷射状呕吐、颈项强直等症状。根据临床症状可分为普通型、暴发型和慢性败血症型三种临床表现。

（三）免疫性

机体对脑膜炎奈瑟菌的免疫主要是体液免疫。群特异性的荚膜多糖抗体和型特异性的外膜蛋白抗体具有保护性作用。

（四）微生物学检查

采取脑脊液、血液或刺破出血瘀斑取其渗出物。标本采取后应注意保暖、保湿，并立即送检。接种于预温培养基内，最好是床边接种。脑脊液直接涂片镜检，如在中性粒细胞内、外有革兰阴性双球菌，可做出初步诊断。接种巧克力（色）平板分离培养，挑取可疑菌落涂片染色检查，并做生化反应和玻片凝集试验鉴定；也可用已知群抗体检测患者脑脊液和血清中可溶性抗原进行快速诊断。

（五）防治

流脑荚膜多糖疫苗可进行特异性预防，流行期间儿童可口服磺胺药物等预防。

五、淋病奈瑟菌

（一）生物学性状

1. 形态结构　革兰阴性双球菌，脓汁标本中，大多数淋病奈瑟菌（*N. gonorrhoeae*）位于中性粒细胞内，成双排列，两菌接触面平坦或稍凹。无芽胞和鞭毛，有荚膜和菌毛。

2. 培养　适宜在巧克力（色）血琼脂平板上生长。专性需氧。

3. 抗原构造与分型　表层抗原至少有三类，为菌毛蛋白抗原、脂寡糖抗原（LOS）和外膜蛋白抗原。

4. 抵抗力　与脑膜炎奈瑟菌相似，对热、冷、干燥和消毒剂极度敏感。

（二）致病性

1. 致病物质　包括菌毛、外膜蛋白、LOS 和 IgA1 蛋白酶等。

2. 所致疾病　侵入尿道和生殖道而感染，引起淋病，主要通过性接触传播。还可以引起新生儿淋菌性结膜炎。

（三）免疫性

人类对淋病奈瑟菌的感染无天然免疫力。感染后出现特异性 IgM、IgG 和分泌型 IgA 抗体，但免疫不持久。

（四）微生物学检查

取泌尿生殖道脓性分泌物，涂片、革兰染色后镜检。如在中性粒细胞内发现有革兰阴性双球菌时，结合临床表现可做初步诊断。接种巧克力（色）平板分离培养，挑取可疑菌落涂片染色检查，并做生化反应或直接免疫荧光试验等确诊。亦可采用核酸杂交技术或核酸扩增技术检测淋病奈瑟菌。在患者脑脊液中，多位于中性粒细胞内。

（五）防治

治疗可选用抗生素，婴儿出生时，以 1% 硝酸银或其他银盐溶液滴眼，以预防新生儿淋菌性结膜炎的发生。目前尚无有效的疫苗供特异性预防。

（何　平　刘　新　方　芳）

第九章 肠道杆菌

教学要求

(1) 掌握致病性大肠埃希菌及其所致疾病；志贺菌属的致病性；沙门菌属的致病性与免疫性；埃希菌属、志贺菌属和沙门菌属与微生物学分离鉴定有关的生物学特性。

(2) 熟悉肠杆菌科的共同特性；致病性大肠埃希菌致病机制；大肠菌群指数；埃希菌属、志贺菌属和沙门菌属的微生物学检查步骤；肥达试验。

(3) 了解大肠埃希菌的微生物学检查及防治原则；志贺菌和沙门菌的防治原则；沙门菌分类；其他肠道细菌。

教学要点

[学习引导]

(1) 肠道杆菌有哪些共同生物学特性？

(2) 大肠埃希菌的生化反应特点，如何与沙门菌、志贺菌等相区别？

(3) 致病性大肠埃希菌种类、所致疾病和致病机制。

(4) 根据志贺菌抗原构造的不同，可分为哪4种(群)？

(5) 简述志贺菌感染的临床类型和特点。

(6) 对人类致病的沙门菌有哪些？

(7) 人类沙门菌引起的疾病有哪些？

(8) 简述肥达反应的方法、原理和结果判断。

肠道杆菌(enteric bacillus)是一大群生物学特性相似的革兰阴性杆菌，常寄居在人和动物的肠道内，具有下列共同生物学特性：形态结构相似；培养要求不高；生化反应活泼；抗原结构复杂(O抗原，具有属、种特异性；H抗原；荚膜或包膜抗原)；抵抗力不强；易发生变异。

一、埃希菌属

大肠埃希菌(*E. coli*)是肠道中重要的正常菌群。当宿主免疫力下降或细菌侵入肠道外组织器官后，即可成为条件致病菌，引起肠道外感染。某些血清型大肠埃希菌具有致病性，导致人类胃肠炎。

(一) 生物学性状

1. 形态结构 中等大小革兰阴性杆菌，多数菌株有周身鞭毛，有菌毛。

2. 培养和生化反应 兼性厌氧。营养要求不高。生化反应活泼，能发酵葡萄糖等多种糖类，产酸产气。发酵乳糖，IMViC试验结果为“++--”。

3. 抗原构造 有O、H和K三种抗原，是血清学分型的基础。大肠埃希菌血清型的表示方式是按O∶K∶H排列。

4. 抵抗力 一般不强。

（二）致病性

1. 致病物质 毒力因子包括内毒素、荚膜、Ⅲ型分泌系统等。还具有自身一些特殊的毒力因子，主要是黏附素和肠毒素。其中肠毒素可分为耐热肠毒素（ST）和不耐热肠毒素（LT）两种。

2. 所致疾病 包括肠道外感染和肠道感染。5种致病性大肠埃希菌类型、所致疾病和致病机制见表9-1。

表9-1 引起胃肠炎的大肠埃希菌

菌株	作用部位	疾病与症状	致病机制
肠产毒型大肠埃希菌（enterotoxigenic *E. coli*, ETEC）	小肠	旅行者腹泻；婴幼儿腹泻；水样便，恶心，呕吐，腹痛，低热	质粒介导LT和（或）ST肠毒素，大量分泌液体和电解质
肠侵袭型大肠埃希菌（enteroinvasive *E. coli*, EIEC）	大肠	水样便，继以少量血便，腹痛，发热	质粒介导侵袭和破坏结肠黏膜上皮细胞
肠致病型大肠埃希菌（enteropathogenic *E. coli*, EPEC）	小肠	婴儿腹泻；水样便，恶心，呕吐，发热	质粒介导黏附和破坏上皮细胞绒毛结构导致吸收受损和腹泻
肠出血型大肠埃希菌（enterohemorrhagic *E. coli*, EHEC）（O157:H7等）	大肠	水样便，继以大量出血，剧烈腹痛，低热或无，可并发HUS、血小板减少性紫癜	溶原性噬菌体编码Stx-Ⅰ或Stx-Ⅱ，中断蛋白质合成
肠集聚型大肠埃希菌（enteroaggregative *E. coli*, EAEC）	小肠	婴儿腹泻；持续性水样便，呕吐，脱水，低热	质粒介导集聚性黏附上皮细胞，阻止液体吸收

（三）微生物学检查

（1）肠道外感染时，血液标本需先经肉汤增菌，再转种血琼脂平板。其他标本可同时接种血琼脂平板和肠道杆菌选择性培养基。培养后观察菌落并涂片染色镜检，并采用一系列生化反应进行鉴定。肠道内感染时将粪便标本接种于鉴别培养基，挑选可疑菌落并鉴定为大肠埃希菌后，再分别用ELISA、核酸杂交、PCR等方法检测不同类型致胃肠炎大肠埃希菌的肠毒素、致病因子和血清型特征。

（2）卫生细菌学检查：卫生细菌学以“大肠菌群指数”（coli-index）和“细菌总数”作为饮用水、食品等粪便污染的指标。细菌总数指检测每1ml或每1g样品中所含细菌数。大肠菌群指数指每1000ml（g）样品中的大肠菌群数。

（四）预防

用菌毛疫苗防治新生畜崽腹泻已获得成功。

二、志贺菌属

（一）生物学性状

1. 形态结构 革兰阴性短小杆菌。无芽胞，无荚膜，无鞭毛，多数有菌毛。

2. 培养和生化反应　营养要求不高，分解葡萄糖，产酸不产气，多数发酵甘露醇。除宋内志贺菌个别菌株迟缓发酵乳糖外，均不分解乳糖，在 SS 等肠道选择鉴别培养基上，呈无色半透明菌落。动力试验阴性。

3. 抗原构造和分型　志贺菌属(*Shigella*)细菌有 K 和 O 抗原，无 H 抗原。根据志贺菌抗原构造的不同，可分为 4 种(群)，分别为 A 群(痢疾志贺菌，*S. dysenteriae*)；B 群(福氏志贺菌，*S. flexneri*)；C 群(鲍氏志贺菌，*S. boydii*)；D 群(宋内志贺菌，*S. sonnei*)。

(二) 致病性

志贺菌感染几乎只局限于肠道，一般不侵入血液。

1. 致病物质

(1) 侵袭力：志贺菌的菌毛能黏附于回肠末端和结肠黏膜的上皮细菌表面，继而穿入上皮细胞内。

(2) 内毒素：作用于肠黏膜，使其通透性增高，促进内毒素吸收，引起发热，神志障碍，甚至中毒性休克等。能破坏肠黏膜，形成炎症、溃疡，出现典型的脓血黏液便。还作用于肠壁自主神经系统，致肠功能紊乱、肠蠕动失调和痉挛，尤其直肠括约肌痉挛最为明显，出现腹痛、里急后重等症状。

(3) 外毒素：部分痢疾志贺菌尚能产生外毒素，称为志贺毒素。

2. 所致疾病　引起细菌性痢疾，感染局限在肠道，一般不入血。传染源主要为患者和带菌者，通过污染了志贺菌的食物、水等经口感染。潜伏期 1～3 天。志贺菌感染有急性细菌性痢疾和慢性细菌性痢疾。其中急性又分为典型菌痢、非典型菌痢和中毒性菌痢三型。急性痢疾典型表现为脓血黏液便，伴有里急后重、下腹部疼痛等症状。

(三) 免疫性

病后免疫力不牢固，不能防止再感染。机体对菌痢的免疫主要依靠肠道的局部免疫，即肠道黏膜细胞吞噬能力的增强和 SIgA 的作用。

(四) 微生物学检查

在使用抗生素前采样，取粪便的脓血或黏液部分，标本应新鲜，若不能及时送检，应将标本保存于 30% 甘油缓冲盐水或增菌培养液中。接种肠道杆菌选择性培养基培养(SS 选择性培养基等)，挑取无色半透明的可疑菌落，做生化反应和血清学凝集试验，确定菌群和菌型；也可用免疫荧光菌球法、协同凝集试验等方法进行检测。

(五) 防治

特异性预防主要采用口服减毒活疫苗，目前已有多价志贺菌链霉素依赖株活疫苗。治疗可用磺胺类药、氨苄青霉素等。

三、沙门菌属

沙门菌属(*Salmonella*)对人类致病的有：伤寒沙门菌(*S. typhi*)、副伤寒沙门菌(*S. paratyphi*)、鼠伤寒沙门菌(*S. typhimurium*)、猪霍乱沙门菌(*S. choleraesuis*)和肠炎沙门菌(*S. enteritidis*)等。

（一）生物学性状

1. 形态结构 革兰阴性杆菌，多数有周鞭毛。一般无荚膜。

2. 培养 营养要求不高。兼性厌氧菌，不发酵乳糖。发酵葡萄糖、麦芽糖和甘露醇，除伤寒沙门菌产酸不产气外，其他沙门菌均产酸产气。

3. 抗原构造 有 O、H 和 Vi 抗原。根据 O 抗原不同将沙门菌属分为 42 个组。每一组沙门菌根据 H 抗原不同，可进一步分不同种或型。

4. 抵抗力 对热抵抗力不强，胆盐、煌绿等对本属细菌的抑制作用较对其他肠道杆菌为小。

（二）致病性

1. 致病物质 主要致病物质是内毒素，个别菌尚能产生肠毒素。

2. 所致疾病 人类沙门菌感染有 4 种类型。

（1）肠热症（伤寒和副伤寒）：主要由伤寒沙门菌和甲型副伤寒沙门菌、肖氏沙门菌、希氏沙门菌引起。在病程过程中出现 2 次菌血症。患者和带菌者是重要的传染源。症状主要表现为持续高热，相对缓脉，肝脾肿大及全身中毒症状，部分病例皮肤出现玫瑰疹。

（2）急性肠炎（食物中毒）：是最常见的沙门菌感染。多由食入鼠伤寒沙门菌、猪霍乱沙门菌、肠炎沙门菌等污染食品，如未煮熟的病畜病禽的肉类、蛋类。潜伏期短，一般 4 ~ 24h，主要症状为发热、恶心、呕吐、腹痛、水样腹泻，偶有黏液或脓性腹泻。

（3）败血症：常由猪霍乱沙门菌、希氏沙门菌、鼠伤寒沙门菌、肠炎沙门菌等引起。患者多为儿童和免疫力低下的成人。

（4）无症状带菌者：有 1% ~5% 为伤寒或副伤寒患者，在症状消失后 1 年或更长时间内仍可在其粪便中检出相应细菌，称为无症状带菌者。这些细菌留在胆囊中，有时也可在尿道中，成为人类伤寒和副伤寒病原菌的储存场所和重要传染源。

（三）免疫性

伤寒或副伤寒病后有牢固的免疫性。为兼性胞内菌，主要依靠细胞免疫。

（四）微生物学检查

1. 标本 肠热症因病程不同采取不同标本，通常第 1 周取外周血液，第 1 ~3 周取骨髓液，第 2 ~3 周取粪便或尿液。

2. 分离培养与鉴定 接种肠道鉴别培养基或 SS 选择性培养基培养后，挑选无色半透明的不发酵乳糖的菌落涂片、染色、镜检，并做生化反应和玻片凝集试验鉴定；也可用酶联免疫吸附试验、放射免疫测定等方法检测患者血清或尿液中沙门菌的可溶性抗原。

3. 血清学诊断 肥达试验主要用于辅助临床诊断肠热症。

（1）原理：用已知的伤寒沙门菌菌体 O 抗原和鞭毛 H 抗原和甲型副伤寒沙门菌、肖氏沙门菌和希氏沙门菌的鞭毛 H 抗原与受检血清做定量试管凝集试验，以测定受检血清中有无相应抗体及其效价高低。

（2）正常值：一般是伤寒沙门菌 O 凝集效价≥1∶80，H 凝集效价≥1∶160，引起副伤寒沙门菌 H 凝集效价≥1∶80 时，才有诊断价值。

(3) 动态观察:单次凝集效价增高,有时不能定论。若效价逐次递增或恢复期效价比初次≥4 倍以上,有诊断意义。

(4) O 与 H 抗体在诊断上的意义为:①若 H、O 凝集效价均超过正常值,则感染伤寒、副伤寒的可能性大;②H 与 O 效价均低,则患肠热症的可能性甚小;③若 H 效价高而 O 不高,可能系预防接种或非特异性回忆反应;④如 O 效价高而 H 不高,可能是感染早期或其他沙门菌感染(肠炎沙门菌与伤寒沙门菌有共同 O 抗原)引起的交叉反应。

(5) 其他:有少数病例,在整个病程中,肥达试验始终在正常范围内。其原因可能是:①发病早期曾用大量或多种抗生素治疗;②患者免疫功能低下。

4. 伤寒带菌者的检测　最可靠的方法是分离培养病原菌,但检出率不高。因此,一般先检测可疑血清中有无 Vi 抗体,当效价≥1∶10 时,再取粪便或尿液多次分离培养,才能确定是否为伤寒带菌者。

(五) 防治

做好水源和食品的卫生管理,伤寒沙门菌 Ty21a 活疫苗效果较好。肠热症治疗可采用氯霉素、环丙沙星等。

(何　平　李国才)

第十章　弧菌与气单胞菌

教学要求

(1) 掌握霍乱肠毒素的作用机制。

(2) 熟悉霍乱弧菌的主要生物学特性、所致疾病、免疫性和防治原则及副溶血弧菌的主要生物学特性、所致疾病。

(3) 了解霍乱弧菌的微生物学检查法。

教学要点

[学习引导]

(1) 简述霍乱弧菌的典型生物学性状和引起霍乱的血清群。

(2) 霍乱病的传染源和传播途径是什么,其产生机制是什么?

(3) 副溶血弧菌有何特点,常见于哪些食品引起的食物中毒?

弧菌属:为菌体短小、弯曲成弧形的革兰阴性菌,在自然界中分布广泛,以水中最多。致病的主要有霍乱弧菌(*Vibrio cholerae*)、副溶血性弧菌(*V. parahemolyticus*)。

一、霍乱弧菌

(一) 生物学性状

1. 形态结构　革兰染色阴性,细菌弯曲呈弧形或逗点状,取患者米泔水样粪便直接涂片染色镜检,可见其排列如"鱼群"状,悬滴观察活体,可见其呈穿梭或流星样运动。

2. 培养　兼性厌氧,营养要求不高,嗜碱,于 pH 8.0～9.0 的碱性环境中生长更佳,常用 pH 8.4 的碱性蛋白胨作为选择培养基。

3. 抗原构造与分型　根据 O 抗原不同,将霍乱弧菌分为 155 个血清群。引起霍乱的是 O1 群和 O139 群,其他血清群可引起人类胃肠炎等疾病。O1 血清群的霍乱弧菌包括两个生物型(biotype),即古典生物型(classical biotype)与 El Tor 生物型(El Tor biotype)。

4. 抵抗力　热和一般消毒剂敏感,不耐酸,在正常胃酸中仅能存活 4min。但在水中能存活 1～3 周,有时还可过冬。

(二) 致病性

1. 致病物质　主要由鞭毛、菌毛和肠毒素,肠毒素也称霍乱毒素,由 A 亚单位和 B 亚单位组成,A 亚单位是 CT 的毒性活性成分,B 亚单位可与小肠黏膜上皮细胞神经节苷脂(GM1)受体结合,A 亚单位进入细胞,刺激细胞内的腺苷酸环化酶活化,使 ATP 转化为 cAMP,致细胞内 cAMP 浓度升高,导致内皮细胞 Na^+和 Cl^-的吸收被抑制,并大量分泌 Cl^-和 HCO_3^-,由于大量电解质分泌至肠腔,使肠腔内渗透压升高,大量水分由细胞进入肠腔,进而产生严重腹泻、呕吐、电解质大量丧失。

2. 传染源　患者及带菌者。

3. 传播途径 污染的水或食物经口摄入。

4. 临床特点 严重腹泻和呕吐,腹泻物如米泔水样。大量脱水和电解质丧失可导致外周循环衰竭、电解质紊乱和代谢性酸中毒,也可因肾衰竭、休克死亡。

(三) 免疫性

体液免疫为主,免疫力牢固。

(四) 微生物学检查

取米泔水样大便,接种碱性蛋白胨水和 TCBS 选择培养基分离培养,最后以玻片凝集法进行血清学鉴定。必要时可进行肠毒素检查。

(五) 预防

可用死疫苗,基因工程减毒活疫苗及 B 亚单位-全菌灭活口服疫苗正在试用。

二、副溶血弧菌

(一) 生物学性状

革兰阴性,杆状、丝状等多形性,有鞭毛,嗜盐,常用 3.5% NaCl 培养基培养,不耐热,不耐酸。绝大多数致病性副溶血性弧菌能产溶血素,该毒素具有肠道毒性,细菌的致病力与其溶血能力呈平行关系。

(二) 所致疾病

引起沿海地区食物中毒,系经烹饪不当的海产品或盐腌制品所传播。

(肖家祁)

第十一章　螺杆菌和弯曲菌

教学要求

(1) 熟悉空肠弯曲菌、幽门螺杆菌的生物学特性和致病性。

(2) 了解空肠弯曲菌、幽门螺杆菌的抗原结构、致病物质、微生物学检查和防治。

教学要点

[学习引导]

(1) 螺杆菌和弯曲菌的形态和培养有什么特点?

(2) 幽门螺杆菌与哪些疾病有关?

一、螺　杆　菌

一类微需氧的革兰阴性螺形杆菌,对人致病的主要是幽门螺杆菌(*Helicobacter pylori*),与胃炎、胃及十二指肠溃疡、胃癌的发生有密切关系。

(一) 生物学性状

革兰阴性菌,菌体弯曲呈螺形、S 形及海鸥状,微需氧(5% 条件下在含血或血清的培养基上生长),细菌含有丰富的尿素酶,快速尿素酶试验成为本菌检验的主要指标。

(二) 致病性与免疫性

1. 传染源　患者与携带者。

2. 传播途径　粪-口途径。

3. 所致疾病　幽门螺杆菌在人群中感染非常普遍,在胃炎、胃及十二指肠溃疡患者的胃黏膜中,本菌的检出率可高达 80% ~100% 。现认为本菌与人类 B 型胃炎、胃及十二指肠溃疡、胃癌关系密切。

(三) 诊断与防治

用胃镜取胃、十二指肠黏膜组织活检标本涂片镜检(见典型形态)或分离培养;也可将标本做快速尿素酶分解试验来诊断。

目前尚无有效的预防措施,治疗多采用铋剂三联疗法。

二、弯 曲 菌 属

一类呈逗点状或 S 形的革兰阴性杆菌,对人致病的有空肠弯曲菌(*Campylobacter jejuni*)、大肠弯曲菌、胎儿弯曲菌,上突弯曲菌等 13 个种,主要引起动物和人类的腹泻、胃肠炎和肠道外感染。

（一）形态和培养特性

革兰阴性菌，呈弧形、螺旋形、S形或海鸥状等形态，有鞭毛，运动活泼。为微需氧菌，营养要求高，最适生长温度为37～42℃，在42℃比37℃生长好。

（二）致病性

为多种动物如牛、羊、狗及禽类的正常寄居菌。主要位于其生殖道或肠道，故可通过分娩或排泄物污染食物和饮水，人多为食入污染食物发病，常见急性肠炎，亦可引起腹泻的暴发流行或集体食物中毒。

（三）诊断与预防

诊断可做分离培养，或检测血清内抗体。预防目前尚无特异性疫苗，治疗用抗生素。

（肖家祁　赵英会）

第十二章 厌氧性细菌

教学要求

(1) 掌握破伤风梭菌(*C. tetani*)、产气荚膜梭菌(*C. perfringens*)、肉毒梭菌(*C. botulinum*)等生物学特性、致病性和防治原则。

(2) 熟悉艰难梭菌(*C. difficile*)的生物学特性与致病性;产气荚膜梭菌的微生物学检查;无芽胞厌氧菌感染的特点和标本采集。

(3) 了解破伤风梭菌和肉毒梭菌的微生物学检查;厌氧菌的种类与分类、所致疾病、微生物学检查和防治原则。

教学要点

[学习引导]

(1) 破伤风梭菌的致病条件和致病机制是什么?

(2) 产气荚膜梭菌可引起哪些疾病?

(3) 肉毒梭菌的致病机制是什么?可引起哪些疾病?

(4) 无芽胞厌氧菌的致病特性有哪些?

厌氧性细菌(anaerobic bacteira)可分为两大类:有芽胞的厌氧梭菌属和无芽胞的厌氧菌属。前者主要引起外源性创伤感染,后者可引起内源性感染。

一、厌氧芽胞梭菌属

(一) 破伤风梭菌

1. 生物学性状

(1) 形态结构:革兰染色阳性。芽胞呈圆形,比菌体粗,位于菌体顶端,使细菌呈鼓槌状,为本菌典型特征。

(2) 培养和抵抗力:严格厌氧。在干燥的土壤和尘埃中可存活数十年。芽胞在100℃ 1h才被杀死。

2. 致病性

(1) 致病条件:该菌由伤口侵入人体,局部伤口需具备厌氧条件,即伤口窄而深,有泥土或异物污染;大面积创伤,坏死组织多,局部组织缺血;同时有需氧菌或兼性厌氧菌混合感染的伤口,均易造成厌氧微环境。

(2) 致病机制:主要有赖于产生的破伤风痉挛毒素(tetanospasmin)。①该毒素为神经毒素,当释出菌体时,被细菌蛋白酶裂解为轻链和重链,其中轻链为毒性部分,重链具有结合神经细胞和转运毒素分子的作用;②重链通过其羧基端识别神经-肌肉接点处运动神经元外胞质膜上的受体并与之结合,促使毒素进入细胞内的由细胞膜形成的小泡中;③小泡从外周神经末梢沿神经轴突逆行向上,到达运动神经元细胞体,通过跨突触运动,小泡从运动神经元进入传入神经末梢,从而进入中枢神经系统;④然后通过重链N端的介导产生膜的转位使轻链进入胞质。轻链为一种锌内肽酶,可裂解储存有抑制性神经介质(γ-氨基丁酸)的小泡上膜蛋白特异性肽键,使小泡膜蛋白发生改变,从而阻止抑制性神经介质的释放。

(3)所致疾病:引起破伤风,潜伏期为几天到几周,典型的表现为肌肉活动的兴奋与抑制失调,造成的苦笑面容和角弓反张等临床表现。

3. 免疫性 自然感染后不足以引起免疫应答,获得有效保护的途径是人工主动免疫。破伤风类毒素是预防破伤风的有效生物制剂。

4. 微生物学检查 根据典型的症状和病史即可做出诊断。一般不采集标本培养。

5. 防治

(1)一般预防:对伤口清创扩创,防止形成厌氧微环境。

(2)特异性预防:对3~6个月的儿童,用百白破三联疫苗进行免疫接种。对伤口污染严重而又未经过基础免疫者,可立即注射精制破伤风抗毒素进行被动免疫作为紧急预防。同时,还可注射破伤风类毒素做主动免疫。

(3)特异性治疗:对已感染者,应早期、足量使用破伤风抗毒素(tetanus antitoxin, TAT)。抗菌治疗可采用四环素、红霉素等。

(二)产气荚膜梭菌

1. 生物学性状

(1)形态结构:革兰阳性粗大杆菌,芽胞位于次极端,呈椭圆形,直径小于菌体。在机体内可形成明显的荚膜。

(2)培养:厌氧不严格,繁殖周期仅为8min,在血琼脂平板上可形成双层溶血环,内环是由θ毒素引起的完全溶血,外环是由α毒素引起的不完全溶血。

(3)生化反应:非常活跃。典型反应如下。

1)Nagler反应:在卵黄琼脂平板上,菌落周围出现乳白色浑浊圈,是由细菌产生的卵磷脂酶(α毒素)分解卵黄中卵磷脂所致,称Nagler反应。

2)"汹涌发酵"(stormy fermentation):在牛奶培养基内能分解乳糖产酸,使其中酪蛋白凝固,同时产生大量气体(H_2和CO_2),可将凝固的酪蛋白冲成蜂窝状,甚至将覆盖在培养基上的凡士林层冲到试管顶部,气势凶猛,称作"汹涌发酵"。

2. 致病性

(1)致病物质:产生10余种外毒素,其中α毒素毒性强,能造成血细胞和内皮细胞溶解,血管通透性增加,组织坏死,肝脏、心功能受损。其次还能产生不耐热的肠毒素。

(2)所致疾病

1)气性坏疽:该病多见于战伤,也见于平时大面积创伤的工伤、车祸等。60%~80%由A型引起。气性坏疽潜伏期短,严重病例表现为组织胀痛剧烈,水气夹杂,触摸有捻发感,最后产生大块组织坏死,并有恶臭。毒素和组织坏死的毒性产物被吸收入血,引起毒血症、休克,死亡率高。

2)食物中毒:主要由A型产气荚膜梭菌污染食物(多为肉类食品)而引起。潜伏期约10h,可出现腹痛、腹胀、水样腹泻,无恶心、呕吐及发热。

3)坏死性肠炎:由C型菌株污染食品所致。表现为肠麻痹坏死,死亡率较高。

3. 微生物学检查 尽早诊断极为重要,可避免病人截肢或死亡。从深部创口取材直接涂片染色，镜检有荚膜的革兰阳性大肠杆菌，白细胞少且形态不典型，并伴有其他杂菌是气性坏疽标本涂片的三个特征。分离培养可取坏死组织制成悬液，接种血平板、牛奶培养基或庖肉培养基，厌氧培养，观察生长情况，取培养物涂片镜检。动物试验可取细菌培养液静脉注射小鼠，10min 后处死，置 37℃经 5 ~ 8h，如动物躯体膨胀，取肝或腹腔渗出液涂片镜检并分离培养。

4. 防治　对局部感染应尽早施行扩创手术，切除感染的坏死组织，消除局部厌氧环境。大剂量使用青霉素等抗生素以杀灭病原菌和其他细菌。有条件可使用气性坏疽多价抗毒素和高压氧舱法治疗气性坏疽。

（三）肉毒梭菌

1. 生物学性状

（1）形态结构：革兰阳性粗短杆菌，芽胞呈椭圆形，粗于菌体，位于次极端，使菌体呈网球拍状。

（2）培养和抵抗力：严格厌氧。肉毒毒素不耐热，煮沸 1min 左右即可被破坏。对酸和蛋白酶有较强的抵抗力。芽胞耐热，在 100℃时至少需要 3 ~ 5h 才能被杀死。

2. 致病性

（1）致病物质：肉毒毒素是已知最剧烈的神经外毒素（对人致死量为 0.1μg）。肉毒毒素经胃肠道吸收入血后，作用于中枢神经系统的脑神经核和外周神经-肌肉神经接头处及自主神经末梢，阻碍乙酰胆碱的释放，引起运动神经末梢功能失调，导致肌肉麻痹。

（2）所致疾病

1）食物中毒：由于肉毒梭菌芽胞污染食品，未经彻底消毒，在厌氧条件下繁殖产生毒素，食前又未加热烹调而发生食物中毒。临床表现胃肠道症状较少，在整个病程中患者神智清楚并不发热，出现复视、斜视、眼睑下垂等眼肌麻痹症状；再是吞咽、咀嚼困难、口齿不清等咽部肌肉麻痹症状，进而膈肌麻痹、呼吸困难、直至呼吸停止而导致死亡。

2）创伤感染中毒：若伤口被芽胞污染，芽胞能在局部厌氧环境中发芽，繁殖产生毒素，进而导致机体肉毒中毒。

3）婴儿肉毒：因食入被肉毒梭菌芽胞污染的食品（如蜂蜜）后发生中毒，早期症状为便闭，吸吮、啼哭无力，眼睑下垂等。

3. 微生物学检查　检测肉毒毒素，取可疑食物进行动物实验。其次可厌氧培养细菌。

4. 防治　预防主要是加强食品管理和监督，进食前必须充分加热可破坏毒素。治疗应尽早迅速注射 A、B、E 三型多价抗毒素，同时加强护理并对症治疗。

（四）艰难梭菌

艰难梭菌是人类肠道中的正常菌群之一。革兰阳性粗大杆菌，芽胞位于菌体次极端。艰难梭菌在肠道的数量不多，当长期使用或不正规应用某些抗生素以后，可引起肠道内的菌群失调，耐药的艰难梭菌能导致抗生素相关性腹泻和伪膜性结肠炎等疾病。

二、无芽胞厌氧菌

1. 生物学性状　广泛存在于人和动物体内，是正常菌群中的优势菌群，包括有革兰阳性和革兰阴性的球菌和杆菌，临床最为常见的厌氧无芽胞病原菌依次为脆弱类杆菌、消化链球菌属、丙酸杆菌、真杆菌、小韦荣菌。

2. 致病性

（1）致病条件：①寄居部位改变；②菌群失调；③机体免疫力降低；④局部形成厌氧微环境。

（2）感染特征：①无特定病型，大多为化脓性感染，也可侵入血流形成败血症；②感染多呈慢性过程；③分泌物或脓液黏稠，有恶臭，有时有气体；④使用氨基糖苷类抗生素治疗无效；⑤脓液、血液等标本直接涂片可见细菌，但普通培养法无菌生长。

（3）所致疾病：败血症、女性生殖道和盆腔感染、腹部感染、口腔感染、呼吸道感染和中枢神经系统感染等。

3. 微生物学检查　诊断厌氧菌感染主要依靠厌氧菌分离培养及鉴定。①标本采集应从感染中心处采集标本，标本应立即放入厌氧标本收集瓶中，迅速送检；②直接涂片镜检；③分离培养与鉴定。

4. 防治　清洗创面，去除坏死组织和异物、引流、保持局部良好的血液循环，预防局部出现厌氧微环境。正确选用抗生素。最好对临床分离株进行药敏试验，以指导正确地选用药物和治疗。

（何　平　杨志伟）

第十三章 放 线 菌

教学要求

(1) 掌握“硫黄样颗粒”的概念。

(2) 熟悉衣氏放线菌的生物学性状、致病性和诊断。

(3) 了解诺卡菌属。

教学要点

[学习引导]

(1) 放线菌与人类的关系如何,主要引起哪些疾病?

(2) 何为硫黄样颗粒,有什么临床意义?

放线菌是与细菌相似的原核细胞型微生物,多数不致病,对人致病的主要是放线菌属与诺卡菌属中的细菌,它们的共同特点是菌丝细长无横膈,主要通过菌丝横向断裂形成分生孢子而进行繁殖。

一、放 线 菌 属

(一) 形态染色与培养特性

革兰阳性、非抗酸性丝状菌,在患者病灶组织和窦道流出的脓样物质中,可找到肉眼可见的黄色硫黄状小颗粒,称为硫黄样颗粒,有诊断价值。培养比较困难,厌氧或微需氧。

(二) 致病性

正常菌群,主要存在于口腔等部位,当卫生不良、拔牙或外伤时容易引起内源性感染,致病性较强的为衣氏放线菌,导致软组织的慢性或亚急性肉芽肿性炎症,病灶中央常坏死形成脓肿,并常伴有多发性窦道形成,排出脓液以可见“硫黄样颗粒”为其特征,称放线菌病,此外,认为与龋齿和牙周炎有关。

二、诺 卡 菌 属

诺卡菌为外源性感染,特别是细胞免疫功能低下者,常侵入肺部,主要引起化脓性炎症和坏死,症状与结核相似。发于脚和腿部的感染,称足菌肿。

(肖家祁　吴中明)

第十四章　棒状杆菌

教学要求

(1)掌握白喉棒状杆菌(*C. diphtheriae*)的形态染色和培养特点、白喉外毒素及防治原则。

(2) 熟悉白喉棒状杆菌所致疾病及免疫性、微生物学检查。

(3) 了解 Shick 试验,其他棒状杆菌属。

教学要点

[学习引导]

(1) 白喉棒状杆菌的形态和培养有何特点?

(2) 简述白喉外毒素的产生、作用机制。

(3) 简述白喉棒状杆菌的致病特点。

本章主要介绍白喉棒状杆菌。

(一) 生物学特性

1. 形态染色特点　革兰染色阳性,棒状、排列不整齐,用 Albert 染色可见异染颗粒。

2. 常用培养基

(1) 吕氏血清培养基:为营养培养基,该菌生长迅速、形态典型、异染颗粒明显。

(2) 亚碲酸钾培养基:为选择鉴别培养基,因该菌使亚碲酸盐还原为黑色的金属碲,形成黑色菌落。

(二) 致病性

1. 致病物质　白喉外毒素。

(1) 产生:由β-噬菌体的 *tox* 基因编码,只有携带此噬菌体 DNA 的细菌才能产生。

(2) 毒素结构与作用机制:外毒素,由 A 和 B 两个亚单位组成,B 亚单位与细胞结合,促使 A 亚单位进入,进入细胞后可使细胞内的辅酶Ⅰ(NAD)上的腺苷二磷酸核糖(ADPR)与 EF-2 结合,结果 EF-2 失活,影响氨基酸转移至肽链,阻断了宿主细胞蛋白质的合成,导致组织细胞病变和坏死。

2. 所致疾病　白喉。

(1) 传染源:白喉患者和带菌者是主要的传染源。

(2) 传播途径:主要经呼吸道飞沫传播,也可经污染的物品接触传播。

(3) 临床表现:主要症状包括局部细菌繁殖和外毒素作用引起的炎症(伪膜形成)及毒素入血引起外毒素血症而产生的全身中毒症状。

3. 免疫性　主要靠抗毒素的中和作用,调查人群对白喉的免疫力可做 Shick 试验。

4. 微生物学检查　用无菌棉拭子从病变部位刮拭取材检查,包括以下几种方法。

(1) 形态学检查:直接涂片镜检,用革兰染色和 Albert 染色后镜检,找到典型形态的白喉棒状杆菌,结合临床即可做初步诊断。

(2) 分离培养:标本接种吕氏血清斜面、亚碲酸钾血平板,选择可疑白喉棒状杆菌菌落做进一步的生化鉴定和毒力试验。

(3) 毒力鉴定:是鉴别产毒白喉棒状杆菌的重要试验,可分体内(豚鼠体内中和试验)和体外(Elek 琼脂平板毒力试验等)两种检测法。

5. 防治原则 预防使用白喉类毒素,紧急预防用白喉抗毒素;治疗使用抗毒素、抗生素。

(三) 其他棒状杆菌

多数为正常菌群,一些可致病,如痤疮棒状杆菌可引起痤疮或粉刺;另有一种短小棒状杆菌具有佐剂作用,可作为免疫增强剂。

(肖家祁 陈雪玲)

第十五章　分枝杆菌属

教学要求

（1）掌握结核分枝杆菌的生物学性状、免疫特点、结核菌素试验和卡介苗预防。

（2）熟悉结核分枝杆菌的致病和免疫机制、微生物学检查法及抗酸染色的原理、步骤、结果。

（3）了解分枝杆菌属的通性和种类，非结核分枝杆菌、麻风分枝杆菌的特性及致病性。

教学要点

[学习引导]

（1）简述结核分枝杆菌形态染色、生长、抵抗力特点及与脂质之间的关系。

（2）何谓抗酸染色？

（3）简述结核菌素试验的原理、结果、解释和用处。

（4）简述结核分枝杆菌的免疫特点、BCG来源及应用。

（5）简述结核分枝杆菌引起的疾病及其特点。

分枝杆菌属是一类细长略弯曲的杆菌，因繁殖时有分枝生长的趋势而得名，一般不易着色，但加温或延长染色时间着色后能抵抗盐酸乙醇的脱色，故又称抗酸杆菌，致病菌主要有结核分枝杆菌（*M. Tuberculosis*），引起结核病；麻风分枝杆菌，引起麻风病；还有其他非典型分枝杆菌经常感染艾滋患者，是免疫抑制患者的机会致病菌。

一、结核分枝杆菌

（一）生物学特性

1. 形态染色　结核分枝杆菌细长且直，有分枝趋势，在人工培养时可呈现丝状、球状、串珠状等多形性。抗酸染色法是以5%苯酚复红加温染色后再经3%盐酸乙醇脱色，再以亚甲蓝复染。结核分枝杆菌因为细胞壁中含大量脂质（分枝菌酸）能抵抗盐酸乙醇脱色，被染成红色，为抗酸染色阳性。

2. 培养　专性需氧、营养要求高、生长缓慢，常用罗氏培养基，在固体培养基上培养2～4周后，形成菜花样R型菌落，液体培养基上呈表面生长，形成菌膜。

3. 抵抗力　也因细胞壁中含大量脂质，故抵抗力较强且与一般细菌不同，对干燥、酸碱和碱性染料抵抗力强（三强）；而对乙醇、湿热及紫外线抵抗力较弱，抗结核药异烟肼、链霉素、利福平等有效（四不强）。

4. 变异性　结核分枝杆菌的形态、菌落、毒力及耐药性等均可发生变异。

（1）耐药性变异：结核分枝杆菌对抗结核药物较易产生耐药性，造成耐药菌株增多，给治疗造成困难。

（2）毒力变异：Calmette 和 Guerin 将致病的牛分枝杆菌培养于含甘油、胆汁、马铃薯的培养基中，经 230 次移种传代，历时 13 年而获得了减毒活菌株，即卡介苗，目前广泛用于人类结核病的预防。

（二）致病性

1. 致病物质及其致病机制

（1）脂质：成分复杂，与毒力有关的成分包括以下几种。

1）索状因子：破坏细胞线粒体膜、影响细胞呼吸、抑制白细胞游走和引起慢性肉芽肿。

2）磷脂：使炎症灶中的巨噬细胞转变为类上皮细胞，从而形成结核结节。

3）硫酸脑苷脂：抗吞噬作用。

4）蜡质 D：可激发机体产生迟发型超敏反应。

（2）蛋白质：有抗原性，和蜡质 D 结合后能使机体发生超敏反应。

（3）多糖：细胞壁表面的多糖物质类似荚膜，能够抵抗吞噬细胞的吞噬作用。

2. 所致疾病

（1）传播途径及所致疾病：结核分枝杆菌可经呼吸道、消化道、破损的皮肤黏膜等多种途径进入机体，侵犯多种组织器官，引起相应的结核病。因容易通过吸入含菌的飞沫微粒或尘埃进入肺泡，故结核病以肺部感染最多见。

（2）疾病类型

1）肺部感染：可分原发感染和原发后感染两大类。

a. 原发感染：初次感染而在肺内发生的病变，多发生于儿童，主要特点为人体缺乏对结核分枝杆菌的特异性免疫力，病灶局部反应轻微，但原发灶内的结核分枝杆菌易扩散。原发灶、淋巴管炎和肿大的肺门淋巴结合称为原发综合征。

b. 原发后感染：多为原发感染的再活化，也可由外源性再感染引起，发生于成年人，病灶以肺部为多见，主要特点为机体已有了对结核分枝杆菌的特异性免疫力，因此，病灶多局限，一般不累及邻近淋巴结。呈慢性组织损害，易发生结核结节、干酪样坏死和纤维化。当病灶中大量结核分枝杆菌释放至痰中，称为开放性肺结核。部分患者结核分枝杆菌可进入血液循环引起肺内播散，形成血行播散型肺结核。

2）肺外感染：当结核分枝杆菌进入血液循环引起肺外播散时，可致肺外结核病，如脑、肾、骨、关节、肠、生殖系统等结核。

（三）免疫性

1. 特点 以细胞免疫为主，属有菌免疫（感染免疫）；感染、免疫与超敏反应同时存在。

2. OT 试验

（1）原理：应用结核菌素（目前采用结核杆菌制成的纯蛋白衍化物）进行皮肤试验来测定机体对结核分枝杆菌是否能引起超敏反应的一种试验，以判断机体对结核分枝杆菌有无免疫力。

（2）方法：取纯蛋白衍化物 5 单位分别注射于两前臂皮内，48～72h 后观察结果。

（3）结果判断：红肿硬结小于 5mm 者为阴性，超过 5mm 者为阳性，超过 15mm 为强阳性。阴性为无免疫力；阳性为有免疫力。

（4）应用：可用于①选择卡介苗接种对象及接种效果测定；②作为婴幼儿结核病诊断的参考；③借用其测定肿瘤患者细胞免疫功能；④在未接种过 BCG 的人群中做结核的流行

病学调查。

（四）微生物学检查

1. 形态学检查 标本直接涂片或集菌后涂片，进行抗酸染色。若找到抗酸阳性菌即可初步诊断，特别是痰液等标本，更有诊断意义。

2. 浓缩集菌 经酸碱处理，消化，离心浓缩后可提高检出率。

3. 分离培养与动物试验 培养阳性仍是结核病诊断的“金标准”，注意培养条件、时间（3～4 周）等特点。动物试验可将标本接种于豚鼠腹股沟皮下。

（五）防治

特异性预防用 BCG；治疗用抗结核药物，利福平（rifampin，R）、异烟肼（isoniazid，H）、乙胺丁醇（ethambutol，E）、链霉素（streptomycin，S）、吡嗪酰胺（pyrazinamide，Z）为第一线药物。治疗原则为：早期、联用、适量、规律和全程。

二、非结核分枝杆菌

非结核分枝杆菌（*M. nontuberculous*）所致疾病临床表现与结核病相似，以全身中毒症状和局部损害为主要表现，常见有非结核分枝杆菌肺病、淋巴结炎、皮肤病、骨病等。艾滋病患者常并发该菌感染。

三、麻风分枝杆菌

麻风分枝杆菌（*M. leprae*）的形态、染色与结核分枝杆菌相似，在患者渗出物标本涂片中可见大量麻风分枝杆菌存在于细胞内，这种细胞的胞质呈泡沫状，称麻风细胞，有诊断意义。细菌的体外人工培养至今仍未成功。主要通过破损的皮肤和黏膜进入人体，也可通过呼吸道、接触传播。引起麻风病，根据临床情况分为两型（瘤型、结核样型）、两类（界线类、未定类）。

（张舒林）

第十六章　非发酵革兰阴性杆菌

教学要求

(1) 熟悉铜绿假单胞菌、嗜肺军团菌的生物学特性和致病性。

(2) 了解铜绿假单胞菌、嗜肺军团菌的抗原结构、致病物质、微生物学检查和防治。

教学要点

[学习引导]

(1) 铜绿假单胞菌的致病特点，主要引起什么感染？

(2) 嗜肺军团菌有何致病性？

一、假单胞菌属

假单胞菌属是一类革兰阴性、直或微弯曲的杆菌，分布广泛，多为非致病菌。

铜绿假单胞菌(*P. aeruginosa*)：俗称绿脓杆菌，是人体的正常菌群，也是一种常见的条件致病菌，常引起医院内感染。感染多见于皮肤黏膜受损部位，如烧伤、创伤等。其对多种抗生素有天然抵抗，故治疗应做药物敏感试验指导用药。

1. 生物学特性　革兰阴性菌，无芽胞，单端有 1～3 根鞭毛，临床分离的菌株常有菌毛和荚膜。该菌为专性需氧菌。在普通培养基上生长良好，能产生带荧光的水溶性色素，使菌落和培养基呈现亮绿色，这一特征有鉴别意义。铜绿假单胞菌对醛类、汞类和表面活性剂有一定抵抗力。对青霉素 G、头孢霉素、红霉素、部分氨基糖苷类等抗生素有抵抗力。

2. 致病性　其为常见的条件致病菌，感染多见于皮肤黏膜受损部位，如烧伤、创伤等，或长期化疗、使用免疫抑制剂患者，引起化脓性感染，严重可引起心内膜炎，也有引起婴儿的流行性腹泻的报道，是医源性感染中常见的病原菌，在烧伤、肿瘤病房中该菌感染率可高达 30%。该菌可感染人体任何组织和部位，在手术切口、烧伤组织感染时，表现为局部化脓性炎症。

3. 免疫性　感染后可产生特异性抗体，SIgA 在黏膜局部起一定抗感染作用。

4. 微生物学检查　从创面渗出物、脓液、尿、血等标本中进行细菌分离和培养，常用血琼脂平板培养，可根据菌落特征、色素、生化反应等进行鉴定。

5. 防治原则　在医疗单位的医务工作者要重视该菌引起的医源性感染。治疗应采用抗生素联合用药，并注意做好药物敏感试验，以指导科学用药。

二、不动杆菌属

不动杆菌属(*Acinetobacter*)是一类需氧、革兰阴性杆菌，球形或球杆形，无芽胞、鞭毛。对营养要求不高，氧化酶试验阴性，不发酵葡萄糖。有 17 个基因种，以鲍曼不动标菌(*A. baumanii*)较多见。

不动杆菌属为条件致病菌，在医院通过污染的医疗器械及工作人员的手进行传播。该菌具有多重耐药性。

三、军团菌属

革兰阴性杆菌,多用 Dieterle 镀银法或姬姆萨染色法,菌体分别被染成黑褐色或红色。为需氧菌,营养要求特殊。对人致病的主要是嗜肺军团菌(*Legionella pneumophila*),主要通过呼吸道吸入带菌飞沫或气溶胶而感染引起军团病。根据军团病的临床表现可分为流感样型(轻症型)和肺炎型(重症型)。嗜肺军团菌为胞内寄生菌,机体抗感染以细胞免疫为主。本菌在自然界广泛存在,尤其在人工管道的水源中常见。空调冷却水、淋浴头等所产生的气溶胶颗粒中常含此菌,因此预防应强调水源的管理,包括对人工管道系统的消毒处理。特异性防治目前尚无有效的疫苗。治疗首选红霉素。

(肖家祁　焦红梅)

第十七章　动物源性细菌

教学要求

(1) 掌握动物源性细菌的概念。

(2) 熟悉布鲁杆菌种类、形态、致病性、免疫性及防治原则；鼠疫耶氏菌形态、致病性及防治原则；炭疽芽胞杆菌形态、培养特点、抵抗力、致病性及防治原则；蜡样芽胞杆菌的致病性。

(3) 了解布鲁杆菌、鼠疫耶氏菌培养、生化、抗原结构和分型；致病物质，微生物学检查；小肠结肠炎耶氏菌和假结核耶氏菌；炭疽芽胞杆菌抗原结构和分型；致病物质，微生物学检查。

教学要点

[学习引导]

(1) 常见的动物源性细菌主要有哪些？

(2) 鼠疫耶氏菌，炭疽芽胞杆菌，布鲁杆菌各有什么特点，分别是哪些疾病的病原体？如何预防？

一、布鲁菌属

布鲁菌属(*Brucella*)是一类人畜共患传染病的病原菌，对人致病的有羊布鲁杆菌、牛布鲁杆菌、猪布鲁杆菌和犬布鲁杆菌，在我国流行的主要是羊布鲁杆菌病，其次为牛布鲁杆菌病。

(一) 生物学特性

革兰阴性小球杆菌或短杆菌，为需氧菌。营养要求较高，常用肝浸液培养基。

(二) 致病物质与所致疾病

布鲁杆菌的主要致病物质是内毒素，还有荚膜与侵袭酶，牛、羊、猪等家畜是人类感染布鲁杆菌的主要传染源。病原体可随流产的胎畜和羊水排出，也可经粪便、尿液，甚至乳汁排出污染环境和食物。人类主要通过皮肤接触感染，也可经消化道、呼吸道等途径感染。在动物中主要引起流产，而人感染以后，引起波浪热。

(三) 免疫性

此细菌为胞内寄生菌，以细胞免疫为主。

(四) 防治原则

减毒活疫苗，主要接种对象是流行区牲畜及与牲畜接触较多的人群。

二、耶尔森菌属

（一）鼠疫耶氏菌

鼠疫耶氏菌（*Y. pestis*）一种自然疫源性的烈性传染病鼠疫的病原菌，在我国属甲类传染病。

1. 生物学特性　为革兰阴性小杆菌，可呈卵圆形，两端有浓染现象，营养要求不高，生长在含高盐（30g/L NaCl）的培养基上可出现多形态变异。液体培养基中开始出现絮状沉淀物，48h 可形成菌膜，稍加摇动菌膜呈“钟乳石”状下沉，此特征有一定鉴别意义。

2. 致病物质与临床类型　致病物质包括 F1 抗原、V-W 抗原、外膜抗原及鼠疫毒素等。鼠疫是自然疫源性传染病，一般先在鼠类间发病和流行，通过鼠蚤的叮咬而传染人类，人患鼠疫后，又可通过人蚤或呼吸道等途径在人群间流行。临床常见有腺型、肺型和败血症型鼠疫。

3. 免疫性　鼠疫感染后能获得牢固免疫力，再次感染罕见。

4. 防治原则　灭鼠灭蚤，接种疫苗。

（二）小肠结肠炎耶氏菌与假结核耶氏菌

生物学特性类似鼠疫耶氏菌，小肠结肠炎耶氏菌主要引起小肠、结肠炎；假结核耶氏菌主要引起胃肠炎、肠系膜淋巴结肉芽肿、回肠末端炎等。

三、芽胞杆菌属

芽胞杆菌属是一群需氧、能形成芽胞的革兰阳性大肠杆菌。主要的致病菌为炭疽芽胞杆菌，可引起动物和人类炭疽病。其次是蜡样芽胞杆菌，可产生肠毒素引起食物中毒。其他如枯草芽胞杆菌、多黏芽胞杆菌等，大多为腐生菌常造成实验室污染。

（一）炭疽芽胞杆菌

1. 生物学特性　革兰阳性粗大杆菌，两端截平，排列成链，呈竹节样，在血培养基中可形成荚膜。在固体培养基上，形成灰白色粗糙型菌落，边缘不整齐，呈卷发状。在明胶培养基中，因可经液化明胶而呈漏斗状，由于细菌沿穿刺线向四周扩散成倒杉树状。有毒菌株在含 $NaHCO_3$ 的血琼脂平板上，置 5% CO_2 孵箱过夜培养可产生荚膜，变为黏液性菌落。细菌能产生芽胞，故抵抗力很强，细菌芽胞在干燥土壤或皮革中能存活数年至数十年。

2. 致病物质和临床类型　主要致病物质是荚膜和炭疽毒素。炭疽芽胞杆菌（*B. anthracis*）主要为食草动物（牛、羊、马等）炭疽病的病原菌，可通过接触、呼吸道、消化道等方式传播，引起人类皮肤炭疽、肺炭疽和肠炭疽病。感染后可获得持久性免疫力。

（二）蜡样芽胞杆菌

蜡样芽胞杆菌（*B. cereus*）广泛存在自然界，主要引起食物中毒，但必须达到一定的感染量即食物中含菌量达 10^6/g 以上才能发病。所引起的食物中毒分为由耐热的肠毒素引起的呕吐型和不耐热肠毒素引起的腹泻型两种类型。

（肖家祁　马淑霞）

第十八章　鲍特菌属和嗜血杆菌属

教学要求

（1）熟悉百日咳鲍特菌、流感嗜血杆菌的生物学特性和致病性。

（2）了解以上微生物的抗原结构、致病物质、微生物学检查和防治。

教学要点

[学习引导]

（1）百日咳鲍特菌的致病特点，主要引起什么感染？

（2）何为嗜血杆菌，卫星现象的原理是什么？流感嗜血杆菌主要引起哪些类型感染？

一、鲍特菌属

鲍特菌属是一类革兰阴性球杆菌，百日咳鲍特菌（*B. pertussis*）是本属的代表模式菌株，主要的致病菌。

1. 生物学特性　为革兰阴性球杆菌，无芽胞和鞭毛，光滑型菌株有荚膜和菌毛。需氧，营养要求高，分离培养常用鲍-金（Bordet-Gengou）培养基。

2. 致病性　细菌通过呼吸道传播，引起百日咳，是一种具有高度传染性的儿童上呼吸道传染病，临床主要表现为痉挛性阵咳，严重的可伴有呕吐、呼吸困难、发绀等症状，由于整个病程较长，未经治疗的患者可持续2～3个月，故名百日咳。

3. 防治原则　我国用百日咳鲍特菌死菌苗与白喉棒状杆菌、破伤风梭菌的类毒素混合，制成了“白百破”（DPT）三联疫苗进行人工主动免疫，效果较好。治疗首选红霉素，也可选用其他广谱抗生素。

二、嗜血杆菌属

嗜血杆菌属是一类革兰阴性小杆菌，常呈多形态性，营养需求较高，所需的两种生长因子，即X和V因子，因血中含有此生长因子，故人工培养时需加入新鲜血液，因此称为嗜血杆菌。常见的有流感嗜血杆菌（*H. influenzae*），其生物学特性和致病性如下。

1. 生物学特性　革兰阴性小杆菌，营养要求高，生长需要X和V因子，X因子是血红素及其衍生物，V因子是辅酶Ⅰ或Ⅱ，金黄色葡萄球菌能合成V因子，当流感嗜血杆菌与金黄色葡萄球菌在血平板上共同孵育时，金黄色葡萄球菌菌落周围生长的流感嗜血杆菌的菌落较大，远离金黄色葡萄球菌菌落的则小，此称为卫星现象。这有助于对流感嗜血杆菌的鉴定。

2. 致病性　流感嗜血杆菌主要在人的上呼吸道定植，不是流感的致病菌，引起的感染分为原发性和继发性两种类型。原发性（外源性）感染多由有荚膜的b型菌株引起，表现为急性化脓性炎症，如脑膜炎、鼻咽炎、咽喉会厌炎、关节炎、心包炎等，以5岁以下小儿多见。继发性（内源性）感染大多由无荚膜菌株引起，常继发于流行性感冒、麻疹、百日咳、结核病等。临床表现为慢性支气管炎、中耳炎、鼻窦炎等，多见于成年人。

预防用荚膜多糖疫苗，治疗可选用广谱抗生素。

（肖家祁　朱泳璋）

第十九章　支　原　体

教学要求

(1) 掌握支原体的定义,肺炎支原体、溶脲脲原体的致病性。

(2) 熟悉支原体的形态结构、培养特性。

(3) 了解支原体的生物学地位、种类、生化反应、抗原结构、抵抗力、免疫性;肺炎支原体、溶脲脲原体检查。

教学要点

[学习引导]

(1) 支原体有什么特点?与L型细菌有何异同点?

(2) 支原体主要引起哪些疾病?

支原体(*mycoplasma*)是一类没有细胞壁,细胞膜含固醇,能通过0.45 μm滤菌器,含DNA与RNA,呈二分裂繁殖,能在无生命培养基中繁殖的最小原核细胞型微生物。

一、概　　述

1. 形态结构　支原体没有细胞壁,具有高度多形性,基本形态为球形、双球形及丝状,大小为0.2~0.3μm。革兰染色阴性,但不易着色,常用姬姆萨染色法,呈淡紫色。

2. 培养特性、繁殖方式和生化反应　支原体的营养要求比一般细菌高,培养基中须加入血清,以二分裂繁殖为主,繁殖缓慢,在固体培养基上孵育2~3天(有的需要2周)后形成荷包蛋样细小菌落;在液体培养基中支原体的生长量较少,且个体小,一般不易见到混浊,故液体清亮。支原体可根据是否能利用葡萄糖、水解精氨酸和尿素来进行鉴别。

3. 抗原构造　细胞膜上的抗原由蛋白质和糖脂组成,特异性强,在鉴定支原体时有重要意义。

4. 抵抗力　支原体因无细胞壁而对理化因素的影响比细菌敏感,对醋酸铊、结晶紫的抵抗力大于细菌,培养基中加入一定量醋酸铊可除去杂菌生长。支原体对干扰细胞壁合成的抗生素耐药,但对干扰蛋白质合成的抗生素如强力霉素、氯霉素、红霉素、螺旋霉素、链霉素等敏感。

5. 种类和所致疾病　对人致病的主要有肺炎支原体(*M. pneumoniae*),可引起原发性非典型肺炎,溶脲脲原体、人型支原体和生殖器支原体在一定条件下也能引起泌尿生殖系统感染。

二、肺炎支原体

1. 分布　可见于正常人和动物呼吸道黏膜上。

2. 所致疾病　主要侵犯呼吸道,一般通过飞沫传播,引起支原体肺炎,其病理变化以间质性肺炎为主,又称原发性非典型肺炎。患者表现有喘息性哮喘、支气管炎及与之有关的肺外并发症,包括脑膜脑炎、心血管症状、上行性麻痹、溶血性贫血、关节炎和皮疹。

3. 微生物学检查 主要用分离培养;也可用血清学检查,临床上常用冷凝集试验,但此试验是非特异性反应。

三、泌尿生殖道感染支原体

引起泌尿生殖道感染的支原体主要有溶脲脲原体、人型支原体、生殖器支原体,主要通过性传播,引起非淋菌性尿道炎,故也属于性传播性疾病。此外,还认为与孕妇流产、出生缺陷、死胎及不育症有关。

(肖家祁　吴移谋)

第二十章 螺 旋 体

教学要求

（1）掌握钩端螺旋体的致病性、检查方法及防治原则。

（2）熟悉螺旋体的生物学特性；苍白密螺旋体苍白亚种生物学特性、致病性与免疫性；伯氏疏螺旋体的形态、致病性；苍白密螺旋体苍白亚种微生物学检查法。

（3）了解螺旋体的种类；伯氏疏螺旋体的分类、检查和防治；回归热疏螺旋体和奋森疏螺旋体。

教学要点

[学习引导]

（1）梅毒螺旋体的形态染色，抵抗力如何？

（2）何为反应素，有什么临床意义？

（3）梅毒螺旋体和钩端螺旋体是如何传播的？钩体病如何采样检查？

（4）伯氏疏螺旋体、奋森疏螺旋体、回归热疏螺旋体各引起什么病？

螺旋体是一类细长、柔软、螺旋状、运动活泼的细菌。在自然界和动物体内广泛存在，种类很多。能引起人类有关疾病的螺旋体主要分布在螺旋体科的密螺旋体属、疏螺旋体属和钩端螺旋体科的钩端螺旋体属。

一、苍白密螺旋体苍白亚种

苍白密螺旋体苍白亚种（*T. pallidum* subsp. *pallidum*）属密螺旋体属，俗称梅毒螺旋体，人类是其唯一宿主。

（一）生物学性状

1. 形态 全长5～15μm。有8～14个致密而规则的小螺旋，两端尖直，运动活泼。常用镀银染色法可将螺旋体染成棕褐色，用暗视野显微镜，直接观察活体。

2. 培养特性 不能在无活细胞的人工培养基中生长繁殖。在家兔上皮细胞培养基中能有限生长，也可用动物接种分离培养。

3. 抵抗力 抵抗力极弱，对温度和干燥特别敏感，血液中的螺旋体，在4℃置3天后可死亡，对青霉素、四环素、红霉素或砷剂均敏感。

（二）致病性

自然情况下，苍白密螺旋体苍白亚种只感染人类，人是梅毒的唯一传染源。梅毒有先天性和获得性两种。

1. 先天性梅毒 由母体通过胎盘传染胎儿，引起胎儿的全身性感染，导致流产、早产或死胎；或出生梅毒儿，呈现马鞍鼻、锯齿形牙、间质性角膜炎、先天性耳聋等特殊体征。

2. 获得性梅毒 主要经性接触传播，属性传播疾病，临床上分为以下三期。

(1) 一期梅毒:出现无痛性硬下疳,感染后3周左右出现,外生殖器溃疡,有渗出液,含大量螺旋体,此时传染性极强,4～8周自愈。

(2) 二期梅毒:全身梅毒疹,全身皮肤黏膜出现梅毒疹,全身淋巴结肿大,可累及骨、关节、眼等,此时传染性强。

(3) 三期(晚期)梅毒:感染2年后,可长达10～15年,病变可波及全身组织器官,基本损害为慢性肉芽肿,局部动脉内膜炎引起缺血,组织坏死,侵犯神经和血管时可危及生命。

(三) 免疫性

梅毒的免疫是感染性免疫,细胞免疫比体液免疫重要。患者可产生两种抗体:特异性抗菌体多肽抗体和非特异性抗心肌磷脂抗体,即反应素(reagin)。但起免疫作用的是特异性抗体。

(四) 检查方法

常用直接镜检和血清学试验。

1. 直接镜检 取Ⅰ、Ⅱ期硬下疳渗出液及梅毒疹渗出液或局部淋巴结抽出液直接在暗视野显微镜下检查;也可将标本与荧光标记的苍白亚种螺旋体抗体结合后,在荧光显微镜下观察;或用ELISA法,在普通光学显微镜下检查。

2. 血清学试验 有非密螺旋体抗原试验和密螺旋体抗原试验两类。

(1) 非密螺旋体抗原试验:是用正常牛心肌的心脂质作为抗原,测定患者血清中的反应素(抗脂质抗体)。最常用的有VDRL试验和RPR试验(均为间接凝集试验),均为非特异性抗原抗体反应,所以适用于大量过筛时。

(2) 密螺旋体抗原试验:采用Nichols株螺旋体作为抗原,测定血清中的螺旋体特异抗体,特异性强,可用作梅毒证实试验。常用的有FTA-ABS试验(间接荧光抗体法)和MHA-TP试验(微量间接血凝试验)。

二、伯氏疏螺旋体

伯氏疏螺旋体(*B. burgdorferi*)属疏螺旋体属,此属中对人致病的主要有伯氏疏螺旋体、回归热螺旋体,它们均通过吸血昆虫媒介而分别致莱姆病(Lyme disease)和回归热。

(一) 生物学特性

疏螺旋体,两端稍尖,运动活泼,有扭转、翻滚、抖动等多种方式。能在人工无生命培养基上生长,营养要求高,生长缓慢,一般需培养2～3周始可观察到生长情况。

(二) 致病性

致病物质有黏附素和内毒素等,引起莱姆病,至少有11个种,是一种自然疫源性传染病,野生和驯养的哺乳动物是主要储存宿主,传染源是啮齿类动物,主要传播媒介是硬蜱。

(三) 微生物学检查

主要依靠血清学试验(免疫荧光法和ELISA)和分子生物学技术来诊断莱姆病。

（四）防治原则

疫区工作人员要加强个人保护，避免硬蜱叮咬。治疗使用抗生素。

三、钩端螺旋体

（一）生物学特性

1. 形态染色 螺旋细密、规则，形似细小珍珠排列的细链。一端或两端呈钩状，运动活泼，常使菌体呈 C、S 或 8 字形。常用 Fontana 镀银染色法，钩端螺旋体（*Leptospira*）被染成棕褐色。

2. 培养特性 营养要求复杂，常用 Korthof 培养基，生长温度为 28～30℃，钩端螺旋体在人工培养基中生长缓慢，28℃孵育 1～2 周，液体培养基呈半透明云雾状生长；在固体培养基上，经 1～3 周，孵育可形成透明、不规则、直径<2mm 的扁平细小菌落。

3. 抵抗力 钩端螺旋体对热抵抗力弱，60℃ 1min 即死亡。对青霉素敏感。在湿土或水中可存活数月，这在传播上有重要意义。

（二）致病物质与所致疾病

1. 传染源和传播途径 钩端螺旋体病是一种人畜共患传染病，鼠类和猪等为传染源，其排泄物污染水源等，人类与污染的水或土壤接触而受感染。

2. 致病性与免疫性 主要致病物质有侵袭力（鞭毛、非菌毛黏附素、红细胞凝聚素样蛋白和胶原酶等组成）和毒素（内毒素样物质和细胞溶素等）。人感染以后，引起钩端螺旋体病，为全身感染，根据感染钩端螺旋体的种类和机体的免疫水平出现不同的临床症状。钩端螺旋体也可通过胎盘垂直感染胎儿，导致流产；偶有经哺乳传给婴儿或吸血昆虫传播。感染后机体可产生抗体，有免疫作用。

3. 微生物学检查 包括病原体检测和血清学诊断，病原体检测在发病 10 天内取血液，1 周后取尿液，有脑膜刺激者取脑脊液标本，做直接镜检和分离培养，也可接种豚鼠等动物或用分子生物学方法做诊断；血清学诊断主要包括显微镜凝集试验和间接凝集试验。

4. 防治原则 钩端螺旋体病是一种人畜共患病，要做好防鼠、灭鼠工作，以及加强对带菌家畜的管理，预防可用疫苗，治疗用抗生素

四、其　　他

（一）回归热疏螺旋体

回归热疏螺旋体（*B. recurrentis*）引起回归热，是一种急性传染病。根据传播媒介昆虫的不同，分为虱传回归热（流行性回归热）和蜱传回归热（地方性回归热）。

（二）奋森疏螺旋体

正常情况下奋森疏螺旋体（*B. vincentii*）与梭形梭杆菌寄居于人类口腔牙龈部。当机体免疫功能下降，则这两种菌大量繁殖，协同引起奋森咽峡炎、牙龈炎、口腔坏疽等。

（何　平　郭晓奎）

第二十一章　立克次体、柯克斯体、东方体、巴通体

教学要求

(1) 掌握与人类疾病有关的立克次体等的致病机制和检查方法。

(2) 熟悉立克次体等的共同特点;立克次体等的形态与染色、培养特性、抗原结构、致病与免疫性、诊断与防治。

(3) 了解立克次体的生物学地位、种类。

教学要点

[学习引导]

(1) 立克次体如何培养?同样的培养方法还适用于哪些病原体?

(2) 普氏立克次体、斑疹伤寒立克次体,恙虫病东方体是如何传播的?各引起什么病?

(3) 何谓外斐反应?有什么用途?

一、概　　述

立克次体(*Rickettsia*)、东方体(*Orientia*)、柯克斯体(*Coxiella*)、埃立克体(*Ehrlichia*)和巴通体(*Bartonella*)是一类与节肢动物有密切关系的严格细胞内寄生的细菌,是引起斑疹伤寒、恙虫病、Q热等传染病的病原体,其共同特点是:①大多数是人畜共患病的病原体;②以节肢动物为宿主和传播媒介,引起人类发热出疹性疾病;③体积介于细菌与病毒之间,用光学显微镜可见,形态以球杆状或杆状为主,革兰染色阴性;④专性细胞内寄生,因酶系统不够完善又缺乏细胞器,故不能独立生活;⑤以二分裂方式繁殖;⑥含有DNA和RNA两种核酸;⑦对多种抗生素敏感。

二、普氏立克次体与斑疹伤寒立克次体(*R. typhii*)

(一) 生物学特性

1. 形态染色　呈多形态性,以短杆形为革兰染色阴性,着色较淡。常用姬姆萨法染色呈鲜红色,姬姆萨法染色呈紫色或蓝色;Macchiavello法染色呈红色。

2. 培养特性　普氏立克次体 *R. prowaxekii* 和绝大多数立克次体为专性活细胞内寄生,可用动物接种、鸡胚接种和细胞培养方法培养,采用豚鼠和小鼠接种是最常用的方法。

3. 抗原构造　细胞壁有两类抗原,一类为群特异性的可溶性抗原,可能是细胞壁的脂多糖成分,耐热;另一类为种特异性抗原,为细胞壁外膜蛋白,不耐热。立克次体的脂多糖成分与变形杆菌某些X株菌体抗原有共同成分(有相同或相似的抗原决定簇),可引起交叉反应。根据这一原理,用易于制备的变形杆菌O抗原代替相应立克次体抗原建立一种非特异性直接凝集实验,称外斐反应(Weil-Felix reaction),用于检测患者体内是否有抗立克次体抗体,以辅助诊断斑疹伤寒、斑点热和恙虫病。

(二) 致病性

该类病原体所致疾病为自染疫源性疾病,节肢动物作为媒介,主要包括,见表21-1:

表 21-1　两种立克次的传播媒介和传播的疾病

疾病	病原体	传染源	传播媒介
流行性斑疹伤寒	普氏立克次体	患者	人虱
地方性斑疹伤寒	斑疹伤寒立克次体/莫氏立克次体	鼠	鼠蚤、鼠虱

(三) 微生物学检查

包括分离培养和血清学诊断，分离培养比较困难，临床上常用外斐反应和补体结合试验做立克次体病的诊断。

(四) 防治原则

预防措施主要是要改善居住条件，讲究个人卫生，灭虱、灭蚤和灭鼠。特异性预防可接种疫苗。氯霉素和四环素类抗生素对普氏立克次体和其他立克次体均有效。

三、恙虫病东方体

恙虫病东方体(*O. tsutsugamushi*)引起恙虫病，是一种自然疫源性疾病。

1. 传染源　为野鼠和家鼠，恙螨是寄生宿主、储存宿主和传播媒介，人被恙螨叮咬后而发病。

2. 临床表现　潜伏期 7～10 天或更长，主要症状为高热、剧烈头痛，可出现耳聋，叮咬处形成黑色焦痂。同时由于病原体释放出毒素，可引起发热、皮疹、全身淋巴结肿大及各内脏器官的病变。

3. 免疫性　细胞免疫为主，病后获得较持久的免疫力。

四、贝纳柯克斯体

贝纳柯克斯体(*C. burnetii*)引起 Q 热，蜱既是寄生宿主和储存宿主，又是动物间的传播媒介，受感染家畜是主要传染源，其乳汁、尿、粪中可长期带有病原体，由消化道或呼吸道接触感染人，临床表现类似流感或原发性非典型肺炎，发病突然，高热、寒战，常有剧烈头痛、肌肉疼痛和食欲减退。病后可获得一定免疫力，且以细胞免疫为主。

五、汉赛巴通体

汉赛巴通体(*B. henselae*)是猫抓病的主要病原体，传染源主要为猫和狗，尤其是幼猫，人通过与它们接触而感染。

病原体从抓伤处进入体内，局部皮肤出现丘疹或脓疱，继而发展为以局部引流淋巴结肿大为特征的临床综合征，出现发热、厌食、肌痛、脾肿大等。常见的临床并发症是结膜炎伴耳前淋巴结肿大(Parinaud 眼淋巴腺综合征)，系猫抓病的重要特征之一。

(肖家祁　葛　艳)

第二十二章　衣　原　体

教学要求

(1) 掌握衣原体的定义、发育周期及沙眼衣原体沙眼亚种致病性。

(2) 熟悉衣原体的共同特性，培养、致病性与免疫性；沙眼衣原体沙眼亚种生物学特性及微生物学检查法；肺炎衣原体致病性。

(3) 了解衣原体的形态染色、生物学地位、种类、抗原结构、抵抗力；性病淋巴肉芽肿亚种、肺炎衣原体生物学特性及微生物学检查法。

教学要点

[学习引导]

(1) 简述衣原体的繁殖周期、原体和始体的不同点。

(2) 简述沙眼衣原体的传播途径和所致疾病。

一、概　　述

衣原体(*Chlamydia*)是一类严格在真核细胞内寄生，有独特的发育周期，能通过 0.45 μm 滤菌器的细菌。共同特性有：①革兰阴性，圆形或椭圆形体，大小为 0.2 ~ 0.5μm；②具有细胞壁，与革兰阴性菌相似；③以二分裂方式繁殖，并有独特的发育周期；④同时含有 DNA 和 RNA 两种核酸；⑤有核糖体和一定数目的酶，在宿主细胞提供能量的情况下能进行多种代谢；⑥对多种抗生素敏感。对人致病的主要有沙眼衣原体、肺炎衣原体、鹦鹉热衣原体和兽类衣原体，主要引起眼、泌尿道和呼吸道感染。

二、生物学特性

1. 形态染色　衣原体在宿主细胞内繁殖，具有独特的发育周期，呈现两种不同的形态结构，分别称为原体和始体。

(1) 原体：小球形，有胞壁，是发育成熟的衣原体，有高度的感染性。姬姆萨染色紫色。

(2) 始体：大球形，无胞壁，无感染性，是其繁殖型。姬姆萨和 Macchiavello 染色均呈蓝色。

2. 发育周期　原体→吸附细胞→进入→始体→繁殖→包涵体→原体→释放→吸附细胞。

3. 培养特性　衣原体营专性细胞内寄生，可用接种、动物接种和细胞培养三大方法来培养。

4. 抵抗力　衣原体对热敏感，在 60℃仅能存活 5 ~ 10min 而耐冷，常用消毒剂也能迅速杀灭衣原体，红霉素、强力霉素和四环素等有抑制衣原体繁殖的作用。

三、主要致病性衣原体

1. 沙眼衣原体(*C. trachomatis*)　包括三个亚种，即沙眼生物亚种(Biovar *trachoma*)、

性病淋巴肉芽肿亚种(Biovar *lympogranuloma venereum* , LGV)和鼠亚种(Biovar *mouse*)。

(1) 沙眼亚种:引起沙眼(主要通过眼-眼或眼-手-眼的途径传播)、包涵体结膜炎(婴儿通过产道时受染,成人感染可因性接触经手传染至眼,亦可因污染的游泳池水而感染)、泌尿生殖道感染(经性接触传播引起的非淋菌性泌尿生殖道感染)、沙眼衣原体肺炎(由 D-K 血清型引起婴儿沙眼衣原体肺炎)。

(2) 性病淋巴肉芽肿亚种:通过性接触在人类传播,引起化脓性淋巴结炎和慢性淋巴肉芽肿。鼠亚种不感染人类。

(3)微生物学检查:包括标本直接涂片镜检,检查上皮细胞内有无包涵体;分离培养和用血清学方法检测抗原或抗体。

2. 肺炎衣原体(*C. pneumoniae*) 通过呼吸道分泌物传播,引起儿童、青少年和成人急性呼吸道感染(肺炎等)。

3. 鹦鹉热衣原体(*C. psittaci*) 引起鹦鹉热,是一种动物源性疾病,人通常由接触感染的鸟类而引起感染。

(肖家祁 王红英)

第二十三章　病毒的基本性状

教学要求

(1) 掌握病毒的形态与结构、复制周期。

(2) 熟悉病毒的概念、病毒增殖的细胞效应、病毒的异常增殖、病毒遗传学。

(3) 了解理化因素对病毒的影响、病毒的分类。

教学要点

[学习引导]

(1) 试述病毒的基本结构、化学组成与功能。

(2) 病毒衣壳的对称形式有哪些?

(3) 病毒的复制过程是怎样的? 以双链 DNA 病毒为例试述病毒的生物合成过程。

(4) 什么是病毒的异常增殖现象? 什么是干扰现象?

病毒(virus)是一类体积微小、结构简单、绝大部分只含一种类型核酸(DNA 或 RNA)、严格活细胞内寄生、以复制方式增殖的非细胞型微生物。病毒在自然界分布非常广泛,病毒与人类疾病的关系极为密切。

一、病毒的形态与结构

(一) 病毒的大小与形态

病毒大小的测量单位为纳米,可通过电子显微镜、X 线晶体衍射等技术来观察和测量。各种病毒体积大小差别悬殊,感染人类的病毒直径大小为 20～300nm。病毒形态可呈球形或近似球形,也可为杆状、丝状、子弹状、砖块状。噬菌体大多呈蝌蚪状。

(二) 病毒的结构

完整的成熟的具有感染性的病毒颗粒称为病毒体(virion),具有典型的形态、结构和感染性。病毒体的结构包括核心(core)和衣壳(capsid),两者构成核衣壳(nucleocapsid)。只有核心、衣壳两部分结构的病毒称为裸病毒。有些病毒的核衣壳外面还有包膜(envelope)包裹,称为包膜病毒。

1. 病毒核心　主要为核酸,化学成分为 DNA 或 RNA,位于病毒体中心,构成病毒基因组,是决定病毒遗传、变异和复制的物质。根据核酸的不同可将病毒分为 DNA 病毒[双链 DNA(dsDNA)、单链 DNA(ssDNA)病毒]和 RNA 病毒[双链 RNA(dsRNA)、单链 RNA(ssRNA)及分节段 RNA 病毒]。ssRNA 病毒又分为单正链 RNA 病毒(+ssRNA)和单负链 RNA 病毒(-ssRNA)。

2. 病毒衣壳　病毒核酸外包有蛋白衣壳,具有维持病毒体的形态、保护病毒核酸免受核酸酶等不利因素破坏的作用;裸病毒的衣壳能介导病毒进入宿主细胞,决定病毒的亲嗜性;同时具有抗原性,是病毒体的主要抗原成分。

衣壳是由一定数量的壳粒(capsomere)所组成。根据壳粒的排列方式不同,病毒的结构可有 3 种立体对称型:螺旋对称型、二十面体立体对称型和复合对称型。

3. 包膜　是病毒核衣壳在成熟过程中穿过宿主细胞以出芽方式向细胞外释放时获得的,化学组成为脂质、蛋白质和少量糖类。包膜表面常形成钉状突起,称为刺突(spike),介导病毒吸附和侵入宿主细胞内,引起感染。此外,某些包膜病毒在核衣壳外层和包膜内层之间还有基质蛋白存在,多具有跨膜和锚定(anchor)的功能,与子代病毒在细胞内的装配释放和维持病毒的稳定性有关。

二、病毒的增殖

以病毒核酸分子为模板进行增殖的方式,称为自我复制(self replication)。

(一) 复制周期

1. 吸附和穿入

(1) 吸附(adsorption):是指病毒附着于敏感细胞的表面,病毒表面的黏附相关蛋白与宿主细胞表面特异性受体结合,是感染的起始期。

(2) 穿入(penetration):是指病毒穿过细胞膜进入胞质,开始病毒感染的细胞内期。主要有融合(有包膜病毒)、胞饮和直接进入等方式。

2. 脱壳　病毒在细胞内必须脱去衣壳,其核酸方可在宿主细胞中发挥指令作用。多数病毒在穿入时已在细胞的溶酶体酶作用下脱壳并释放出病毒的基因组。

3. 生物合成　病毒核酸一旦从衣壳中释放后就进入生物合成阶段。在此阶段,用血清学方法和电镜检查,不能从细胞内检出病毒体,故称隐蔽期(eclipse period)。各种病毒的隐蔽期长短不一。病毒生物合成部位因病毒种类而异,多数 DNA 病毒在细胞核内复制其核酸,在细胞质内合成其蛋白质;多数 RNA 病毒的核酸及蛋白质均在胞质中合成。

病毒的生物合成包括病毒核酸复制及病毒蛋白质合成两个方面,其中蛋白质合成又可分成早期蛋白质合成与晚期蛋白质合成两个阶段。通常早期蛋白为具有酶活性的非结构蛋白,而晚期蛋白则为结构蛋白。

(1) DNA 病毒复制

1) 双链 DNA 病毒的复制

a. 早期阶段:大多数病毒先利用宿主细胞核内依赖 DNA 的 RNA 聚合酶,转录出早期 mRNA,再在细胞质内核糖体翻译成早期蛋白。这些早期蛋白主要为合成病毒子代 DNA 所需要的 DNA 聚合酶和多种调控病毒基因组转录和抑制宿主细胞代谢的酶,为病毒核酸的复制提供酶和条件。

b. 晚期阶段:病毒双链 DNA 通过解链后,利用早期转录、翻译的酶等分别以正链 DNA 和负链 DNA 为模板,复制出子代 DNA。同时病毒 DNA 转录的 mRNA 可进入胞质翻译出病毒的结构蛋白,包括衣壳蛋白及其他结构蛋白。

2) 单链 DNA 病毒复制:见图 23-1。

(2) RNA 病毒复制:见图 23-1。

(3) 反转录病毒复制:见图 23-1。

4. 装配与释放　子代病毒核酸与结构蛋白合成后,可在宿主细胞内一定部位装配成子代病毒的核衣壳。DNA 病毒多数核内装配;RNA 病毒多数细胞质内装配。包膜病毒为出芽释放；无包膜病毒为破胞释放。

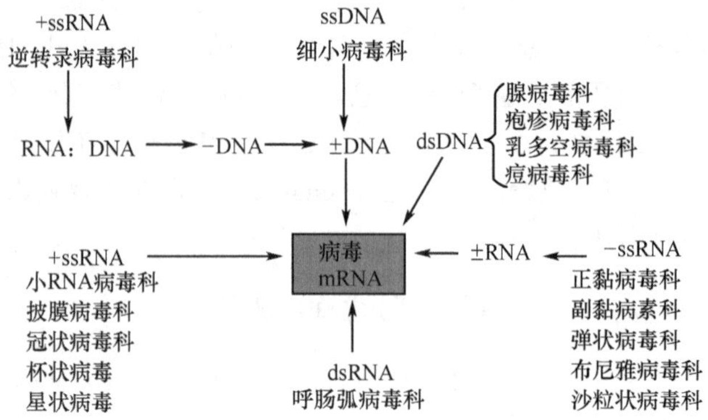

图 23-1　病毒转录 mRNA 的基本形式

（二）病毒增殖的细胞效应

干扰现象(interference)：当两种病毒同时感染同一细胞时，可发生一种病毒的增殖抑制了另一种病毒增殖的现象。有时同种病毒的不同型或不同株之间也可发生干扰现象。

（三）病毒的异常增殖

1. 缺陷干扰颗粒(defective interfering particle，DIP)　带有不完整基因组的病毒体，称为缺陷病毒(defective virus)。当缺陷病毒感染宿主细胞，但不能完成复制周期，却能干扰同种成熟病毒体进入细胞则被称为缺陷干扰颗粒。

2. 顿挫感染(abortive infection)　因细胞条件不合适，或病毒为缺陷病毒时，病毒虽可进入细胞但不能复制的感染过程被称为顿挫感染，亦称流产感染。构成顿挫感染的细胞被称为非容纳性细胞，而能支持病毒完成正常增殖的细胞则被称为容纳性细胞。

三、理化因素对病毒的影响

（一）物理因素的影响

1. 温度　大多数病毒耐冷不耐热，但有些病毒如乙型肝炎病毒较耐热。

2. 射线　电离辐射与紫外线均可使病毒灭活。

3. 干燥　病毒在常温中干燥条件下易被灭活。需用冷冻真空干燥法保存病毒毒种或制备冻干活疫苗。

4. 酸碱度　大多数病毒在 pH 6 ~ 8 的范围内比较稳定。

（二）化学因素的影响

1. 脂溶剂　可使包膜病毒的脂质溶解而灭活病毒。乙醚灭活实验可鉴别病毒有无包膜。

2. 醛类　对病毒蛋白质和核酸都有破坏作用，使病毒失去感染性，但对蛋白质的构型改变作用不强，因此对免疫原性影响不大，故常用于病毒灭活疫苗的制备。

3. 氧化剂、卤素及其化合物　病毒对过氧化氢、漂白粉、高锰酸钾、碘和碘化物及其他卤素类化学物质都很敏感。

4. 抗生素与中草药 抗生素对病毒无效。某些中草药对某些病毒有一定的抑制作用。

四、病毒遗传学

1. 突变 病毒基因组碱基序列发生改变,导致其表型性状改变的毒株称为突变株(mutant)。当突变株能稳定地在相应的宿主或细胞中传代与存活时,则称为变异株(variant)。如温度敏感(temperature sensitive, ts)突变株是指在28~35℃的温度下可以复制,但当温度升至37~40℃ 则不能复制的突变株;此外还有抗原性突变株及耐药性突变株等。

2. 重组与重配 两种或两种以上不同的毒株感染同一种细胞时,可发生核酸水平上的互换而产生兼有两亲本特性的子代,这种由于核酸间的互换而形成子代的过程称为重组(recombination)。对于基因分节段的RNA病毒,通过交换RNA节段而进行的重组称为重配(reassortment)。基因分节段的病毒发生重配的概率可高于基因组为单一分子病毒的重组概率。

3. 互补与表型混合 当两株不同缺陷病毒同时感染同一个宿主细胞时,其中一个缺陷病毒可产生并提供另一种缺陷病毒缺失的酶或重要生长因子,使其可产生具有感染性的子代病毒,称之为互补作用(complementation)。

两株病毒共同感染时,当一种病毒核酸被另一种病毒核酸所编码的蛋白衣壳包裹后,会发生一些生物学特征的改变,若包裹的衣壳或包膜中镶嵌有两种病毒的衣壳蛋白或包膜糖蛋白,称为表型混合(phenotypic mixing);若只是一种病毒的衣壳或包膜包裹另一种病毒的基因组,则称为表型交换。

五、病毒的分类

(一) 病毒分类的原则

根据核酸类型与结构(RNA、DNA、双链、单链、线状、环状、是否分节段);病毒体的形状和大小;病毒体的形态结构(衣壳的对称型、有无包膜);对脂溶剂的敏感性等分类。

(二) 病毒分类

感染人类的病毒分为三大类:DNA病毒类、RNA病毒类与DNA和RNA反转录病毒类(表23-1)。

表23-1 感染人类的重要病毒分类表

病毒类型	分类的主要特点	病毒科(人类有关病毒)
DNA病毒	双链DNA,有包膜	痘病毒科(痘苗病毒)
	双链DNA,有包膜	疱疹病毒科(HSV, EBV等)
	双链DNA,无包膜	腺病毒科(人类腺病毒)
	双链DNA,无包膜	乳多空病毒科(HPV)
	单链DNA,无包膜	细小DNA病毒科(B19)
DNA和RNA	双链部分环状DNA,有包膜	嗜肝DNA病毒科(HBV)
反转录病毒	单链RNA,有包膜	反转录病毒科(HIV)

续表

病毒类型	分类的主要特点	病毒科(人类有关病毒)
RNA 病毒	双链 RNA,分节,无包膜	呼肠病毒科(轮状病毒)
	单负链 RNA,不分节,有包膜	副黏病毒科(麻疹病毒等)
		弹状病毒科(狂犬病毒)
		丝状病毒科(埃博拉病毒)
	单负链 RNA,分节,有包膜	正黏病毒科(流感病毒)
		布尼雅病毒科(汉坦病毒)
		沙粒病毒科(Lassa 病毒等)
	单正链 RNA,不分节,无包膜	小 RNA 病毒科(脊髓灰质炎病毒等)
		杯状病毒科(诺如病毒)
		星状病毒科(星状病毒)
	单正链 RNA,不分节,有包膜	冠状病毒科(冠状病毒)
		黄病毒科(HCV,乙脑病毒)
		肝炎病毒科(戊肝病毒)
		披膜病毒科(风疹病毒)

(董　珂　刘先洲)

第二十四章　病毒的感染与免疫

教学要求

(1) 掌握病毒的传播方式、感染类型。

(2) 熟悉病毒的致病机制、抗病毒免疫。

(3) 了解特殊的抗病毒免疫。

教学要点

[学习引导]

(1) 病毒的传播方式及途径有哪些？各举一例。

(2) 病毒的感染类型有几种？病毒持续感染有哪些类型？各举一例。

(3) 病毒的致病机制是怎样的？

(4) 抗病毒免疫的特点是什么？

一、病毒的感染

(一) 病毒的传染源、传播方式与感染途径

1. 病毒的传染源　病毒的主要传染源包括患者、隐性感染者和慢性感染者。引起人兽共患的病毒及虫媒病毒可由动物或节肢动物进行传播。

2. 病毒的传播方式

(1) 水平传播(horizontal transmission)：一般指病毒通过皮肤、呼吸道、消化道、泌尿生殖道等在人群机体间传播。

(2) 垂直传播(vertical transmission)：一般指病毒从母亲通过胎盘、分娩、哺乳等传给子代。主要见于乙肝病毒、人类免疫缺陷病毒、巨细胞病毒和风疹病毒等。

(二) 病毒在机体内的播散

随着病毒种类的不同，在体内的播散表现为三种形式：①局部播散(local spread)；②血源性播散(hematogenous spread)；③神经性播散(neural spread)。

(三) 病毒感染的类型

1. 病毒感染的细胞病变类型　根据病毒感染细胞后细胞的结局可将感染分成溶细胞感染和非溶细胞感染两种。其中溶细胞感染多见于无包膜病毒；非溶细胞感染可引起①慢性感染；②潜伏感染；③细胞转化(transformation)及永生化(immortalization)。

2. 病毒感染的临床类型　病毒感染机体后如引起整个组织或器官的细胞被破坏，可使机体出现症状，最终出现临床表现。从病毒进入机体到出现临床症状之间的一段间隔时期，称为潜伏期(incubation period)。

(1) 隐性感染：病毒侵入机体不引起临床症状且被机体清除的感染称为隐性感染或亚临床感染。这种感染在一些病毒感染中是主要的传染源，并且感染后能产生足够的抗体而

抵抗再次感染。

(2) 显性感染:机体在感染病毒后因组织细胞受损严重而表现出明显的临床症状,称为显性感染。显性感染可表现为局部感染,也可为全身感染。根据病毒在体内滞留的时间长短,显性感染还可分成急性感染及持续性感染两种类型。

1) 急性感染(acute infection):指病毒在感染机体后,短时间内即被清除或导致机体死亡的过程。

2) 持续性感染(persistent infection):这类感染中,病毒可在机体内持续数月至数年,甚至数十年;可出现症状,也可不出现症状而长期带毒,成为重要的传染源。由于持续性感染的致病机制不同,且临床表现各异,故又可分成三种。

a. 慢性感染(chronic infection):指病毒在感染机体后可出现或不出现急性症状,随着机体免疫系统的激活,大部分病毒被清除,但仍有少量残存在体内,并维持在较低的浓度,可持续存在于血液或组织中并不断排出体外,病程可长达数月至数十年,症状可有可无,可轻可重。在慢性感染全过程中,病毒可被分离培养或检出,如 HBV、EBV 形成的慢性感染。

b. 潜伏感染(latent infection):是指病毒侵入机体后,并不引起临床症状,也不复制出大量的病毒颗粒,仅在一定的组织中潜伏存在。在某些条件下病毒被激活而急性发作,在急性发作期可检测出病毒的存在。如 HSV-1 感染后,潜伏在三叉神经节,此时机体既无临床症状也无病毒排出,无法检测出病毒。当受物理、化学、生理或环境因素的影响,潜伏的病毒可被激活而沿感觉神经到达皮肤、黏膜,发生单纯疱疹,从疱疹液中又可查出病毒颗粒。VZV、CMV、EBV 等病毒都可引起潜伏感染。

c. 慢发病毒感染(slow infection):感染后潜伏期很长,达数月、数年至数十年。待疾病出现后,其发展呈亚急性进行性,最终成为致死性感染,一般病程不超过一年。例如,麻疹病毒引起的亚急性硬化性全脑炎(SSPE)。

(四) 病毒的致病机制

1. 病毒对宿主细胞的直接作用

(1) 病毒杀细胞或致细胞病变感染的机制:病毒感染细胞后可破坏和降解细胞骨架、抑制宿主细胞的大分子合成、裂解细胞、造成细胞膜功能障碍、形成包涵体(inclusion body)并诱导细胞凋亡,对细胞代谢造成影响,引起细胞死亡或病变。

(2) 病毒引起细胞转化或永生化的机制:细胞转化或永生化是指细胞受外界因素影响后由原来的二倍体核型变成多倍体核型,细胞的生长特性也随之发生改变而获得永生化,失去接触抑制,可无限繁殖传代,有利于肿瘤细胞的形成。细胞的转化常是肿瘤形成的第一步。病毒感染引起细胞转化或永生化的可能机制为:①病毒感染宿主细胞后产生的病毒蛋白可导致关键抑瘤基因异常失活;② 病毒蛋白可通过激活宿主细胞基因组原瘤基因表达、调节细胞周期蛋白及抑制细胞凋亡等不同机制作用于细胞,导致细胞恶性转化及肿瘤形成;③病毒携带原癌基因;④病毒在宿主细胞基因组上的整合,引起插入诱变导致宿主细胞关键抑瘤基因异常失活或瘤基因异常激活;⑤病毒感染导致免疫抑制等。已知的与人类肿瘤相关的病毒见表 24-1。

表 24-1 人类肿瘤相关的病毒

病毒	肿瘤
DNA 病毒	
人乳头瘤病毒	宫颈癌和喉癌
EB 病毒	Burkitt's 淋巴瘤、B 细胞淋巴瘤
人类疱疹病毒 8 型	Kaposi's 肉瘤
乙肝病毒	原发性肝癌
RNA 病毒	
人类 T 淋巴细胞病毒	成人 T 淋巴细胞性白血病
HIV	B 细胞淋巴瘤
丙肝病毒	原发性肝癌

2. 病毒感染诱导的免疫损伤 大部分病毒感染对宿主造成的损害是由病毒抗原刺激诱发宿主的免疫应答对机体造成的间接损伤所致,称为免疫病理损伤。免疫病理损伤一般由 T 淋巴细胞介导;少部分由 B 淋巴细胞产生抗体介导。当机体的免疫系统对自身抗原产生反应,即打破免疫耐受时,就会通过抗原暴露或分子模拟机制产生自身免疫性疾病;另外,一些病毒抗原还是非常有效的超抗原,如狂犬病病毒的核蛋白以及 EB 病毒、巨细胞病毒、HIV 等编码的某些蛋白质。

二、抗病毒的免疫

(一) 非特异性免疫应答

参与非特异性抗病毒免疫应答的主要细胞及分子包括一些吞噬细胞、NK 细胞、树突状细胞、干扰素(interferon,IFN)、趋化因子及防御素等,其中最重要的是 NK 细胞和干扰素。

1. NK 细胞 NK 细胞是一种不需抗原预先致敏,在病毒感染早期起重要作用的免疫细胞。当病毒感染宿主细胞后,细胞表面 MHC Ⅰ类分子表达下降,不能与 NK 细胞表面的抑制受体 KIR 结合,从而导致 NK 细胞将病毒感染细胞杀灭。当病毒感染后,其可通过多种途径被活化,其中以受干扰素的激活在抗病毒免疫中尤为有意义。

2. 干扰素

(1) 概念及功能:干扰素是机体受病毒及其他干扰素诱生剂(病毒、细菌内毒素、原虫及人工合成的多聚肌苷酸与多聚胞嘧啶的多聚物等)作用后,由感染细胞等多种细胞所产生的能抑制病毒复制的小分子蛋白,对热比较稳定。其主要功能是抗病毒,除此之外,还有调节免疫、抑制肿瘤细胞生长和控制细胞凋亡等作用。在未致敏宿主体内,干扰素是病毒感染后最早在局部产生的非特异性抵抗。

(2) 分类:根据其抗原性不同,可分为 α、β、γ 三种,α 干扰素(IFN-α)主要由人白细胞产生,β 干扰素(IFN-β)主要由人成纤维细胞产生,α 和 β 干扰素属于Ⅰ型干扰素;而 γ 干扰素(IFN-γ)由活化的 T 淋巴细胞产生,又称免疫干扰素,属Ⅱ型干扰素。

(3) 抗病毒机制:干扰素的抗病毒作用不是直接作用于病毒,而是作用于宿主细胞,与细胞表面的干扰素受体后,经信号转导等一系列生化过程,激活细胞抗病毒蛋白基因,使之合成抗病毒蛋白质(如蛋白激酶、2′-5′A 合成酶、磷酸二酯酶等),这些酶可通过降解病毒的

mRNA 而抑制病毒蛋白质的合成,从而起到抗病毒感染的作用。

(4) 干扰素抗病毒作用的特点:①广谱性,干扰素对所有病毒均有一定的抑制作用;②间接性,干扰素不直接作用于病毒,而是通过细胞产生抗病毒蛋白,间接发挥抗病毒作用;③相对种属特异性,即一种动物所产生的干扰素只能对同种动物的细胞发挥其抗病毒作用。

(二) 特异性免疫应答

1. 体液免疫

(1) 中和抗体:是一类能与病毒结合并使之丧失感染力的抗体。

中和抗体的作用机制是与病毒的吸附表位结合,阻止病毒吸附;抑制病毒穿入;抑制病毒脱衣壳。中和抗体对于病毒性疾病的预防有重要作用;其次对于溶细胞性病毒并伴有病毒血症亦有重要的防御作用。

(2) 血凝抑制抗体:表面含有血凝素的病毒感染后,机体产生的可抑制血凝现象的抗体。

(3) 非中和抗体:此类抗体与病毒结合后,不能抑制病毒感染宿主细胞,产生子代病毒。此类抗体可作为调理素增强巨噬细胞对病毒的吞噬和降解。

2. 细胞免疫 对细胞内的病毒,尤其是非溶细胞性病毒,机体主要依赖细胞免疫杀伤病毒。通过杀伤性 T 淋巴细胞与靶细胞的直接接触而杀伤靶细胞,或通过 Th1 细胞释放细胞因子而发挥作用,或通过调节性 T 淋巴细胞维持细胞免疫的平衡。

(董　珂　瞿　涤)

第二十五章　病毒感染的检查方法与防治原则

教学要求

(1) 掌握标本的采集与送检原则、病毒感染的快速诊断。

(2) 熟悉病毒感染的免疫预防、抗病毒治疗。

(3) 了解病毒的分离培养。

教学要点

[学习引导]

(1) 标本的采集与送检原则是什么?

(2) 病毒分离的方法有哪些?

(3) 病毒感染的快速诊断有哪些?

(4) 病毒感染的免疫预防有哪些?

(5) 抗病毒药物的作用机制有哪些?

一、病毒感染的检查方法

(一) 标本的采集与送检

1. 供分离病毒、检出核酸及抗原的标本采集原则

(1) 标本采集时间:在发病初期(急性期)采集标本,较易检出病毒。

(2) 标本采集部位:最好在感染部位采取。

(3) 标本运输:放入装有冰块的冷藏包内尽快运送到实验室,标本在处理、接种前切忌反复冻融,病变组织则应保存于50%的甘油缓冲盐水中。

(4) 标本的处理与储存:采集标本时要注意无菌操作。临床标本中可加入高浓度的抗生素。尽量及时接种,如不能当时接种,标本应保存于-70℃低温冰柜或液氮中。

2. 供血清学检测的标本采集原则　检测特异性抗体需要采取急性期与恢复期双份血清,如发现恢复期比急性期血清病毒抗体有4倍增高,为阳性。如检测到IgM升高,可只检测一份血清。

(二) 病毒分离

1. 细胞培养

(1) 培养细胞分类

1) 原代细胞:常用的有人胚肾、猴肾、鸡胚等原代细胞,为正常细胞,对病毒的敏感性高,可用于生产病毒疫苗,其缺点是原代细胞来源少且不能持续传代培养。

2) 二倍体细胞:原代细胞只能传2~3代细胞就退化,在多数细胞退化时,少数细胞能继续传下来,且保持染色体数为二倍体,称为二倍体细胞或细胞株(cell strain)。二倍体细胞生长迅速,并可传50代保持二倍体特征,通常是胚胎组织的成纤维细胞(如WI-38细胞系)。

3）传代细胞系：由癌细胞或二倍体细胞突变而来，染色体数为非整倍体，细胞生长迅速，可无限传代，在液氮中能长期保存，其缺点为非正常细胞。

（2）细胞培养中病毒的鉴定

1）病毒在细胞内增殖的指征：包括①细胞致病作用（cytopathogenic effect，CPE），病毒在细胞内增殖引起细胞退行性变，表现为细胞皱缩、变圆、出现空泡、死亡和脱落；②红细胞吸附现象，病毒感染细胞后24～48h，在细胞膜上出现病毒的血凝素，能吸附豚鼠、鸡等动物及人的红细胞，发生红细胞吸附现象，若加入相应的抗血清，可中和病毒血凝素、抑制红细胞吸附现象的发生；③干扰现象。

2）病毒感染性的定量测定：包括①空斑形成单位测定；②50%致死量（LD50）或50%组织细胞感染量（TCID50）的测定。

3）病毒的病原学鉴定：病毒在细胞中生长，使细胞出现病变后还可用免疫荧光等方法直接检测病毒抗原、分子生物学技术分析病毒核酸组成、序列同源性比较等加以鉴定。

2. 动物接种 常用小鼠、大鼠、豚鼠、家兔和猴等动物，接种途径根据各病毒对组织的亲嗜性而定，有鼻内、皮内、脑内、腹腔及静脉等。

3. 鸡胚接种 有些人和动物的病毒能在鸡胚中增殖，鸡胚接种也是分离某些病毒的一种有效方法。

（三）病毒抗原的检测

（1）免疫荧光法（immunofluorescent assay）。

（2）酶联免疫吸附实验（Enzyme-Linked Immunosorbent Assays，ELISA）。

（四）病毒抗体的检测

1. 中和试验 是病毒细胞培养中被特异性中和抗体作用而失去感染性，不引起CPE的一种试验，可用来检查患者血清中抗体的滴度。

2. 补体结合试验 常用病毒内部可溶性抗原检测血清中IgM类抗体。

3. 血凝抑制试验 检测血凝抑制抗体的试验为血凝抑制试验。有血凝素（HA）的病毒能凝集人或动物红细胞，称为血凝现象。血凝现象能被相应抗体抑制称为血凝抑制试验，原理是相应抗体与病毒HA结合后，阻止病毒表面HA与红细胞结合。本试验简便、快速，常用于有血凝素病毒感染的诊断及流行病学调查，也可用于鉴定病毒的型及亚型。

（五）病毒核酸的检测

1. 核酸杂交技术 包括斑点核酸杂交、细胞内原位杂交、DNA印迹杂交和RNA印迹杂交等。

2. PCR技术

3. 高通量的病毒核酸检测技术

（六）病毒感染的快速诊断

除用光学显微镜直接观察病毒产生的包涵体和病毒感染细胞的具体形态，用电镜直接观察病毒的大小、形态、结构及病毒在细胞内增殖的动态过程，以及用免疫学方法检测病毒抗原、抗体外，随着分子生物学技术的发展，目前病毒核酸的检测由于其快速准确的特点也已得到广泛应用。

二、病毒感染的免疫预防

(一) 人工主动免疫

预防病毒感染的人工主动免疫生物制品主要有减毒活疫苗(常用的有 Sabin 脊髓灰质炎疫苗、风疹疫苗、麻疹疫苗、水痘疫苗、腮腺炎疫苗、乙型脑炎疫苗、甲型肝炎疫苗等)、灭活疫苗(常用的有 Salk 脊髓灰质炎疫苗、狂犬病疫苗、流行性乙型脑炎疫苗和流感疫苗等)、基因工程疫苗(常见的乙肝疫苗即是通过在酵母中真核表达 HBsAg 所获得)。

(二) 人工被动免疫

人工被动免疫是指注射含有抗病毒中和抗体的免疫血清、丙种球蛋白和 IL-2,以及与细胞免疫有关的转移因子、干扰素等,使机体立即获得特异性免疫力。常见的人工被动免疫生物制剂有:①普通免疫球蛋白;②抗病毒血清;③免疫调节剂等。

三、抗病毒治疗

1. 化学治疗　常用抗病毒药物见表 25-1。

表 25-1　抗病毒药物

药物分类		常用药物
抑制病毒核酸聚合酶	核苷类似物	阿昔洛韦、叠氮脱氧胸苷、拉米呋定、齐多夫定、地达诺新等
	非核苷类似物	奈韦拉平、地拉韦定、依法韦伦、依曲韦林
病毒蛋白酶抑制物		沙奎那维、茚地那韦、利托那韦、奈非那韦等
抑制流感病毒脱衣壳或释放	M2 蛋白抑制物	金刚烷胺
	NA 抑制剂	达菲
融合抑制物		恩夫韦地
CCR5 抑制物		maraviroc
整合酶抑制物		雷特格韦

2. 免疫治疗

(1) 免疫调节或治疗剂:细胞因子、Toll 样受体配体、抗体、抗原肽及其他免疫治疗剂等。

(2) 治疗性疫苗。

(3) 免疫细胞的修饰和回输。

3. 基因治疗

(董　珂　李擎天)

第二十六章　呼吸道病毒

教学要求

(1) 掌握流行性感冒病毒、麻疹病毒、腮腺炎病毒、风疹病毒、冠状病毒的生物学性状、致病性和免疫性。

(2) 熟悉流行性感冒病毒、麻疹病毒、腮腺炎病毒、风疹病毒、冠状病毒的微生物检查和防治原则。

(3) 了解腺病毒、副流感病毒、呼吸道合胞病毒、鼻病毒。

教学要点

[学习引导]

(1) 呼吸道病毒有哪些？各引起哪些疾病？

(2) 流感病毒的抗原变异性与流行之间有何关系？

(3) 麻疹病毒感染如何预防？

呼吸道病毒是指一大类能侵犯呼吸道引起呼吸道局部病变或仅以呼吸道为侵入门户，主要引起呼吸道外组织器官病变的病毒。

一、流行性感冒病毒

流行性感冒病毒(influenza virus)有甲(A)、乙(B)、丙(C)三型，其中甲型流感病毒可引起人和动物(猪、马、海洋哺乳动物和禽类等)流行性感冒(简称流感)，并可引起全世界大流行。甲型和乙型流感病毒引起症状较重，丙型流感病毒引起症状轻。

(一) 生物学性状

1. 形态与结构　流感病毒呈球形或丝状，核衣壳呈螺旋对称，有包膜，为单链分节段RNA 病毒。

(1) 核心：病毒核酸为分节段的单负链 RNA，甲型、乙型流感病毒分 8 个节段，丙型分 7 个节段。这一特点使病毒在复制中易发生基因重配，导致新病毒株的出现。RNA 节段、NP(核蛋白)和 RNA 聚合酶共同形成核糖核蛋白，即核衣壳。

(2) 包膜：流感病毒包膜重要成分包括 2 个糖蛋白刺突，即血凝素 (hemagglutinin，HA) 和神经氨酸酶 (neuraminidase，NA)。HA 与 NA 抗原性极易变异，是划分流感病毒亚型的依据。

1) HA：与病毒吸附和穿入宿主细胞有关；能与人、鸡、豚鼠等多种红细胞表面 *N*-乙酰神经氨酸(唾液酸)受体结合引起红细胞凝集(简称血凝)；具有免疫原性，为保护性抗原，其诱导的相应抗体称血凝抑制抗体，能抑制血凝现象和中和病毒感染性；根据 HA 抗原性的不同，可将甲型流感病毒分为不同的 HA 亚型。

2) NA：为唾液酸酶，可水解唾液酸，使病毒从感染细胞膜上解离，有利于成熟病毒的释放和集聚病毒的扩散；具有抗原性，其相应抗体能抑制酶的水解作用，但不能中和病毒的感染性；根据 NA 抗原性的不同，可将甲型流感病毒分为不同的 NA 亚型。

2. 分型与变异

(1) 分型、亚型依据:根据 NP、基质蛋白 M1 及嵌于包膜中的离子通道蛋白 M2 蛋白抗原性的不同可将流感病毒分为甲、乙、丙三型;甲型又可根据 HA 和 NA 抗原性不同,再区分为若干亚型。目前,人流行的主要有 H1、H2、H3 和 N1、N2 几个亚型,但已有报道 H5N1、H7N9 等禽流感病毒可感染人。

(2) 流感病毒抗原变异:流感病毒抗原变异有两种形式。①抗原漂移:基因突变,其变异幅度小,属量变,由点突变造成,引起 A 型和 B 型流感周期性的局部中、小型流行;②抗原转换:为基因重配,变异幅度大,属质变,导致新亚型的出现,由于人群完全失去免疫力,每次新亚型出现都造成大的流行。

3. 培养特性 流感病毒可在鸡胚和培养细胞中增殖。

4. 抵抗力 不耐热,56 °C 30min 被灭活,对干燥、紫外线、乙醚、甲醛、乳酸等敏感。

(二) 致病性

1. 传染源 患者和隐性感染者。

2. 传播途径 主要经飞沫、气溶胶在人群间直接传播,也可通过手和物体接触间接传播。

3. 临床表现 病毒起初引起上呼吸道局部感染,在呼吸道上皮细胞内增殖,引起黏液分泌细胞、具纤毛细胞和其他上皮细胞产生空泡变性、纤毛丧失最终坏死脱落,导致呼吸道黏膜屏障功能丧失。

潜伏期 1~4 天,突然发病,有畏寒、发热、头疼、肌痛、厌食、乏力、鼻塞、流涕、咽痛和咳嗽等症状。小儿可发生抽搐或谵妄,呕吐、腹痛、腹泻较常见。年老体弱、免疫力低下、心肺功能不全者和婴幼儿易并发细菌性继发感染,特别是肺炎,常危及生命。常见的并发感染细菌是肺炎链球菌、金黄色葡萄球菌和流感嗜血杆菌等。

(三) 免疫性

抗-HA 为中和抗体,在抗感染中起主要作用。其中,局部中和抗体 SIgA 和血清中和抗体在预防感染和阻止疾病发生中有重要作用。亚型间无交叉免疫。

(四) 微生物学检查法

1. 病毒分离与鉴定 用细胞或鸡胚培养分离病毒,用红细胞凝集试验或红细胞吸附试验等来确证病毒的存在,用红细胞凝集抑制试验等鉴定病毒的型别。

2. 血清学诊断 血清学试验包括亚型和株特异的血凝抑制试验和中和试验,型特异的补体结合试验和抗原特异确定的 ELISA 法。如恢复期抗体效价较急性期增高 4 倍或以上,即有诊断价值。

3. RT-PCR 呼吸道分泌物进行 RT-PCR 检测。

(五) 预防

流行期间应尽量避免人群聚集;隔离与治疗流感患者;对公共场所进行空气消毒;免疫接种是预防流感最有效的方法,有三价的灭活疫苗和三价的减毒活疫苗。

（六）治疗

达菲（NA 抑制剂）早期用药对甲型、乙型流感病毒有效。

二、副黏病毒

副黏病毒与正黏病毒生物学性状有一定的不同（表 26-1）。副黏病毒科引起人类感染的重要病原体有麻疹病毒、腮腺炎病毒、副流感病毒和呼吸道合胞病毒及近年新发现的人偏肺病毒、尼帕病毒和亨德拉病毒等。

表 26-1　正黏病毒与副黏病毒的主要性状比较（Murray et al，2005）

性状	正黏病毒	副黏病毒
基因组	单负链 RNA，分节段	单负链 RNA，不分节段
神经氨酸酶	有	多数没有
衣壳	螺旋对称	螺旋对称
大小	小（110nm）	大（150nm）
刺突	HA 和 NA 表达于不同的刺突	HA 和 NA 表达于相同的刺突，有 F 蛋白
形成巨细胞	-	+
溶血作用	无	有

（一）麻疹病毒

麻疹病毒（measles virus）只有一个血清型。麻疹是儿童时期最为常见的急性传染病，常因并发症的发生导致死亡。

1. 致病性与免疫性

（1）传染源：急性期患者（人是麻疹病毒的唯一自然宿主）。

（2）传播途径：通过呼吸道或亲密接触传播。

（3）临床表现：冬春季发病率最高，潜伏期为 10～14 天，初期临床表现除高热、畏光外，还有鼻炎、眼结膜炎、咳嗽三个主要前驱症状，此时患者传染性最强。发病 2 天后，口颊黏膜出现 Koplik 斑，为周围绕有红晕的灰白色小点，对临床早期诊断有一定意义。随后 1～2 天，全身皮肤相继出现红色斑丘疹，先是颈部，然后为躯干，最后到四肢，出疹期病情最严重。4 天后消退、脱屑。部分患者出现并发症，以细菌性肺炎最为常见，极少数患者在急性感染恢复多年后出现亚急性硬化性全脑炎（SSPE）。

（4）免疫性：麻疹自然感染后一般免疫力牢固，抗体可持续终生，母亲抗体能保护新生儿。麻疹的恢复主要靠细胞免疫，T 淋巴细胞缺陷者会产生麻疹持续感染，导致死亡。

2. 微生物学检查法　临床诊断一般无需进行实验室检查。

3. 防治原则　鸡胚细胞减毒活疫苗，或麻腮风三联疫苗用于主动免疫。用丙种球蛋白或胎盘球蛋白进行人工被动免疫。

（二）副黏病毒科中引起人类感染的其他病原体（表 26-2）

表 26-2　副黏病毒科中引起人类感染的其他病原体

	生物学特点	所致疾病	免疫性与防治
腮腺炎病毒	只有一个血清型，人是其唯一宿主	病毒通过飞沫或人与人直接传播，学龄儿童易感，好发于冬春季，主要症状为一侧或双侧腮腺肿大，有发热、肌痛和乏力等，青春期感染者，男性易合并睾丸炎，女性易合并卵巢炎	病后可获得牢固的免疫力，婴儿可从母体获得被动免疫。疫苗接种是唯一有效的预防措施，目前使用减毒活疫苗或腮腺炎病毒、麻疹病毒、风疹病毒组成的三联疫苗（MMR）
副流感病毒	有 4 个血清型	病毒通过飞沫或人与人接触传播，是仅次于呼吸道合胞病毒在婴幼儿中引起严重下呼吸道感染的重要病原	保护性免疫包括细胞免疫和 SIgA，但持续时间短，再感染常见
呼吸道合胞病毒	只有一种糖蛋白刺突即融合蛋白 F，缺乏 HA 和 NA，有 2 个血清型	病毒通过手、污染物品和呼吸道传播，每年冬季均有流行，是在婴幼儿中引起致死性急性呼吸道感染的最重要的病原因子，但在较大儿童和成人主要引起上呼吸道感染。病毒感染局限于呼吸道，不产生病毒血症	感染后，免疫力不强，自然感染不能防止再感染。母体通过胎盘传给胎儿的抗体亦不能防止婴儿感染，至今未有安全有效的预防疫苗

三、风疹病毒

风疹病毒（rubella virus）属披膜病毒科，只有一个血清型，是风疹的病原体。有包膜、核心为单正链 RNA。

病毒经呼吸道传播，人是病毒唯一的自然宿主。儿童患病时通常病情轻微，伴有皮疹、低烧、恶心和轻度结膜炎、耳后和颈部的淋巴结肿大。成人感染可出现关节炎及关节疼痛。但无免疫的孕妇感染后则后果严重，可导致胎儿死亡或者先天性缺陷，即先天性风疹综合征（CRS）。

隐性感染或显性感染后机体可获得持久免疫力，孕妇血清抗体有保护胎儿免受风疹病毒感染的作用。

孕妇的风疹早期诊断，对优生优育非常重要。常用 ELISA 或血凝抑制试验检测孕妇血清中特异性 IgM，阳性可认为是近期感染。

减毒活疫苗接种是预防风疹的有效措施。

四、腺病毒

腺病毒（adenovirus）属于腺病毒科，约有 100 余血清型。其中能感染人类的哺乳动物腺病毒属至少有 51 个型别。

（一）生物学特性

为双链 DNA 无包膜病毒。核衣壳呈二十面体立体对称，其中二十面体 12 个顶角的壳粒称五邻体，五邻体上各有一条长为 10~30nm 纤突，其末端膨大呈小球状。

（二）致病性与免疫性

1. 传播途径 主要经飞沫传播，也可经接触和粪-口途径感染。

2. 临床表现

（1）呼吸道感染：主要包括急性发热性咽炎、咽结膜热、急性呼吸道感染和肺炎。

（2）眼部感染：可引起滤泡性结膜炎、流行性角膜结膜炎等。

（3）胃肠道感染：可引起小儿胃肠炎与腹泻、婴儿期肠套叠等。

3. 免疫性 腺病毒感染后可产生中和抗体，对预防和疾病愈合很重要。细胞免疫对疾病愈合同样非常重要。

五、冠状病毒

冠状病毒（coronavirus）属于冠状病毒科冠状病毒属。人冠状病毒是引起普通感冒重要的病毒之一，也可引起婴儿胃肠炎。2003年3月鉴定了一种新的人冠状病毒SARS-CoV，是引起严重急性呼吸综合征世界流行的病原体。

（一）形态与结构

不规则球形，核心为单正链RNA，不分节段，有包膜，包膜上有刺突。

（二）致病性与免疫性

病毒易经气溶胶和飞沫传播。感染一般局限在上呼吸道，潜伏期2~5天，多种人冠状病毒引起类似感冒的上呼吸道感染，下呼吸道感染少见。各年龄组均可发病，婴幼儿为主。冠状病毒还与人类腹泻和胃肠炎有关。

SARS-CoV冠状病毒可引起严重的呼吸道疾病——SARS，能导致肺炎和进行性呼吸衰竭，死亡率约10%。

（三）微生物学检查法

除了SARS-CoV冠状病毒外，其他冠状病毒一般不进行实验室诊断。SARS-CoV可用Vero细胞进行分离鉴定，还可用RT-PCR快速诊断SARS-CoV核酸。免疫荧光法、ELISA可用于患者血清中病毒抗体检测。

（四）防治原则

预防和控制SARS-CoV冠状病毒的措施在于对患者和疑似病例进行及时严格地隔离和治疗。目前尚无疫苗和特异性药物用于防治SARS-CoV冠状病毒。

六、鼻病毒

鼻病毒（rhinovirus）是小RNA病毒科成员之一，球形，单正股RNA病毒，核衣壳呈二十面体立体对称，无包膜。至少有100个血清型。对酸敏感，pH 3.0迅速失活，对干燥和去污剂不敏感。

鼻病毒是普通感冒和上呼吸道感染最重要的病原体，具有自限性并不会引起严重疾病。目前无疫苗可用于预防。

（董 珂 黄孝天）

第二十七章　肠道病毒与急性胃肠炎病毒

教学要求

（1）掌握肠道病毒的种类；脊髓灰质炎病毒的抗原组成、致病性、免疫性和特异性预防；人类轮状病毒的生物学性状、致病性和微生物学检查。

（2）熟悉柯萨奇病毒、埃可病毒、新型肠道病毒的致病性；肠道腺病毒、杯状病毒、星状病毒的致病性。

（3）了解杯状病毒和星状病毒的生物学特点；人类轮状病毒的基因结构、分型和微生物学检查。

教学要点

[学习引导]

（1）引起人类腹泻的病毒有哪些？试述其传播途径及防治措施。

（2）肠道病毒有哪些共同特性？

（3）试述肠道病毒的致病特点，并举例说明。

（4）试述轮状病毒的结构及致病特点。

（5）试述脊髓灰质炎病毒的致病机制。

（6）比较脊髓灰质炎灭活疫苗与减毒活疫苗的不同。

一、肠道病毒

肠道病毒（enterovirus）的种类：主要包括脊髓灰质炎病毒（poliovirus）、柯萨奇病毒（coxsackievirus）、人肠道致细胞病变孤儿病毒（简称埃可病毒，enteric cytopathogenic human orphan virus，echovirus）、新肠道病毒68～71型。

（一）生物学性状

1. 形态与结构　球形，直径28～30nm，核衣壳呈二十面体立体对称，无包膜。壳粒由VP1、VP2、VP3和VP4四种蛋白组成。基因组为单正链RNA。

2. 抗原性　脊髓灰质炎病毒有三个血清型，三型之间没有交叉反应。柯萨奇病毒和埃可病毒有多种血清型。

3. 抵抗力　污水和粪便中可存活数月，耐酸，耐脂溶剂。

（二）致病性

1. 传染源　患者和无症状带毒者。

2. 传播途径　主要通过粪-口途径。

3. 所致疾病

（1）脊髓灰质炎病毒：导致脊髓灰质炎。病毒经粪-口途径感染，病毒侵犯脊髓前角运动神经细胞，导致弛缓性肢体麻痹，多见于儿童，故亦称小儿麻痹症。90%以上的感染者表现为隐性感染。约5%产生流产感染，患者只出现发热、头痛、乏力、咽痛和呕吐等非特异性症状，并迅速恢复；在 1% ~ 2% 的患者，病毒侵入中枢神经系统和脑膜，产生非麻痹型脊髓灰质炎或无菌性脑膜炎；只有 0.1% ~ 2.0% 的患者产生暂时性肢体麻痹或永久性弛缓性肢体麻痹。

（2）其他肠道病毒

1）致病特点：肠道病毒在肠道中增殖，但通常不引起肠道疾病。不同肠道病毒可引起相同的临床症状，同一种病毒可引起不同的临床疾病。

2）疾病

a. 疱疹性咽峡炎：主要由柯萨奇 A 组病毒某些血清型引起，典型的症状是在软颚、悬雍垂周围出现水泡性溃疡损伤。

b. 手足口病：主要由柯萨奇病毒 A16、肠道病毒 71 型引起。特点为手、足、口、舌上水疱性损伤。

c. 流行性胸痛：常由柯萨奇 B 组病毒引起，症状为突发性发热和单侧胸痛。

d. 心肌炎和心包炎：主要由柯萨奇 B 组病毒引起，对新生儿危害大。

e. 结膜炎：由柯萨奇病毒 A24 引起的急性结膜炎和肠道病毒 70 型引起的急性出血性结膜炎。

（三）免疫性

肠道病毒感染后，机体可获得长期而牢固的型特异性免疫。主要以体液免疫为主。

（四）微生物学检查法

1. 病毒分离与鉴定 肠道病毒大部分能在猴肾原代和传代细胞、某些人源性传代细胞中生长，并产生细胞病变（除柯萨奇 A 组病毒少数型别必须在乳鼠中增殖外）。标本包括血液、咽拭和粪便等。

2. 血清学试验 用发病早期和恢复期双份血清进行中和试验，若血清抗体有 4 倍或以上增长，则有诊断意义。

（五）防治原则

脊髓灰质炎病毒可用脊髓灰质炎灭活疫苗（inactivated polio vaccine，IPV）和脊髓灰质炎减毒活疫苗（live attenuated oral polio vaccine，OPV）进行特异性预防（表 27-1）。我国使用三价混合脊髓灰质炎减毒活疫苗，口服接种后可获对三个血清型脊髓灰质炎病毒的免疫力。

表 27-1 脊髓灰质炎灭活疫苗（IPV）和减毒活疫苗（OPV）比较

项目	活疫苗（OPV）	死疫苗（IPV）
接种方法	口服糖丸	肌内注射
抗体产生	血清抗体、分泌抗体	血清抗体
间接免疫	能通过接种者粪便排毒，免疫更多人群	无
稳定性	差，不易保存	好，易保存
不良反应	少数引起疫苗相关脊髓灰质炎	无
免疫效果	更好	好

二、急性胃肠炎病毒

（一）轮状病毒

1. 生物学性状　球形，双层衣壳，无包膜。负染后在电镜下观察，外形呈车轮状，分节段双链 RNA 病毒。基因组分 11 个节段。可将轮状病毒分为 7 个群（A～G）。引起人类腹泻的轮状病毒主要是 A 群，偶尔也有 B 和 C 群引起人类腹泻。

2. 致病性与免疫性　传染源是患者和无症状带毒者，主要经粪-口途径传播。

轮状病毒（rotaviros）的 NSP4 蛋白类似一种肠毒素，作用于肠壁细胞引起钙离子内流，引发信号转导，引起分泌增加，吸收减少。

A 群轮状病毒是 2 岁以下婴幼儿严重腹泻最主要的病原体。主要在秋冬季流行，故又称为婴幼儿“秋季腹泻”。年长儿童和成人常呈无症状感染。

B 群病毒可引起年长儿童和成人腹泻，常呈暴发流行，目前仅见于我国。

感染后可产生特异性抗体，对同型病毒有保护作用，其中肠道局部 SIgA 最为重要。

3. 微生物学检查法　主要包括用电镜直接检测粪便中病毒颗粒；用 ELISA 或乳胶凝集试验检测病毒抗原；用 RT-PCR 检测病毒基因组等。

4. 防治原则　主要是控制传染源，切断传播途径，严密消毒可能污染的物品。另外，可用减毒活疫苗进行预防。治疗主要是及时输液，纠正电解质平衡等支持疗法，以减少婴儿的死亡率。

（二）肠道腺病毒

肠道腺病毒（enteric adenovirus）是引起婴儿腹泻的第二位病原体。主要经粪-口传播，易引起 5 岁以下小儿腹泻，很少有发热或呼吸道症状。

（三）杯状病毒

与人类胃肠炎有关的杯状病毒（calicivirus）包括诺如病毒（norovirus）和扎如病毒（sapovirus）。杯状病毒呈球形，无包膜；基因组为正单链 RNA。诺如病毒是世界上引起非细菌性胃肠炎暴发流行最重要的病原体，粪-口为主要传播途径，传染性强。通过污染的水源和食物传播，尤其是海产品是引起流行的重要原因，冬季流行。

（四）星状病毒

星状病毒（astrovirus）呈球形，无包膜，电镜下表面结构呈星形，有 5～6 个角。呈世界性分布，通过粪-口途径传播，易感者为 5 岁以下婴幼儿，流行季节为冬季。

（吴健桦　沈　利）

第二十八章　肝炎病毒

教学要求

(1) 掌握肝炎病毒的种类和各类肝炎病毒间差异(病毒核酸类型、传播途径、引起慢性感染、特异性预防等);HBV 的抗原-抗体系统及其在临床诊断中的意义。

(2) 熟悉 HAV 生物学特性、致病性与免疫性、微生物学检查法和防治原则;HBV 生物学特性致病性与免疫性、防治原则;HCV 生物学特性、致病性与免疫性、微生物学检查法和防治原则;HDV 的形态结构、感染类型与致病性;HEV 的形态、核酸类型、致病性、微生物学检查法。

(3) 了解 HAV 感染模型与细胞培养;HBV 的基因结构与复制方式、感染模型与细胞培养;HCV 的基因结构与分型;HDV 的微生物学检查法;HEV 的基因结构与分型。

教学要点

[学习引导]

(1) 目前已知的肝炎病毒有哪些? 从传播途径上可将其分为几类?

(2) 肝炎病毒中,可引起输血后肝炎的有哪些? 怎样预防输血后肝炎?

(3) 对哪些肝炎病毒可以通过接种疫苗进行预防? 其所用疫苗属何种类型?

(4) 比较甲型肝炎病毒与乙型肝炎病毒的结构、流行病学及临床特点。

(5) 简述 HBV 抗原抗体系统检测的临床意义。

肝炎病毒是指以侵害肝脏为主并引起病毒性肝炎的一组病毒。目前公认的人类肝炎病毒主要有 5 种,甲型肝炎病毒(hepatitis A virus,HAV)、乙型肝炎病毒(HBV)、丙型肝炎病毒(HCV)、丁型肝炎病毒(HDV)和戊型肝炎病毒(HEV)五种类型。几种肝炎病毒比较见表 28-1。

表 28-1　主要肝炎病毒比较

病毒	病毒属	核酸	感染方式	严重性(慢性)
HAV	小 RNA 病毒科	单正链 RNA	粪-口	+(急性)
HBV	嗜肝 DNA 病毒科	不完全双链 DNA	血液及血制品,母婴传播,性途径	++(慢性)
HCV	黄病毒科	单正链 RNA	主要见于血液及血制品	+(慢性)
HDV	缺陷病毒(依赖 HBV)	单负链 RNA	同 HBV,需 HBV 辅助	+(慢性)
HEV	肝炎病毒科	单正链 RNA	粪-口	+(急性)

一、甲型肝炎病毒

(一) 生物学性状

1. 形态与结构　病毒颗粒呈球形,无包膜。基因组为单正链 RNA,只有一个血清型。

2. 感染模型与细胞培养　动物模型可用黑猩猩、狨猴、猕猴、恒河猴等灵长类动物。能在多种原代细胞和传代细胞中增殖,但生长缓慢,细胞病变不明显。

3. 抵抗力 HAV对温度、酸、碱和干燥有较强抵抗力,常用消毒剂可将其灭活。HAV比肠道病毒更耐热,可耐受60℃ 1h,100℃ 5min可消除其传染性。

(二) 致病性与免疫性

1. 传染源 多为患者和亚临床感染者。

2. 传播途径 粪-口途径传播。

3. 致病机制 HAV经口侵入人体,在口咽部或唾液腺中早期增殖,然后在肠黏膜与局部淋巴结中大量增殖,并侵入血流形成病毒血症,最终侵犯靶器官肝脏。由于病毒在细胞培养中增殖缓慢并不直接造成明显的细胞损害,机体的免疫病理反应在引起肝细胞损害上起主要作用。甲型肝炎预后良好,不发展成慢性肝炎。

4. 免疫性 感染后机体可产生抗-HAV抗体,对再感染有免疫力。

(三) 微生物学检查

血清学检查 ELISA抗-HAV IgM的检测可作为早期诊断和近期感染的指标。检测抗-HAV IgG有助于流行病学调查。

(四) 防治原则

1. 一般措施 加强粪便管理与水源保护,注意饮食卫生、个人与环境卫生。患者排泄物、食具、物品和床单衣物等,要认真消毒处理。

2. 特异性预防 人工主动免疫:我国使用的减毒甲肝活疫苗,主要用于学龄前和学龄儿童及其他易感人群,预防效果较好。人工被动免疫:使用丙种球蛋白。

二、乙型肝炎病毒

(一) 生物学性状

1. 形态与结构 具有大球形颗粒、小球形颗粒及管形颗粒三种形态。

(1) 大球形颗粒:又称为Dane颗粒,是有感染性的完整成熟的HBV颗粒,呈球形,直径为42nm。其外衣壳相当于一般病毒的包膜,由脂质双层与蛋白质组成,HBV的表面抗原(HBsAg)镶嵌于此脂质双层中。用去垢剂去除病毒的外衣壳,可暴露一电子密度较大的核心结构,为病毒的内衣壳,由HBV核心抗原(HBcAg)组成。内部核心为病毒的DNA和DNA聚合酶。

(2) 小球形颗粒:是病毒多余的衣壳成分,直径22nm,主要成分为HBsAg,不含DNA和DNA多聚酶,不具传染性。

(3) 管形颗粒:成分与小球形颗粒相同,是由小球形颗粒串联而成,内无核酸。

2. 基因组特征 基因组为双链未闭合的环状DNA。长链为负链,短链为正链。HBV基因组含有4个开放读码框架(ORF)分别称为S、C、P和X。S区编码病毒外衣壳蛋白HBsAg;C区编码病毒内衣壳蛋白HBcAg和HBeAg;P区编码病毒DNA多聚酶等;X区编码病毒HBxAg。

3. 抗原组成

(1) 表面抗原(HBsAg):存在于小球形颗粒、管形颗粒及Dane颗粒的外衣壳上。

HBsAg 大量存在于感染者血中，是 HBV 感染的主要标志。HBsAg 具有抗原性，可引起机体产生特异保护性的抗-HBs，也是制备疫苗的最主要成分。HBsAg 具有多种抗原表位，构成 4 个血清基本亚型，即 adr、adw、ayr、ayw。因有共同的 a 抗原，故制备疫苗时各亚型间有交叉保护作用。我国汉族以 adr 多见，少数民族多为 ayw 多见。

(2) 核心抗原(HBcAg)：存在于 Dane 颗粒内衣壳上。其外被 HBsAg 所覆盖，故不易在血循环中检出。但可在肝细胞表面表达，抗原性强，能刺激机体产生强而持久的抗-HBc。抗-HBc IgG 在血中持续时间较长，为非保护性抗体；抗-HBc IgM 的存在提示 HBV 处于复制状态。

(3) e 抗原(HBeAg)：为可溶性蛋白，游离存在于血清中。为 HBV 复制及具有强感染性的一个指标。HBeAg 可刺激机体产生抗-HBe，抗-HBe 的出现有利于机体对病毒活跃复制的抑制。

4. 动物模型与细胞培养 黑猩猩是对 HBV 最敏感的动物，故常用来进行 HBV 的致病机制研究和疫苗效价及安全性评价。常用鸭乙型肝炎病毒感染的鸭、土拨鼠及地鼠等动物模型。

5. 抵抗力 抵抗力较强，对低温、干燥、紫外线和一般消毒剂均有耐受性。不被 70% 乙醇溶液灭活。高压蒸汽灭菌或 100℃ 10min 可将其灭活。0.5% 过氧乙酸、5% 次氯酸钠亦可用于消毒消除其传染性。

(二) 致病性与免疫性

1. 传染源 主要传染源是患者或无症状 HBsAg 携带者。

2. 传播途径 主要有血液、血制品等传播；母婴传播；性传播。

3. 致病机制 病毒进入机体后最终侵犯靶器官肝脏，机体的免疫病理反应在引起肝细胞损害上起主要作用。其机制主要包括以下三个方面。

(1) 自身免疫病理损害：肝细胞感染 HBV 后，膜上可出现 HBV 特异性抗原，并暴露出肝特异性脂蛋白抗原(LSP)和肝细胞膜抗原，诱导机体产生自身抗体。这些抗体和肝细胞上相应的抗原结合，继而可通过激活补体、激活巨噬细胞、NK 细胞等诱发 ADCC 作用，破坏肝细胞。

(2) 细胞介导的免疫病理损害：通过 CTL 识别病毒感染肝细胞表面的 HBcAg，导致肝细胞的破坏。

(3) 体液免疫引起的病理损害：在部分乙型肝炎患者体内可检出 HBsAg-抗-HBs 复合物及 HBeAg-抗-HBe 复合物，这些复合物可沉积于肾小球基膜、关节滑液囊等处，激活补体，诱发Ⅲ型变态反应，导致肾小球肾炎、关节炎、皮疹及血管炎等肝外组织器官的损害。另外，大量免疫复合物沉积于肝内，可使肝内小血管栓塞，大量肝细胞坏死而致重症肝炎。

4. 临床表现 呈多样性，可由无症状带病毒至急性肝炎、慢性肝炎、重症肝炎等。慢性肝炎又可促进肝硬化发生，少数可发展为肝癌。

5. 免疫性 对 HBV 的免疫由体液免疫和细胞免疫组成。抗体主要是抗-HBs，为保护性抗体，CTL 在清除病毒感染的肝细胞中也有重要作用。

(三) 微生物学检查

1. 抗原与抗体检测

(1) 乙型肝炎抗原、抗体检测：检测 HBsAg、抗-HBs、HBeAg、抗-HBe 及抗-HBc(俗称

“两对半”)。HBsAg 的检测最为重要,可发现无症状携带者,是献血员筛选的必检指标。

(2) 乙型肝炎抗原、抗体检测结果的分析,见表 28-2。

表 28-2 HBV 抗原、抗体检测结果的临床分析

HBsAg	HBeAg	抗-HBs	抗-HBe	抗-HBc	结果分析
+	-	-	-	-	无症状携带者
+	+	-	-	-	急性乙型肝炎,或无症状携带者
+	+	-	-	+	急性或慢性乙型肝炎(传染性强,“大三阳”)
+	-	-	+	+	急性感染趋向恢复或慢性肝炎缓解中(“小三阳”)
-	-	+	+	+	既往感染恢复期
-	-	+	+	-	既往感染恢复期
-	-	-	-	+	既往感染或“窗口期”
-	-	+	-	-	既往感染或接种过疫苗

2. 核酸检测 应用核酸杂交法和 PCR 检测血清中有无 HBV DNA。该指标阳性表示血液中具有有传染性的完整的病毒存在。

(四) 防治原则

1. 一般措施 加强对供血员的筛选,对患者血液、分泌物和排泄物等物品须严格消毒,提倡使用一次性注射用具。

2. 特异性预防

(1) 主动免疫:注射乙肝疫苗是最有效的预防方法。目前主要应用 HBV 基因工程疫苗,是将编码的基因转入酵母菌或其他细胞中高效表达,将纯化的 HBsAg 制备成疫苗。

(2) 被动免疫:用高效价抗-HBs 的人血清免疫球蛋白(HBIg)可作紧急预防和阻断母婴传播。

三、丙型肝炎病毒

HCV 的感染途径、致病机制与 HBV 相似,是输血后慢性肝炎及肝硬化的主要原因之一。目前尚无有效的疫苗预防。

(一) 生物学性状

HCV 是一类具有包膜的 RNA 病毒。基因组为单正链线状 RNA。

(二) 致病性与免疫性

1. 传染源 患者及亚临床感染者。

2. 传播途径 主要经输血或血制品传播。

3. 致病 HCV 感染易形成持续感染,约 90% 的感染会形成持续感染。病毒感染引起急性或慢性丙型肝炎,表现为黄疸、血清谷丙转氨酶(ALT)升高等。20% 可逐渐发展至肝硬化或肝癌。

4. 免疫性 HCV 感染患者体内先后出现 IgM 和 IgG 型抗体,产生低度免疫力,但由于

HCV 基因组易变异而导致抗原性改变,故此保护作用不强。

(三) 微生物学检查

1. 检测病毒抗体 用 ELISA 法检测抗-HCV,可过筛献血员、诊断或鉴别诊断丙型肝炎及评价疗效。

2. 检测病毒 RNA 临床上常用敏感的 RT-PCR 法检测病毒基因。

(四) 防治原则

目前无有效的疫苗,切断传播途径尤其是控制输血传播仍是目前最主要的预防措施。我国已规定,抗-HCV 检测是过筛献血员的必须步骤。治疗可用干扰素或合用利巴韦林,治愈率达 50%。

四、丁型肝炎病毒

HDV 是一种缺陷病毒,须在 HBV 或其他嗜肝 DNA 病毒辅助下才能复制,其感染常导致乙型肝炎感染者的症状加重与恶化。接种乙肝疫苗也可预防其感染。

五、戊型肝炎病毒

HEV 通过粪-口传播,常因患者的粪便污染水源和食物所致。可表现为亚临床型或临床型,与甲型肝炎相似。防治原则与甲型肝炎相同。疫苗正在研制中,治疗尚无特效药物。

(吴健桦　潘　卫　戚中田)

第二十九章　反转录病毒

教学要求

（1）掌握 HIV 的形态和结构、传播途径、致病机制。

（2）熟悉 HIV 的复制、变异、所致疾病过程和临床分期、损伤 $CD4^+$ 细胞的机制、感染的免疫应答、微生物学检查原则、防治原则，人类嗜 T 淋巴细胞病毒 1、2 型的传播途径和所致疾病。

（3）了解反转录病毒的种类及特性，HIV 的培养特性、HIV 疫苗研究，人类嗜 T 淋巴细胞病毒 1、2 型的生物学特性、感染的诊断与防治。

教学要点

[学习引导]

（1）对人致病的反转录病毒有哪些？这些病毒复制的共同点是什么？

（2）艾滋病的传染源与传播方式有哪些？

（3）HIV 感染的致病机制如何？HIV 感染的特点是什么？

（4）人类嗜 T 淋巴细胞病毒与哪些疾病有关？

反转录病毒科（Retroviridae）是一组含有反转录酶的 RNA 病毒。反转录病毒按其致病作用可分为 3 个属：RNA 肿瘤病毒属、慢病毒属及泡沫病毒属，其中对人致病的主要是人类免疫缺陷病毒（human immunodeficiency virus，HIV）和人类嗜 T 淋巴细胞病毒（human T cell leukemia virus，HTLV）。反转录病毒具有以下共同特性：①病毒呈球形，有包膜，表面有刺突，其大小 100nm；②病毒基因组组成相似；③病毒核心中含有反转录酶（RNA 依赖的 DNA 多聚酶）；④病毒复制时，能形成 DNA 中间体，且能整合于宿主细胞的染色体上。

一、人类免疫缺陷病毒

（一）生物学性状

1. 形态与结构

（1）HIV 核衣壳：颗粒外面为病毒的衣壳，由内膜蛋白（p17）和衣壳蛋白（p24）组成。

（2）包膜：最外层为病毒包膜和病毒糖蛋白 gpl20 和 gp41。

2. 基因组的结构与功能　HIV 的基因组由 2 条相同的正链 RNA 组成。病毒基因组含有 *gag*、*pol*、*env* 三个结构基因及六个调节基因。*gag* 基因编码病毒衣壳、基质等结构蛋白；*env* 基因编码 gpl20 和 gp41 两种包膜糖蛋白；*pol* 基因编码反转录酶、蛋白水解酶和整合酶。

3. 病毒受体与细胞亲嗜性　CD4 分子作为受体，CCR_5 和 $CXCR_4$ 为辅助受体。主要靶细胞是 $CD4^+$ 的 T 淋巴细胞和单核/巨噬细胞，皮肤的 Langerhans 细胞、淋巴结的滤泡树突状细胞、脑小胶质细胞等也能被感染。在体外，HIV 只感染 $CD4^+$ 的 T 淋巴细胞和巨噬细胞。

4. 病毒的复制与变异　①HIV 病毒体的包膜糖蛋白首先与细胞膜上的 CD4 分子及 CCR_5（或 $CXCR_4$）相互作用，病毒包膜与细胞膜发生融合，继而核衣壳进入细胞质内脱壳，并释放病毒 RNA 以进行复制。②在病毒自身反转录酶的作用下，以病毒 RNA 为模板，经反转录形成互补的负链 DNA，构成 RNA:DNA 中间体；中间体中的 RNA 被水解，再由负链 DNA 复制成双股 DNA。③在病毒整合酶的协助下，病毒 DNA 整合入细胞染色体中，这种整合的病毒双链 DNA 即前病毒(provirus)，在宿主细胞 RNA 多聚酶作用下，病毒 DNA 转录形成 RNA，mRNA 在细胞核糖体上先转译成大分子多肽，多肽被裂解并折叠成各种结构蛋白和调节蛋白。④病毒子代 RNA 与结构蛋白装配成核衣壳，组成完整的有感染性的子代病毒，以出芽方式释放到细胞外。

(二) 致病性

1. 传染源 HIV 无症状的携带者和艾滋病患者。

2. 传播途径

(1) 性传播：即通过同性或异性间的性行为。

(2) 血液传播：即通过输入带 HIV 的血液或血制品、器官或骨髓移植、人工授精、静脉药瘾者共用污染的注射器及针头。

(3) 母婴传播：包括经胎盘、产道或经哺乳等方式引起的传播。

3. 临床过程 未经治疗的典型 HIV 感染通常经过原发感染、临床潜伏期、AIDS 相关临床综合征和 AIDS 期 4 个阶段，大约持续 10 年。一般在发生典型临床症状后 2 年死亡。

4. 致病机制 HIV 选择性地侵犯含 $CD4^+$分子的辅助性 T 淋巴细胞，导致严重细胞免疫缺陷，还出现体液免疫功能阻碍和迟发性超敏反应减弱或消失。HIV 也可以感染单核-巨噬细胞，在这些细胞内潜伏和繁殖导致间质性肺炎和中枢神经系统症状。

(三) 微生物学检查法

1. 检测抗体 ELISA 检测是常用的 HIV 感染初筛实验，对阳性者必须再用免疫印迹试验检测针对 HIV 不同结构蛋白(P24、gp120 等)的抗体，后者阳性可判断为 HIV 感染。

2. 检测病毒及其组分

(1) 病毒分离及鉴定：将病人血液、骨髓、血浆或脑脊液等标本接种正常人淋巴细胞或脐血淋巴细胞，观察细胞病变，然后用间接免疫荧光法检测培养细胞中的病毒抗原，或检测培养液中的反转录酶活性以确定 HIV 的存在。

(2) 测定病毒抗原：用免疫学方法测定培养液中的 HIV 特异性 P24 抗原。

(3) 测定病毒核酸：用反转录-多聚酶链反应(RT-PCR)检测血浆中的 HIV RNA。常用于监测 HIV 慢性感染者病情的发展，新生儿 HIV 感染的检测及作为药物治疗效果评估。

(四) 防治原则

1. 综合措施 深入开展艾滋病防治宣传教育，加强采供血机构和血液的管理，全面落实艾滋病治疗措施，开展对艾滋病病毒感染者、艾滋病患者及其家庭的关怀救助，健全艾滋病检测监测体系等。

2. 疫苗研究 迄今还没有一种疫苗可以比较理想地控制 HIV 感染。

3. 抗病毒治疗 目前，临床上用于治疗艾滋病的药物分为四类：核苷类反转录酶抑制剂；非核苷类反转录酶抑制剂；蛋白酶抑制剂及病毒包膜融合抑制剂等。将核苷类和(或)非核苷类反转录酶抑制剂与蛋白酶抑制剂组合成二联或三联疗法的高效抗反转录病毒治疗(highly active anti-retroviral therapy，HAART)(俗称鸡尾酒疗法)能有效地抑制 HIV 复制并且延长患者的存活期。但 HAART 不能将患者体内的 HIV 彻底清除。

二、人类嗜 T 淋巴细胞病毒

（一）传播途径

HTLV-Ⅰ可通过输血、共用注射器或性交等方式传播，亦可经胎盘、产道或哺乳等途径将病毒传给婴儿。

（二）所致疾病

该病毒除引起成人 T 淋巴细胞白血病外，尚能引起热带下肢痉挛性瘫痪。

（吴健桦　凌　虹）

第三十章　疱疹病毒

教学要求

（1）掌握单纯疱疹病毒的血清型与致病性，水痘-带状疱疹病毒的血清型与致病性，巨细胞病毒的生物学特点与先天性感染，EB病毒的致病性。

（2）熟悉疱疹病毒的共同特点，单纯疱疹病毒、水痘-带状疱疹病毒的防治原则，巨细胞病毒的微生物学检查，EB病毒与宿主细胞的关系。

（3）了解EB病毒的抗原、微生物学检查和防治原则，感染人类的其他疱疹病毒种类及所致疾病。

教学要点

[学习引导]

（1）单纯疱疹病毒有哪些血清型，致病特点如何？

（2）引起水痘和带状疱疹的病原体是什么？致病和临床表现有何不同？

（3）巨细胞病毒研究致病性有何重要意义？

（4）EBV感染引起哪些疾病？

（5）疱疹病毒感染的特点是什么？

疱疹病毒（herpesviruses）根据其理化性质分为α、β、γ三个亚科。α疱疹病毒（如单纯疱疹病毒、水痘-带状疱疹病毒）宿主范围广，增殖速度快。β疱疹病毒（如巨细胞病毒）宿主范围较窄，生长周期长。γ疱疹病毒（如EB病毒），感染的靶细胞是主要是B淋巴细胞。

人类疱疹病毒（human herpes viruse，HHV）的共同特点如下。

（1）疱疹病毒的病毒体呈球形，直径150～200nm，核衣壳二十面体立体对称。基因组由线性双股DNA组成。核衣壳周围有一层由结构蛋白无定形聚集而成的内膜（tegument）。最外层为包膜（envelope）。

（2）人疱疹病毒在核内复制，病毒基因编码多种参与病毒复制的酶类，如DNA多聚酶和胸苷激酶，两种酶亦是抗病毒药物的作用靶点。感染细胞后可出现包涵体（inclusion body）及多核巨细胞等细胞病变。病毒可通过细胞间桥感染邻近细胞，进行蔓延。

（3）病毒感染宿主细胞，可引起多种感染类型，表现为溶细胞性感染，潜伏感染和细胞永生化。潜伏感染（latent infection）为重要特征之一。

一、单纯疱疹病毒

（一）生物学性状

单纯疱疹病毒（herpes simplex virus，HSV）有两个血清型，即HSV-1和HSV-2，两型间有共同抗原，也有特异性抗原。

（二）致病性

1. 传染源　患者和健康带毒者。

2. 传播途径 主要通过直接密切接触和性接触传播，也可经呼吸道传播。HSV 经口腔、呼吸道、生殖道黏膜和破损皮肤等多种途径侵入机体。

3. 致病性 常见的临床表现是黏膜或皮肤局部集聚的疱疹，偶尔也可发生严重甚至致死的全身性疾病。

(1) 原发感染：初次感染约 90% 无临床症状，多为隐性感染。HSV-1 原发感染常见龈口炎即在口颊黏膜和齿龈处发生成群疱疹。此外可引起唇疱疹、湿疹样疱疹、疱疹性角膜炎、疱疹性脑炎等。HSV-2 的原发感染主要引起生殖器疱疹，男性表现为阴茎的水疱性溃疡损伤，女性为宫颈、外阴、阴道的水疱性溃疡损伤。

(2) 潜伏与再发感染：原发感染后，部分病毒可沿神经髓鞘到达三叉神经节(HSV-1)和脊神经节(HSV-2)细胞中，以潜伏状态持续存在，不引起临床症状。当机体发热、受寒、情绪紧张、使用激素或遭受某些细菌、病毒感染时，潜伏的病毒激活增殖，沿神经纤维索下行至感觉神经末梢，至附近表皮细胞内继续增殖，引起复发性局部疱疹。其特点是每次复发病变往往发生于同一部位。

(3) 先天性及新生儿感染：可通过胎盘、产道传播。

(三) 防治原则

无可使用疫苗。若孕妇产道 HSV-2 感染，可剖宫产。阿昔洛韦(ACV)对单纯疱疹病毒感染有很好效果。

二、水痘-带状疱疹病毒

(一) 生物学形状与血清型

水痘-带状疱疹病毒(Varicella-Zoster virus, VZV)基本性状与 HSV 相似，只有一个血清型。

(二) 致病性

人是 VZV 唯一的自然宿主，皮肤是病毒的主要靶器官。

1. 水痘 是具有高度传染性的儿童常见病，好发于 2~6 岁，主要传染源是患者，病毒经呼吸道、口、咽、结膜、皮肤等处侵入人体。经 2~3 周潜伏期后，全身皮肤广泛发生丘疹，水疱疹和脓疱疹。水痘消失后不遗留瘢痕，病情一般较轻，但偶有并发间质性肺炎和感染后脑炎。成人水痘症状较严重，常并发肺炎，死亡率较高。如孕妇患水痘除病情严重外，并可导致胎儿畸形、流产或死亡。

2. 带状疱疹 常见于中老年人或有免疫缺陷和免疫抑制患者，是由潜伏在体内的 VZV 被激活所致。儿童时期患过水痘愈合后，病毒潜伏在脊髓后根神经节或颅神经的感觉神经节中，当机体受到某些刺激或细胞免疫功能损害或低下时，潜伏病毒激活，沿感觉神经轴索下行到达该神经所支配的皮肤细胞内增殖，在沿感觉神经的通路发生串联的水疱疹，形似带状。多发生于腰腹和面部。1~4 周局部痛觉非常敏感，有剧痛。并发症有脑脊髓炎和眼结膜炎等。

(三) 防治原则

水痘病毒减毒活疫苗效果良好。含特异抗体的水痘-带状疱疹免疫球蛋白有预防效果。

有效的抗病毒药物如阿昔洛韦等主要用于治疗免疫功能低下水痘患者和带状疱疹。

三、巨细胞病毒

（一）生物学性状

巨细胞病毒（cytomegalovirus，CMV），病毒感染的宿主范围和细胞范围较狭窄，对宿主或培养细胞有高度的种特异性。人巨细胞病毒（HCMV）体外培养只能在人成纤维细胞中增殖，且增殖缓慢，复制周期长。产生细胞病变的特点是细胞肿大、变圆，核变大，核内出现周围绕有一轮“晕”的大型嗜酸性包涵体，宛如“猫头鹰眼”状。

（二）致病性

CMV 在人群中感染非常广泛，常呈隐性感染，多数感染者无临床症状，但在一定条件下侵袭多个器官和系统可产生严重疾病。病毒可侵入肺、肝、肾、唾液腺、乳腺及其他腺体，以及多核白细胞和淋巴细胞，可长期或间断地通过体液排出病毒。经口腔、生殖道、胎盘、输血或器官移植等多途径传播。

1. 先天性感染 妊娠母体 CMV 感染可通过胎盘侵袭胎儿引起先天性感染，少数造成早产、流产、死产或生后死亡。孕妇原发感染常引起胎儿和新生儿严重疾病。

2. 儿童及成人感染 通常为亚临床型，也能引起单核细胞增多症。妊娠、接受免疫抑制治疗、器官移植、肿瘤等因素可激活潜伏的单核细胞、淋巴细胞中的病毒，引起单核细胞增多症、肝炎、间质性肺炎、视网膜炎、脑炎等。

3. 细胞转化与致癌潜能 在某些肿瘤如宫颈癌、结肠癌、前列腺癌、Kaposi 肉瘤中 CMV DNA 检出率高，CMV 抗体滴度亦高于正常人，提示 CMV 具有潜在致癌可能。

（三）微生物学检查

1. 细胞学检查 唾液、尿液、子宫颈分泌液等标本离心沉淀，将脱落细胞用姬姆萨染色镜检，检查巨大细胞及核内和质内嗜酸性包涵体，可做初步诊断。

2. 病毒分离 将标本接种于人胚肺纤维母细胞中，培养后检测 CMV。

3. 免疫学检测

（1）抗体检测：适用于早期感染和流行病学调查。

（2）抗原检测：检测细胞内 CMV 蛋白抗原，可用于快速诊断。

4. 核酸检测

四、EB 病毒

（一）EB 病毒（Epstein-Barr virus，EBV）的抗原系统

1. 潜伏期抗原（latent phase antigen）

（1）EBV 核抗原（EB nuclear antigen，EBNA）：在感染的 B 淋巴细胞核内。

（2）潜伏感染膜蛋白（latent membrane proteins，LMP）：表达于 B 淋巴细胞膜表面。

2. 增殖期表达的抗原

（1）早期抗原（early antigen，A）：为非结构蛋白，其表达表明病毒增殖活跃。

（2）衣壳抗原（viral capisd antigen，VCA）。

(3) 膜抗原(membrane antigen,MA):为病毒增殖后期合成的结构蛋白,是中和性抗原,能诱导生成中和抗体。

(二) EB病毒与宿主细胞的关系

1. 增殖性感染 感染B淋巴细胞后,在细胞内进行病毒复制,最终细胞发生溶解或死亡。

2. 非增殖性感染

(1) 潜伏感染:EBV感染B淋巴细胞后,多数细胞中的病毒基因组处于潜伏状态。带有EBV基因组的B淋巴细胞可获得在组织培养中长期生长和增生的能力,这一过程称为"转化"或"永生化"。在一定条件或某些诱导因子作用下,细胞中潜伏感染的EBV基因组被激活而表达,转为增殖性感染。

(2) 恶性转化:受EBV感染和转化的B淋巴细胞,在不断分裂与增殖过程中,极个别细胞可发生染色体易位等异常变化,导致这些细胞转化为恶性肿瘤细胞。

(三) 致病性

1. 传播途径 病毒主要通过唾液传播,也可经输血传染。

2. 致病性

(1) 传染性单核细胞增多症(infectious mononucleosis):一种急性淋巴组织增生性疾病。多见于青春期初次感染EBV后。临床表现多样,典型症状为发热、咽炎和颈淋巴结肿大。

(2) 非洲儿童恶性淋巴瘤(即Burkitt' s淋巴瘤):多见于5~12岁儿童,发生于中非新几内亚和美洲温热带地区呈地方性流行。好发部位为颜面、腭部。所有患者血清含EBV抗体,其中80%以上滴度高于正常人。

(3) 鼻咽癌(nasopharyngeal carcinoma,NPC):是与EBV密切相关的一种常见上皮细胞恶性肿瘤。中老年多见。NPC活检组织中均检出病毒的基因组DNA和EBNA表达;患者血清中有高效价的EBV特异性VCA-IgA或EA-IgA,这种抗体往往出现于临床肿瘤表现前。

(4) 霍奇金病(Hodgkin' s disease):是一种恶性淋巴瘤。EBV与50%的霍奇金病有关。

免疫缺陷患者易发生EBV感染诱发的淋巴增生疾病,并可致死。

五、其他疱疹病毒

其他疱疹病毒的种类及其所致的主要疾病见表30-1。

表30-1 其他人类疱疹病毒的种类及其所致的主要疾病

正式命名	常用名	潜伏部位	所致疾病
人类疱疹病毒6型(HHV-6)	人类疱疹病毒6型	T淋巴细胞	婴儿急疹
人类疱疹病毒7型(HHV-7)	人类疱疹病毒7型	T淋巴细胞	婴儿急疹
人类疱疹病毒8型(HHV-8)	人类疱疹病毒8型	B淋巴细胞	Kaposi肉瘤

(吴健桦 王 玲)

第三十一章　黄病毒与出血热病毒

教学要求

(1) 掌握流行性乙型脑炎病毒的传播途径和防治原则、汉坦病毒的流行环节。

(2) 熟悉黄病毒的共同特点，流行性乙型脑炎病毒的致病性与免疫性，登革病毒的致病性与免疫性，汉坦病毒的形态结构、培养特性、抗原分型及致病(肾综合征出血热)与免疫，克里米亚-刚果出血热病毒(新疆出血热病毒)的流行。

(3) 了解黄病毒感染的临床表现，流行性乙型脑炎病毒的生物学特性、微生物学检查法，登革病毒的生物学特性、微生物学检查法和防治原则，肺综合征、汉坦病毒的微生物学检查和防治原则，埃博拉病毒、克里米亚-刚果出血热病毒(新疆出血热病毒)。

教学要点

[学习引导]

(1) 引起人类感染的主要黄病毒有哪些？其共同特点是什么？

(2) 乙型脑炎的流行特点有哪些？预防乙型脑炎的关键措施有哪些？

(3) 肾综合征出血热病毒的致病性及典型临床表现是什么？怎样有效控制其流行？

(4) 我国常见的出血热病毒有哪些？哪些动物是重要的传染源？

一、黄　病　毒

黄病毒属(Flavivirus)是一大群通过吸血的节肢动物(蚊、蜱、白蛉等)传播，具有包膜的单正链 RNA 病毒。在我国，黄病毒的主要成员有乙型脑炎病毒、森林脑炎病毒和登革病毒。

黄病毒的共同特性：①病毒呈球状，直径为 40~70nm，核衣壳二十面体对称，有包膜，其上有刺突；②病毒核酸为单正链 RNA；③对热、脂溶剂和去氧胆酸钠敏感，在 pH 3~5 条件下不稳定；④有较广的宿主范围，节肢动物(蚊、蜱、白蛉等)是传播媒介，又是储存宿主；⑤致病具有明显的季节性和地方性，主要引起发热、脑炎、出血热等。

(一) 流行性乙型脑炎病毒

流行性乙型脑炎病毒(Japanese encephalitis virus，JEV)又称乙脑病毒，乙脑病毒的传播媒介是蚊。

1. 流行环节　蚊可携带乙脑病毒越冬，并经卵传代，故蚊不仅是传播媒介，也是病毒的长期储存宿主。

乙脑的主要传染源是家畜和禽类，包括猪、牛、羊、马、犬、鸡、鸭、鹅和鸟类等。动物感染后并不出现明显症状，但有持续几天的病毒血症。蚊感染病毒后叮咬猪等家畜或禽类，可形成蚊→动物→蚊的不断循环。其间若叮咬易感的人则可引起人体感染。幼猪是乙脑病毒传播环节中最重要的中间宿主或扩散宿主。

2. 致病性与免疫性　人群对乙脑病毒普遍易感，多为隐性感染。感染后出现两次病毒血症，引起发热、寒冷、头痛等流感样综合征。极少数病毒穿过血脑屏障侵入脑组织，损伤脑实质和脑膜，表现为高热、剧烈头痛、频繁呕吐、惊厥或昏迷等严重的中枢神经系统症状，死亡率高达 10%。部分患者恢复后有后遗症。病后机体获得牢固的免疫力。

3. 微生物学检查法　接种敏感细胞或乳鼠脑内接种可分离病毒。检测患者血液及脑脊液中乙脑病毒抗原和检测患者血清或脑脊液中的特异性 IgM 抗体，均可作为早期诊断的指标。

4. 预防　预防乙型脑炎的关键是防蚊、灭蚊、人群免疫和动物管理。在易感人群(9 个月至 10 岁儿童)中大规模进行乙脑疫苗接种。流行区的幼猪接种疫苗。

(二) 登革病毒

1. 传播途径　人和灵长类动物体是主要储存宿主，通过埃及伊蚊和白纹伊蚊等传播，引起猴↔蚊↔人的循环传播途径。

2. 致病性　登革病毒(dengue virus)感染人体后可先在毛细血管内皮细胞和单核细胞中增殖，经血流扩散形成病毒血症，引起登革热 DF。临床上分为普通型登革热和登革出血热/登革休克综合征(DHF/DSS)两个类型。前者病情较轻，后者病势较重。登革出血热/登革休克综合征通常发生于过去已有登革病毒感染，再次感染的儿童或成人。发病的严重程度与再次感染不同血清型的登革病毒有密切关系。目前认为初次感染登革病毒后诱生的抗体对再次感染的不同血清型登革病毒，可发生抗体依赖的促进病毒感染的作用(ADE)。

3. 无有效的疫苗和抗病毒药物。

(三) 森林脑炎病毒

蜱是传播媒介，亦是储存宿主。此病在自然界动物中间循环，易感人群进入林区被蜱叮咬而感染。病毒侵犯中枢神经系统，引起脑膜炎、脑脊髓炎和脊髓炎，病死率约 30%。病后免疫力持久。

二、出血热病毒

一些由节肢动物或啮齿类动物等传播、具有出血和发热等症状的病毒感染症称为病毒性出血热(viral hemorrhagic fever)。引起出血热的病原体称为出血热病毒(hemorrhagic fever virus)，分属于 5 个病毒科，均为自然疫源性疾病。在我国主要有汉坦病毒(hantavirus)、新疆出血热病毒及埃博拉病毒(Ebola virus)等。

(一) 汉坦病毒

1. 生物学特性　病毒呈圆形、椭圆形或多形态性，单股负链 RNA，有长、中、短三个片段，有包膜。

可将汉坦病毒分为 14 个不同的型别。与人类疾病关系密切的病毒分为 6 个血清型。我国流行的为Ⅰ型、Ⅱ型和Ⅲ型。

2. 传播途径　姬鼠属、家鼠属等是主要传染源。携带病毒的宿主通过排泄物、分泌物及其所形成的气溶胶污染环境，人或动物经呼吸道、消化道、感染皮肤伤口接触等方式被传染。

3. 致病性与免疫性

(1) 肾综合征出血热(hemorrhagic fever with renal syndrome，HFRS)：以高热、出血、肾损

害和免疫功能紊乱为突出表现。典型的临床经过分为五期：发热期、低血压期、少尿期、多尿期和恢复期。

(2) 汉坦病毒肺综合征(hantavirus pulmonary syndrome, HPS)：以双侧肺弥漫性浸润、间质水肿并迅速发展为呼吸窘迫、衰竭为特征，病死率较高，主要在北美流行。

感染后可获持久免疫力。

4. 防治原则 防鼠灭鼠及加强实验动物的管理；加强个人防护，避免呼吸道及接触感染。目前我国已研制成功灭活疫苗。

(二) 克里米亚-刚果出血热病毒(新疆出血热病毒)

硬蜱为主要传播媒介，野生啮齿动物如鼠、兔及羊、骆驼、牛、马等家畜是主要的储存宿主。通过带病毒硬蜱叮咬或与感染动物或其分泌物接触感染。

(三) 埃博拉病毒

埃博拉病毒引起的埃博拉出血热(Ebola hemorrhagic fever, EBHF)是一种人和灵长类动物的严重出血性疾病，死亡率高。1976 年首次在扎伊尔埃博拉河流域暴发流行，动物或患者的血液或体液、呕吐物、排泄物等均具有高度的传染性。

(张湘燕　李淑英)

第三十二章　人乳头瘤病毒

教学要求

（1）熟悉人乳头瘤病毒(human papillomavirus,HPV)生物学特性、所致疾病及与宫颈癌的关系。

（2）了解人乳头瘤病毒免疫性、微生物学检查。

教学要点

[学习引导]

人乳头瘤病毒所致疾病有哪些？与宫颈癌相关的型别有哪几种？

人乳头瘤病毒

1. 生物学性状　HPV 呈球形，二十面立体对称，无包膜，双链环状 DNA。

2. 致病性　HPV 的传播主要通过直接接触感染者的病损部位或间接接触被病毒污染的物品、性交传播等。新生儿可在通过产道时受感染。病毒感染仅停留于局部皮肤和黏膜中，不产生病毒血症。不同型的 HPV 侵犯的部位和所致疾病也不尽相同(表 32-1)。近年研究表明，HPV-16、18、31 和 33 等型别可引起宫颈癌。

表 32-1　HPV 型别与人类疾病的关系

HPV 型别	相关疾病
1	跖疣
2、4	寻常疣
3、10	扁平疣
5、8、17、20、36	疣状表皮增生异常
6、11	喉乳头瘤、口腔乳头瘤
6、11	尖锐湿疣
16、18	宫颈上皮内瘤与宫颈癌

3. 预防　预防宫颈癌的 HPV 病毒样颗粒(VLP)疫苗已上市。

（张湘燕　陈　洪）

第三十三章　狂犬病毒

教学要求

（1）掌握狂犬病病毒（rabies virus，RV）的感染途径与预防原则。

（2）熟悉狂犬病病毒的生物学特性、致病性与免疫性、微生物学检查法。

教学要点

［学习引导］

（1）狂犬病的防治原则是什么？

（2）内基小体在狂犬病的诊断中有何价值？

狂犬病病毒

1. 生物学性状　属于弹状病毒科狂犬病毒属。病毒外形似子弹状，中心为螺旋形对称的核衣壳，单负链RNA。有包膜，表面嵌有糖蛋白（G蛋白）刺突。病毒在易感动物或人的中枢神经细胞，主要是大脑海马回的锥体细胞中增殖时，可以在胞质内形成一个或多个圆形或椭圆形的嗜酸性包涵体，称内基小体（Negri body）。通过检查动物或人脑组织标本中的内基小体，可以辅助诊断狂犬病。

2. 致病性与免疫性　狂犬病病毒能感染多种动物，如犬、猫等家畜及狼、狐狸、蝙蝠等野生动物。

人患狂犬病主要是被患病动物咬伤、抓伤所致，但亦可因破损皮肤黏膜接触含病毒材料而致感染。病毒大量存在于患病动物唾液中。潜伏期一般为1～3个月，进入体内的病毒在肌纤维细胞中增殖，由神经末梢沿神经轴索上行至中枢神经系统，在神经细胞内增殖并引起中枢神经系统损伤，然后又沿传出神经扩散至唾液腺和其他组织。人发病时的典型临床表现是神经兴奋性增高，吞咽或饮水时喉头肌肉发生痉挛，甚至闻水声或其他轻微刺激均可引起痉挛发作，故又称恐水病。无特异治疗方法，病死率几乎达100%。

3. 微生物学检查法　人被犬或其他动物咬伤后，检查动物是否患有狂犬病。将动物捕获隔离观察，若经7～10天不发病，一般可认为该动物未患狂犬病或咬人时唾液中尚无狂犬病病毒。若观察期间发病，即将其杀死，取脑海马回部位组织涂片，用免疫荧光抗体法检查病毒抗原，同时作组织切片检查内基小体。对狂犬病患者的生前诊断可取唾液沉渣涂片、睑及颊皮肤活检，用免疫荧光抗体法检查病毒抗原。应用RT-PCR法检测标本中的狂犬病病毒RNA。

4. 预防原则　捕杀野犬，加强家犬管理，注射犬用疫苗，是预防狂犬病的主要措施。可以狂犬病灭活疫苗进行特异性预防。人被动物咬伤后，应及时清创，及早接种疫苗并注射抗狂犬病病毒血清。

（张湘燕　陈　洪）

第三十四章　痘病毒和细小病毒

教学要求

（1）熟悉人类细小病毒 B19(human parvovirus B19,B19)的形态结构。

（2）了解痘病毒的生物学特性、致病性与免疫性。

教学要点

[学习引导]

（1）如何预防痘病毒的感染?

（2）细小病毒有何致病性?

一、痘　病　毒

痘病毒(poxviruses)呈圆角砖形或卵圆形,外层双层脂蛋白包膜。病毒基因组为线形dsDNA。痘病毒科(Poxviridae)分成两个亚科。对人类危害最严重的是正痘病毒属的天花病毒(smallpox virus)。虽然天花病毒被消灭了,但其他一些痘病毒包括牛痘病毒(cowpox virus)、猴痘病毒(monkeypox virus)、人传染性软疣病毒等亦能引起人类疾病,有些甚至引起天花样的疾病流行。

除天花病毒和软疣病毒是人类特有的病毒外,其他感染人的痘病毒均为人畜共患病原体。大多数通过直接接触或吸入传播,引起皮肤痘疱样损害,少数引起严重的甚至致死性的全身感染。猴痘病毒主要感染未接种牛痘疫苗的儿童,主要通过直接接触感染的动物而传播。起病后表现为发热、乏力、头痛、肌肉痛、淋巴结肿大。一般在 3 日内头面、躯干或四肢皮肤出现水疱疹,逐渐发展为脓疱疹,最后干燥结痂,病程 2~4 周。

二、人类细小病毒 B19

1. 形态结构　B19 病毒呈球形,无包膜,直径 20~26nm。衣壳二十面体立体对称,单链DNA,编码两种衣壳蛋白和一种非结构蛋白。

2. 致病性

（1）传播途径:感染多发生于学龄儿童。主要通过呼吸道传播,也可通过血制品或输血传播。妊娠妇女感染后可通过胎盘传给胎儿。

（2）致病性:30%~40%的感染者可无临床症状。病毒在骨髓中的红系前体细胞中增殖,产生溶细胞感染而导致红细胞生成障碍。病毒与抗体在血循环中形成的免疫复合物可引起面颊及四肢皮肤的红斑性斑丘疹,即传染性红斑(erythema infection,EI)。成人感染可致多发性关节炎。慢性溶血性贫血患者发生 B19 病毒感染后,可促发严重的再生障碍性贫血危象。血清抗体阴性的孕妇发生 B19 病毒感染后,可引起严重贫血及流产。

（张湘燕　张文军）

第三十五章 朊　　粒

教学要求

(1) 熟悉朊粒的生物学特性和致病性。

(2) 了解朊粒的诊断与防治。

教学要点

[学习引导]

(1) 什么是朊粒(prion)?

(2) 朊粒导致的人和动物疾病有哪些?这些疾病的共同特点是什么?

(3) 怎样预防 prion 病?

朊粒(prion 或 prion protein,PrP)又称传染性蛋白粒子,至今未能查到任何核酸。它具有传染性,潜伏期较长,在人和动物中引起以海绵状脑病为特征的致死性中枢神经系统的慢性退化性疾患。

一、生物学特性

朊粒是一种特殊的蛋白质,且具有传染性,由正常宿主细胞基因编码产生的构象异常的蛋白质 PrP,人朊粒蛋白基因定位于 20 号染色体短臂上。

细胞朊蛋白(PrP^{C})是神经元普遍显著表达的糖蛋白,无致病性。

羊瘙痒病朊蛋白(serapie prion protein,PrP^{SC})具有 4 个 β-折叠和 2 个 α-螺旋结构;由无毒的 PrP^{C}转变而来,有毒性和对蛋白酶的抗性,具有致病性和传染性。

二、致　病　性

由于 PrP^{C}发生结构改变,最终使 PrP^{SC}大量复制、增殖、聚集,并沉积于脑组织中,引起神经细胞空泡变性等病变而造成海绵状脑病。重要的疾病有羊瘙痒病、牛海绵状脑病(bovine spongiform encephalopathy, BSE)、库鲁病(kuru disease)、克-雅病(Creutzfeld-Jakob disease,CJD))等。这些疾病的共同特点如下。

(1) 潜伏期长、可达数月至数年甚至数十年。

(2) 一旦发病呈慢性、进行性,以死亡告终。

(3) 病理学特征是脑皮质神经元空泡变性、死亡、缺失,而星形(小胶质)细胞高度增生。脑皮质疏松呈海绵状,并有淀粉样斑块形成,HE 染色淡红色,脑组织中无炎症反应。

(4) 不能诱导产生特异性免疫应答。

(5) 患者以痴呆、共济失调、震颤等为主要临床表现。

三、微生物学检查

电子显微镜检查、神经病理学检查和免疫学方法检测 PrP^{SC}。

四、防 治 原 则

1. 医源性 prion 病的预防　防止经献血或捐献器官传播,防止因外科手术等而引起医源性感染。严禁 prion 病患者及任何退行性中枢神经系统疾病患者捐献组织器官。医护人员及实验室研究人员应严格遵守安全操作规程,加强防范意识,注意自我保护。

2. BSE 及 vCJD 的预防　禁止用牛羊等反刍动物的骨肉粉作为饲料添加剂喂养牛等动物,以防止病原因子进入食物链。对从有 BSE 的国家进口的活牛(包括胚胎)及其制品,必须严格地进行特殊检疫及进行全面追踪调查,以加强监测工作,防止输入性感染。

(张湘燕　王红莹)

第三十六章　真菌学概述

教学要求

(1) 掌握真菌的定义、形态结构和培养特性。

(2) 熟悉真菌感染的临床类型、免疫性、防治原则和真菌感染的微生物学检查。

(3) 了解真菌的抵抗力、与医学有关真菌的分类。

教学要点

[学习引导]

(1) 什么是真菌？其形态结构如何？

(2) 培养真菌常用的培养基是什么？培养条件有何特点？形成几种菌落？

(3) 真菌如何引起疾病？

(4) 如何进行微生物学检查？

真菌(fungus)是一类真核细胞型生物，具有细胞核和完善的细胞器，但不含叶绿素。仅少数可引起真菌病(mycosis)。真菌细胞壁中不含肽聚糖，其主要成分为几丁质和葡聚糖。另外，真菌细胞膜中主要含麦角固醇，不同于人类细胞膜中的胆固醇。

一、生物学性状

(一) 形态与结构

1. 单细胞真菌(酵母 yeast)　呈圆形或卵圆形。

2. 多细胞真菌(霉菌 mold)　由菌丝(hypha)和孢子(spore)组成。

(1) 菌丝：大多数霉菌在适宜培养基上生长时能长出中空、细长的微管，称菌丝，菌丝又能长出许多分枝，交织成团，称菌丝体(mycelium)。伸入培养基中吸取营养的部分称营养菌丝体，突出于培养基表面生长部分称气生菌丝体，其中产生孢子的则称为生殖菌丝体。气生菌丝体常带有许多孢子。

大部分菌丝间隔一定空间距离有横膈，称隔膜。有隔膜的菌丝称为有隔菌丝。有些真菌菌丝中无横膈，一条菌丝即为一个细胞，其中可含多个细胞核，无隔膜的菌丝称为无隔菌丝。不同的霉菌可有不同形态的菌丝，有助于鉴别不同种类的霉菌。

(2) 孢子：是真菌的繁殖器官，一条菌丝上可长出多个孢子，在环境条件适宜时，孢子又可伸出芽管，发育成菌丝体。真菌孢子易于传播，它们对不利环境的抵抗力要强于菌丝体，因此孢子大大增强了真菌的生存能力。但真菌孢子的抵抗力又明显弱于细菌的芽胞，它们于60~70℃短时间加热即可死亡。

真菌孢子可分为有性孢子和无性孢子。

(二) 培养特性

大多数真菌是需氧菌，少数属兼性厌氧菌。对营养要求不高，在一般培养基上均能生长。实验室常用含有蛋白胨、葡萄糖和琼脂的沙保(Sabouraud)培养基。最适酸碱度为 pH

4.0~5.0,培养浅部真菌的最适温度为22~28℃,但某些深部真菌在37℃生长最好。真菌培养亦需较高的湿度与氧。真菌的繁殖能力强,但生长速度比细菌慢,常需1~4周才能形成菌落。真菌的菌落有三种类型。

1. 酵母型菌落(yeast type colony)　多数单细胞真菌的菌落特征,类似细菌菌落,但菌落体积较大。一般为光滑、湿润、柔软、边缘整齐、不透明、乳白色的圆形菌落。

2. 类酵母型菌落(yeast-like type colony)　类似酵母型菌落,但有假菌丝伸入培养基中。

3. 丝状菌落(filamentous type colony)　为多细胞真菌的菌落特征。菌落较大,由疏松的菌丝体构成。菌落可呈棉絮状、绒毛状或粉末状等。丝状菌落的形态、结构和颜色在鉴定真菌时有重要参考价值。

(三) 真菌的抵抗力

真菌的菌丝和孢子均不耐热,对干燥、紫外线和多种化学消毒剂耐受性较强,但对1%~3%苯酚、2.5%碘酒、2%结晶紫和10%甲醛液则较敏感。真菌对常用抗细菌的抗生素不敏感,但制霉菌素、两性霉素B等对多种真菌有抑制作用。

二、真菌的致病性

(一) 致病性真菌感染

致病性真菌感染主要是外源性侵袭机体而致病,包括皮肤、皮下组织真菌感染和全身或深部真菌感染。

(二) 条件致病性真菌感染

条件致病性真菌感染主要是一些内源性真菌引起,多发生在机体免疫力降低时。

(三) 真菌中毒症

某些真菌可产生真菌毒素(mycotoxins),动物和人摄入后可引起急性或慢性中毒,称为真菌中毒症(mycotoxicosis)。

(四) 真菌毒素与肿瘤

已证实某些动物和人类肿瘤与真菌毒素有关,如黄曲霉毒素(AF),AF能诱导P53抑癌基因突变,导致P53蛋白缺失,使肝细胞生长失控,引发肝癌。

(五) 真菌超敏反应性疾病(略)

三、抗真菌感染免疫

(一) 天然免疫

完整的皮肤黏膜屏障可有效阻挡真菌及其孢子的侵入;皮脂腺分泌的脂肪酸有杀真菌的作用;正常菌群也有拮抗真菌的作用;中性粒细胞具有吞噬和杀灭真菌的作用;巨噬细胞在抗真菌感染中也有一定作用,但不如中性粒细胞。

(二) 获得性免疫

真菌感染可诱导机体产生特异性细胞免疫和体液免疫,其中又以细胞免疫为主。特异性细胞免疫中 $CD4^+$T 淋巴细胞产生并释放 IFN-γ 和 IL-2 等细胞因子,激活巨噬细胞、NK 细胞和 CTL 等,参与对真菌的杀灭。

四、真菌感染的微生物学检查

(一) 标本的采集

浅部感染真菌的检查可取皮屑、毛发、指(趾)甲屑等标本。深部感染真菌的检查可根据病情取痰、血液、脑脊液、淋巴结穿刺液等标本。

(二) 直接显微镜检查

将皮屑、毛发、指(趾)甲屑等标本置载玻片上,滴加 10% KOH 少许,然后在低倍或高倍镜下检查菌丝和孢子。

(三) 分离培养

接种于含放线菌酮(抑制腐生真菌生长)和氯霉素(抑制细菌生长)的沙保培养基(隐球菌对这两种药物敏感,应避免使用)。培养时放置 25~28℃温箱数日至数周,然后观察菌落特征。为观察自然状态下真菌的形态结构,必要时可做玻片小培养。

(四) 真菌抗原和抗体的检测

对深部感染真菌有辅助诊断意义。

(五) 核酸检测

略。

(六) 真菌毒素检测

略。

五、真菌感染的防治原则

真菌感染目前尚缺乏特异性预防方法。主要注意清洁卫生,避免与患者及污染的物品直接接触。保持鞋袜干燥,防止真菌孳生。引起深部感染的真菌多为条件致病菌,故预防措施主要是提高机体抵抗力,应避免滥用抗生素、激素和免疫抑制剂。

抗真菌药物主要有:多烯类药物,两性霉素 B 和制霉菌素;吡咯类药物,如酮康唑、克霉唑等;核苷类药物,如 5-氟胞嘧啶等。

(沈大康　袁红英)

第三十七章　主要致病性真菌

教学要求

（1）掌握白假丝酵母、新生隐球菌和皮肤癣菌的致病性。

（2）熟悉白假丝酵母、新生隐球菌的生物学性状及微生物学检查。

（3）了解表面感染真菌、皮肤癣菌的生物学性状，皮下感染真菌和地方性致病真菌。

教学要点

［学习引导］

（1）致病性真菌可分哪几类？

（2）皮肤感染真菌有哪些，致病有何特点？

（3）白假丝酵母和新生隐球菌常引发哪些疾病？

根据感染部位和临床表现，致病性真菌可分为两大类：浅部感染真菌和深部感染真菌。

一、浅部感染真菌

（一）感染真菌

1. 表面感染真菌（superficial mycoses）　主要侵犯人体皮肤浅表的角质层和毛干，引起慢性、轻微症状或无症状的感染，一般仅影响美观，而不造成宿主身体不适。由于这类真菌不侵犯组织细胞，因此也不引起免疫应答。目前在我国最常见的是糠秕马拉色菌（*Malassezia furfur*），因该病与多汗有关，俗称“汗斑”。皮疹好发于躯干、上臂、腹部、面颈部，亦可累及臀部、腋窝及腹股沟等部位。皮损为粟粒、黄豆及到蚕豆大，圆形或不规则形斑疹，其上有时可见细小糠秕样鳞屑，由于色素变化，病变处颜色深浅不一，故称“花斑癣”。

2. 癣菌（*Dermatophytes*）　皮肤癣菌是仅侵犯皮肤表面角质化的组织而不感染深部组织，引起皮肤癣症的一类真菌。这类真菌中最重要的是毛癣菌（*Trichophyton*）、表皮癣菌（*Epidermophyton*）及小孢子癣菌（*Microsporum*）三个属（表37-1）。

表37-1　皮肤癣菌致病部位

	指（趾）甲	皮肤	毛发
毛癣菌属	+	+	+
皮肤癣菌	+	+	−
小孢子癣菌属	−	+	+

一种皮肤癣菌可在不同部位引起病变，相同部位的病变也可由不同的皮肤癣菌引起。

我国从患者分离的皮肤癣菌以红色毛癣菌为最多，其次为紫色毛癣菌、须毛癣菌和絮状表皮癣菌等，它们主要引起甲癣、手足癣和体癣。

（二）皮下组织感染真菌

引起皮下组织感染的真菌主要为孢子丝菌和着色真菌。它们均属于腐生性真菌，可经外伤感染侵入皮下。一般感染只限于局部，亦可经淋巴管或血行等途径缓慢向周围扩散。

二、深部感染真菌

深部感染或系统性感染真菌是一类侵犯深部组织和内脏甚至可引起全身性感染的真菌。它们主要引起慢性肉芽肿样炎症、溃疡及坏死等。

（一）地方性致病真菌

地方性致病真菌主要有组织胞质菌、粗球孢子菌、皮炎芽生菌和巴西副球孢子菌。这类真菌在正常人体内不存在，侵入机体后可导致疾病发生。它们的感染受地理、气候等条件的限制而仅限于世界的某些地区，我国均少见。

（二）机会致病性真菌

1. 白假丝酵母（*Candida albicans*）

（1）生物学特性：圆形或卵圆形，革兰染色阳性，着色不匀。以出芽方式繁殖，芽管延长不与母体脱离，形成假菌丝。在普通琼脂、血琼脂与沙保培养基上均生长良好，需氧。室温或37℃培养1～3天长出类酵母型菌落，有大量向下生长的假菌丝。用玉米培养基培养时易形成厚膜孢子。假菌丝和厚膜孢子具有诊断价值。

（2）致病性

1）皮肤和黏膜感染：皮肤感染好发于皮肤皱褶潮湿处。黏膜感染有鹅口疮、口角糜烂、外阴与阴道炎等，以鹅口疮最为多见，多发生于体质虚弱的初生婴儿，特别是人工喂养者，病灶表面为白斑，其下为坏死组织。外阴及阴道炎患者表现为患部痒、痛及局部黏膜白斑样变。细胞免疫缺陷患者可发生慢性皮肤黏膜念珠菌病。

2）内脏感染及中枢神经感染：机体抵抗力低下时，假丝酵母可经血流扩散至各种器官，引起肺炎、支气管炎、食管炎、肠炎、膀胱炎、肾盂肾炎和心内膜炎等；也可侵犯中枢神经系统，引起脑膜炎、脑膜脑炎、脑脓肿等。

（3）微生物学检查：脓、痰标本可直接涂片行革兰染色后镜检，皮肤、指（趾）先用10% KOH消化后镜检。镜下见到出芽的酵母及假菌丝，结合临床表现可做出诊断。观察在玉米粉培养中是否形成厚膜孢子也有助于区分白假丝酵母和其他假丝酵母。

2. 新生隐球菌（*Cryptococcus neoformans*） 在自然界分布广泛，特别是鸽粪中大量存在，故鸽子是重要的传染源。人因吸入鸽粪污染的空气而感染。

（1）生物学形状：圆形的酵母型菌，外周有较厚的荚膜，折光性强。常用印度墨汁作负染后镜检，可见外包一层透明的荚膜，荚膜可比菌体大1～3倍。在沙保和血琼脂培养基上，培养数天后即生成酵母型菌落，表面黏稠，由乳白色转变为橘黄色，最后成棕褐色。有的菌落日久液化，可以流动。根据其荚膜多糖抗原分为5个血清型。我国从临床分离的菌株主要为A型。

（2）致病性：一般是外源性感染，多经呼吸道吸入而进入人体，首先侵入肺部。大多情况下不引起明显症状，且能自愈，少数患者可引起支气管肺炎。该菌有肥厚的荚膜，是其重要致病物质。新生隐球菌一旦侵入血流可播散至全身各部位,特别是易侵犯中枢神经系统,引起亚急性或慢性脑膜炎。患者首先表现脑膜刺激症状、头痛、颈僵硬,病程进展缓慢,最后可发生瘫痪。隐球菌性脑膜炎常发生于 AIDS 患者、白血病患者等细胞免疫功能低下者。

(3) 微生物学检查:脓、痰标本可直接检查,脑脊液则离心取沉淀检查。标本加印度墨汁,在玻片上做负染后镜检,见出芽菌体外围有宽厚的荚膜,即可做出诊断。

3. 曲霉(*Aspergillus*) 为条件致病菌,其所致疾病称为曲霉病。人主要通过吸入空气中曲霉菌孢子而感染,故以肺部曲霉病多见。轻者仅引起支气管哮喘;重者引起肺组织坏死,形成脓肿和空洞,也可侵入血液播散至全身各器官。

4. 毛霉(*Mucor*)和根霉(*Rhizopus*) 均为腐生真菌。病原体通过空气中的无性孢子传播,主要侵犯机体免疫力极度低下者。

5. 卡氏肺孢菌(*Pneumocystis carinii*) 广布于自然界,可引起健康人的亚临床感染。但对一些先天免疫缺陷或因各种原因免疫功能低下的患者,可引起卡氏肺孢菌肺炎(*pneumocystis carinii pneumonia*)。

(沈大康 刘晓波)

第二部分　医学寄生虫学

第三十八章　寄生虫学概论

教学要求

(1) 掌握寄生虫与宿主的生物学类别,寄生虫病特点,寄生虫生活史与致病及临床症状、诊断、传播和防治的关系。

(2) 熟悉生物演化中的寄生现象,寄生虫和宿主之间的相互关系;宿主对寄生虫感染的免疫应答;寄生虫病病原学诊断与免疫学诊断基本概念及其应用原则。

(3) 了解寄生虫病流行的三个环节、影响流行的因素与防治原则;寄生虫病的现状及防治中存在的问题。

教学要点

[学习引导]

(1) 何谓人体寄生虫学?

(2) 寄生虫对人类的主要危害有哪些?

(3) 何谓寄生现象、寄生虫和宿主?

(4) 寄生虫和宿主的类型各有哪些?

(5) 何谓寄生虫生活史? 寄生虫生活史类型有哪些?

(6) 寄生虫和宿主的相互关系如何?

(7) 人体感染寄生虫后的免疫应答有哪些类型?

(8) 寄生虫的免疫逃避有哪几种机制?

(9) 寄生虫感染有何特点?

(10) 寄生虫病流行的基本环节是什么?

(11) 寄生虫病的主要传播途径有哪些?

(12) 寄生虫病的流行有何特点?

(13) 寄生虫病的防治原则是什么?

人体寄生虫学(human parasitology)或称医学寄生虫学(medical parasitology),是研究与人体有关寄生虫的形态结构、生态规律及其与人体和外界环境的相互关系,以及诊断、防治寄生虫病的一门科学。

一、寄生虫对人体的危害

TDR 要求大力防治的十大热带病中有 7 种为寄生虫病,包括疟疾(malaria)、血吸虫病(schistosomiasis)、丝虫病(filarasis,包括淋巴丝虫病和盘尾丝虫病)、利什曼病(leishmaniasis)和锥虫病(trypanosomiasis,包括非洲锥虫病和美洲锥虫病)。

寄生虫病流行现状如下。

(1) 在经济发达国家,寄生虫病是重要的公共卫生问题,机会性致病寄生虫病发病率高。

(2) 人类活动范围的扩大,造成寄生虫病及媒介节肢动物输入性问题日益严重。

(3) 土源性线虫感染率较十年前降低,食源性寄生虫病发病率增高。

(4) 人畜共患病防治难度增加。

二、寄生现象

在自然界,两种生物在一起生活的现象称为共生(symbiosis)。

1. 互利共生 两种生物生活在一起,双方互相依赖、受益,称之为互利共生(mutualism)。

2. 片利共生 两种生物生活在一起,其中一方受益,另一方既不受益亦不受害,双方的关系仅是空间或生态上的关系,这种关系称片利共生或称共栖(commensalism)。

3. 寄生生活 两种生物在一起生活,其中一方受益,另一方受害,受害的一方为受益的一方提供营养物质和居住场所,这种关系称为寄生(parasitism)。寄生、受益的一方称为寄生物。动物源性的寄生物称为寄生虫(parasite)。被寄生虫寄生、受害的一方称为宿主(host)。

三、寄生虫和宿主的类型

(一) 寄生虫的类型

按寄生部位的不同,分为体内寄生虫(endoparasite)和体外寄生虫(ectoparasite)。

按寄生时间的长短,可分为永久性寄生虫(permanent parasite)和暂时性寄生虫(temporary parasite 或 intermittent parasite)。

按寄生虫与宿主关系可分以下四类。

1. 专性寄生虫(obligate parasite) 生活史中的各个阶段或某一阶段必须营寄生生活的寄生虫,否则不能完成生活史而加以繁衍。

2. 兼性寄生虫(facultative parasite) 既能营自由生活,又能营寄生生活以完成发育繁衍,且自由生活和寄生生活可相互转换的寄生虫。

3. 偶然寄生虫(accident parasite) 某些寄生虫有其适宜宿主,但可因偶然机会进入非适宜宿主体内进行寄生。

4. 机会性致病寄生虫(opportunistic parasite) 在宿主体内通常处于隐性感染状态,宿主不出现临床症状;当宿主免疫功能低下时,可出现增殖且致病,出现相应临床表现,这类寄生虫称为机会性致病寄生虫,如贾第虫、弓形虫、隐孢子虫等。

(二) 宿主类型

1. 按寄生虫寄生于宿主的不同阶段分型

(1) 终宿主(definitive host):寄生虫的成虫期或有性生殖期所寄生的宿主。

(2) 中间宿主(intermediate host):寄生虫的幼虫期或无性生殖期所寄生的宿主,如有两个或两个以上中间宿主,则以寄生虫发育的先后顺序依次命名为第一、第二、第三中间宿主等。

2. 按宿主在寄生虫病传播流行中的作用分型

(1) 保虫宿主或储存宿主(reservoir host):有些寄生虫除寄生于人体外,尚能寄生于其他脊椎动物,这些脊椎动物在寄生虫病的传播流行中起着保存病原寄生虫的作用,在一定条件下,病原寄生虫又可感染人体,这类脊椎动物称为保虫宿主。

(2) 转续宿主(paratenic host or transport host):某些寄生虫的感染阶段幼虫进入非适宜宿主体内后,长期处于滞育状态而不能进一步发育至成虫,但一旦进入适宜宿主体内,便可继续发育为成虫,这种体内带有滞育状态幼虫的非适宜宿主称为转续宿主。

(3) 带虫者(carrier):体内有寄生虫寄生,但无临床症状者称为带虫者,是寄生虫病的重要传染源。

(4) 生物媒介(biological vector):某些生物能将病原体由一个宿主传给另一宿主造成感染的传播,这些生物称为生物媒介。

四、寄生虫的生活史

寄生虫完成一代生长、发育和繁殖的全过程称为生活史(life cycle),可分为两种。

1. 直接发育型 生活史不需要更换宿主。这些寄生虫在外界直接发育到感染阶段,主动或被动进入宿主体内而形成感染,一般以肠道寄生虫最为多见。

2. 间接发育型 生活史需要更换宿主,寄生虫在完成生活史过程中,除了需要终宿主之外,还需中间宿主。

生活史与临床医学和预防医学的关系:寄生虫生活史可分为感染阶段、人体内寄生阶段、排离人体阶段和在人体外发育阶段。这四个阶段与寄生虫对人体的感染、致病及寄生虫病诊断、治疗和预防密切相关。

五、寄生虫与宿主的相互关系

(一) 寄生虫对宿主的作用

(1) 夺取营养。
(2) 机械性损伤。
(3) 毒素作用。
(4) 免疫病理。

(二) 宿主对寄生虫的作用

寄生虫及其产物具有抗原性,能引起宿主的一系列防御反应,包括先天性免疫和获得性免疫。

(三) 寄生虫与宿主相互作用的结果

寄生虫与宿主相互作用一般会出现三种结果:①对宿主产生不同程度的损害,出现相应的病理变化和临床表现,引起寄生虫病;②宿主的免疫系统有效地控制了寄生虫感染,抑制、杀伤甚至清除了体内寄生虫,并对再感染具有一定的抵抗力;③寄生虫与宿主形成动态平衡,呈带虫状态或隐性感染状态。这种平衡是相对的,一旦宿主免疫功能下降,原本隐性感染状态下的寄生虫会重新对宿主造成损害。

六、寄生虫感染的免疫

(一) 免疫类型

1. 先天性免疫

2. 获得性免疫

(1) 消除性免疫(sterilizing immunity):这在寄生虫感染中较少见。宿主不但能清除体内寄生虫,而且对再感染产生完全抵抗力。

(2) 非消除性免疫(non-sterilizing immunity):这在寄生虫感染中多见。大多数寄生虫感染都可使宿主诱生一定程度的抗再感染的免疫力,但不能完全清除宿主体内原有的寄生虫,体内虫荷维持在较低水平,一旦用药物清除体内残余寄生虫后,宿主已获得的免疫力便逐渐消失。

(二) 寄生虫抗原

1. 按其来源 可分为体抗原、膜抗原和代谢抗原。

2. 按其用途和功能 可分为诊断抗原、保护性抗原和免疫原。

3. 按发育阶段 可分为不同的期抗原。

(三) 免疫应答

免疫应答可分为体液免疫和细胞免疫应答两类。

(四) 免疫逃避

寄生虫能逃避宿主的免疫效应的现象称免疫逃避(immune evation),其原因如下。

(1) 分子模拟和伪装。

(2) 抗原变异。

(3) 免疫抑制。

(4) 组织学隔离。

七、寄生虫感染的特点

寄生虫侵入人体,在人体内存活并进行增殖/繁殖的过程称为寄生虫感染,出现明显临床表现的称为寄生虫病。

1. 慢性感染与再感染 多数人体感染寄生虫(虫荷较低)后,患者在临床上出现一些症状后,不经治疗则可逐渐转入慢性感染状态。寄生虫病治愈后,人体尚可再次感染该寄生虫。慢性感染和易发生再感染是寄生虫病的基本特点。

2. 初次(急性)感染 少数人体初次(急性)感染寄生虫(虫荷较多)后,可呈重度感染,常常出现较严重的急性症状。

3. 多虫寄生现象 人体可同时感染两种或两种以上寄生虫,特别是肠道寄生虫。

4. 过敏反应 寄生虫侵入人体后,引起的大多数寄生虫病的严重病理损害与过敏反应有关。

5. 幼虫移行症(larva migrans) 某些蠕虫幼虫侵入非正常宿主人体内,停止发育,长期存活,到处移行引起相应损伤,称为幼虫移行症,分为皮肤幼虫移行症和内脏幼虫移行症。

6. 异位寄生(ectopic parasitism) 是指有些寄生虫在常见寄生部位以外的器官或组织内寄生的现象。异位寄生引起的病理损害称异位病变(ectopic lesion)。

7. 隐性感染与机会性致病(suppressive infection & opportunistic parasitosis) 隐性感染指某些寄生虫感染人体后,机体没有出现明显的临床症状,也不能用常规方法检出的感染。在隐性感染时,寄生虫的增殖一般处于低水平,感染者不出现临床症状。但是,当机体免疫功能低下时,这些寄生虫的增殖力和致病力均增强,可引起患者严重的病理损害甚至死亡。这种在一般情况下不引起疾病,但在一定条件下能致病的寄生虫感染也称为机会性致病寄生虫病。

8. 人兽共患 不少寄生虫病可在人与脊椎动物之间相互传播,这些寄生虫病称为人兽共患寄生虫病(parasitic zoonosis)

八、寄生虫病的流行与防治

(一) 流行的基本环节

1. 传染源 包括患者、带虫者和保虫宿主。寄生虫的某一生活史阶段可以直接或间接地进入另一个易感宿主体内继续发育繁殖,这一特殊的生活史阶段称为感染阶段(infective stage)。

2. 传播途径 传播途径是指寄生虫从传染源到易感宿主的传播过程。

3. 易感人群 除了某些具有特殊遗传背景的人群外,人对寄生虫普遍易感。

(二) 影响流行的因素

1. 自然因素 包括气候、地理、生物物种(生物因素)等。

2. 社会因素 社会因素包括社会制度、经济状况、生产活动、生活条件、居住环境、医疗卫生和防疫保健、文化教育程度、卫生习惯、宗教信仰及风俗习惯等所有与人类活动有关的因素。

(三) 寄生虫病流行特点

1. 地方性

2. 季节性

3. 自然疫源性 在原始森林或荒漠等地区,某些寄生虫病在脊椎动物之间相互传播,一般情况下,人通常不参与这一流行过程,只是由于各种原因而偶尔被卷入到这一过程中去时,这些疾病才可由染病的脊椎动物传给人,这种现象称为自然疫源性,这类地区称为自然疫源地,这种具有自然疫源性的人兽共患寄生虫病亦称为自然疫源性疾病。

(四) 寄生虫病的防治

1. 流行趋势 食源性寄生虫病流行呈上升趋势;机会性致病寄生虫病的发病人数增多;主要寄生虫病疫情仍不稳定;一些新发现或病例数重新回升的寄生虫病不容忽视;一些

寄生虫种类对药物产生抗药性。

2. 防治对策

（1）控制传染源：包括治疗患者或带虫者，合理处治保虫宿主。

（2）切断传播途径：包括控制和消灭中间宿主或媒介节肢动物，加强粪便管理和食品卫生监督。

（3）保护易感人群：健康教育和健康促进，药物预防，积极研制寄生虫疫苗。

（王兆军　潘卫庆）

第三十九章　线　　虫

教学要求

(1) 掌握蛔虫、钩虫、蛲虫、鞭虫的成虫及虫卵的形态；丝虫微丝蚴和旋毛虫幼虫囊包的基本形态；常见线虫感染的病原学诊断方法。

(2) 熟悉常见土源性线虫在人体内发育过程、寄生特点及致病性；班氏丝虫和马来丝虫微丝蚴的形态鉴别；丝虫和旋毛虫在人体内发育过程、寄生特点及致病性。

(3) 了解常见人体寄生性线虫的分布、流行和防治原则。

一、线虫概述

[学习引导]

(1) 线虫的形态有何主要特征？

(2) 线虫生活史有哪两种主要类型？

(一) 形态

1. 成虫　线状，雌雄异体，完整消化道，有口有肛。

2. 虫卵　卵圆形。

(二) 生活史

1. 直接发育型　不需中间宿主，属土源性线虫，肠道寄生线虫多属此型。

2. 间接发育型　需中间宿主，属生物源性线虫，组织内寄生线虫多属此型。

(三) 致病

1. 幼虫的致病作用　与幼虫侵入、移行途径和寄生部位有关。

2. 成虫的致病作用　消化道病变、组织病变。

二、似蚓蛔线虫

[学习引导]

(1) 蛔虫成虫、虫卵形态有什么特征？

(2) 蛔虫生活史有何特点？

(3) 蛔虫引起的并发症有哪些？

(4) 为什么蛔虫病流行广泛？

(5) 如何防治蛔虫病？

似蚓蛔线虫(*Ascaris lumbricoides*)简称蛔虫，是一种最常见的人体消化道寄生虫。蛔虫成虫寄生于人体小肠，可引起蛔虫病。

(一) 形态与生活史

1. 成虫　圆柱形,似蚯蚓,雌虫大,雄虫小。口周有3个唇瓣呈"品"字形排列,唇瓣内侧缘有很多细齿。

2. 虫卵　受精卵呈宽椭圆形,卵壳厚而透明,从外向内分为三层:受精膜、壳质层及蛔苷层。卵壳外有一层凹凸不平的蛋白质膜,在肠道内被胆汁染成棕黄色。卵内含有1个大而圆的卵细胞,其两端与卵壳间可见新月形空隙。未受精卵呈长椭圆形,卵壳及蛋白质膜均较薄,卵内充满大小不等的屈光颗粒。两种虫卵的蛋白质膜均可脱落而成为脱蛋白质膜蛔虫卵,此时虫卵表面光滑,卵壳厚,无色透明。

蛔虫完成生活史不需要中间宿主。成虫寄生于人体小肠,雌、雄虫交配后雌虫产出虫卵,随宿主粪便排出体外。受精卵在温湿含氧土壤中发育2~3周成为感染期虫卵(infective egg)。

人因误食被感染期虫卵污染的食物或水而感染。虫卵在人小肠内孵出幼虫,侵入肠黏膜及黏膜下层并进入小静脉或淋巴管,经肺循环移行至咽部,随人的吞咽动作进入消化道,在小肠内经数周发育为成虫。成虫在人体内寿命一般为1~2年,一条雌虫一天可产卵20万~24万个。

(二) 致病与诊断

蛔虫幼虫和成虫均可致病,成虫是主要致病阶段。

1. 幼虫致病　幼虫在肺部移行时可引起肺蛔虫症(Loeffler综合征)。

2. 成虫致病　掠夺营养与损伤肠黏膜影响吸收、毒素作用与变态反应及引起并发症。蛔虫引起的并发症主要有胆道蛔虫症、蛔虫性肠梗阻等。

3. 诊断　从粪便中查见虫卵或虫体,常用直接涂片法。

(三) 流行与防治

造成蛔虫感染普遍的主要原因是:生活史简单;雌虫产卵量大;虫卵对外界环境抵抗力强;虫体分布广泛,易经口感染人。

防治措施主要有:加强卫生宣传教育,讲究个人卫生和饮食卫生,提高防病意识。加强粪便管理和无害化处理。对患者和带虫者进行驱虫治疗,常用药有阿苯达唑(albendazole)、甲苯达唑。

三、毛首鞭形线虫

[学习引导]

(1) 如何辨别鞭虫虫卵与蛔虫虫卵?

(2) 鞭虫的生活史与蛔虫的生活史有哪些不同点?

(3) 如何防治鞭虫病?

毛首鞭形线虫(*Trichuris trichiura*)简称鞭虫,是常见的人体寄生线虫之一,成虫主要寄生于盲肠,可引起鞭虫病。

(一) 形态与生活史

1. 成虫　形似马鞭,虫体前3/5呈细线状,虫体后2/5粗如鞭柄。

2. 虫卵 黄褐色，呈腰鼓形，卵壳较厚，外有一层光滑的蛋白质膜，虫卵两端各具一透明栓。

成虫主要寄生于人体盲肠内，虫卵随粪便排出，在适宜的外界条件下卵内卵细胞分裂发育为含幼虫的感染期虫卵。人因误食被感染期虫卵污染的食物或饮水而感染。幼虫在小肠逸出后，移行到盲肠发育为成虫。

（二）致病与诊断

成虫以其细长的前端插入肠黏膜及黏膜下层，加上分泌物的化学刺激，局部肠黏膜可出现充血、水肿或点状出血等炎症反应，少数患者还引起肠壁增厚、肉芽肿病变。

诊断与蛔虫感染相同。但由于鞭虫产卵量远较蛔虫少，且鞭虫卵较小，容易漏检，需反复检查，以提高检出率。

（三）流行与防治

（1）鞭虫呈世界性分布，常与蛔虫感染并存，并呈现相似的流行特征，但感染率不及蛔虫高，一般感染度均较轻。

（2）鞭虫卵对外界不良环境有较强的抵抗力，但对低温和干燥的抵抗力不及蛔虫卵。

（3）防治原则与蛔虫感染者基本相同。常用驱虫药物有阿苯达唑、甲苯达唑。

四、十二指肠钩口线虫与美洲板口线虫

[学习引导]

（1）钩虫的生活史与蛔虫的生活史有哪些不同点？有何特点？

（2）钩虫造成患者贫血的原因是什么？

（3）简述钩虫病的病原学诊断方法及优缺点。

（4）如何防治钩虫病？

寄生于人体的钩虫（*hook worm*）主要为十二指肠钩虫（*Ancylostoma duodenale*）和美洲钩虫（*Necator americanus*）。钩虫寄生于人体小肠，可导致患者出现贫血及相关症状的钩虫病。

（一）形态与生活史

1. 成虫 细长，颈弯，雌大雄小，口囊发达。两种钩虫成虫区别见表 39-1。

表 39-1　十二指肠钩虫与美洲钩虫成虫主要形态鉴别

鉴别要点	十二指肠钩虫	美洲钩虫
大小（mm）♀	（10～13）×0.6	（9～11）×0.4
♂	（8～11）×（0.4～0.5）	（7～9）×0.3
体形	头端与尾端均向背面弯曲，虫体呈“C”形	头端向背面仰曲，尾端向腹面弯曲，虫体呈“S”形
口囊	腹侧前缘有 2 对钩齿	腹侧前缘有 1 对板齿
背辐肋	远端分 2 支，每支再分 3 小支	基部先分 2 支，每支再分 2 小支
交合刺	两刺呈长鬃状，末端分开	一刺末端呈钩状，与另一刺末端合并
尾刺	有	无

2. 虫卵　椭圆形,卵壳较薄,无色透明,卵内通常含 2~4 个卵细胞。两种钩虫卵极为相似,不易区分。

3. 幼虫　亦称钩蚴,分杆状蚴和丝状蚴两个阶段。

两种钩虫生活史基本相似。成虫寄生于人体小肠,产出虫卵随宿主粪便排出体外,在温湿含氧土壤中发育约 2 周成为丝状蚴,为感染期幼虫。丝状蚴具有向温性和向湿性,与人体皮肤接触后可迅速钻入皮肤,一般可在皮下组织滞留约 24h,再侵入外周小血管,随血流至肺,穿破肺毛细血管进入肺泡,再沿支气管、气管上行到咽。大部分幼虫随宿主吞咽活动到达小肠,进一步发育为成虫。自感染期幼虫钻入皮肤至成虫交配产卵,一般需 5~7 周。成虫在人体内寄生寿命较长,十二指肠钩虫可存活 3~7 年,美洲钩虫可存活 5~6 年,最长可达 15 年。

(二) 致病与诊断

1. 幼虫致病　幼虫钻入皮肤可引起钩蚴性皮炎。幼虫在肺部移行,可引起一过性肺炎。

2. 成虫致病　成虫是主要致病阶段,引起消化道症状和缺铁性贫血(小细胞低色素性贫血)。钩虫造成患者慢性失血的原因:①钩虫以其钩齿或板齿咬破肠黏膜,损伤小血管引起出血;②在吸血的同时,头腺分泌抗凝素,阻止伤口处血液凝固,有利于钩虫吸血,又可造成伤口不断渗血;③钩虫咽管的收缩与舒张使吸入的血液迅速流入虫体并从肛门排出,增加了宿主的失血量;④虫体经常更换咬附部位,造成新旧伤口同时渗血。其渗血量与虫体的吸血量大致相当。

3. 诊断　从粪便中查见虫卵或虫体,首选饱和盐水浮聚法;经钩蚴培养检出幼虫可进行虫种的鉴别。

(三) 流行与防治

钩虫的流行多在夏末初秋。一般南方比北方高,农村比城市高。北方以十二指肠钩虫为主,南方则以美洲钩虫为主,不少地区为混合感染。

带虫者和钩虫病人是传染源。

防治措施:①治疗患者和带虫者,消灭传染源,在冬、春季进行驱虫为宜,常用的驱虫药物有甲苯达唑、阿苯达唑;②加强粪便管理,禁止使用不经无害化处理的粪便施肥;③加强个人防护,避免肢体直接接触疫土。

五、蠕形住肠线虫

[学习引导]

(1) 蛲虫成虫、虫卵有哪些形态特征?

(2) 蛲虫生活史有何特点?

(3) 如何诊断蛲虫病?

(4) 蛲虫病的流行特点和防治原则?

蠕形住肠线虫(*Enterobius vermicularis*)简称蛲虫,寄生于人体回盲部,引起蛲虫病,以儿童感染率高。

（一）形态与生活史

1. 成虫 细小，中部膨大，尾端尖细。

2. 虫卵 呈不对称椭圆形，无色透明，卵壳较厚，外有一层光滑的蛋白质膜，卵内为蝌蚪期胚胎。

成虫寄生于人体盲肠、阑尾、结肠内。雌、雄成虫交配后，雄虫多死亡，孕卵雌虫在宿主熟睡时，从肛门爬出，在肛周皮肤产卵。虫卵黏附于肛周皮肤上，约经 6h 发育为感染期虫卵。雌虫的产卵活动引起肛周瘙痒，当患儿用手搔抓时，虫卵污染手指再经口食入而造成自身感染。感染期虫卵也可散落在衣裤、被褥、玩具、食物上经口吞食或随空气吸入等方式使人感染。虫卵在十二指肠内孵出幼虫，在结肠内发育为成虫。从吞食感染期虫卵至成虫产卵约需 2~6 周。

（二）致病与诊断

（1）雌虫在肛周产卵，刺激局部皮肤，引起肛门瘙痒。

（2）成虫寄生于肠道可造成肠黏膜损伤，可引起轻微的消化道症状。

（3）蛲虫有异位寄生现象，可发生蛲虫性阑尾炎或蛲虫性泌尿生殖系统炎症。

（4）病原学检查主要是用肛门拭子法检查虫卵，常用透明胶纸法或棉签拭子法，于清晨排便前在肛周收集虫卵。

（三）流行与防治

（1）蛲虫感染具有儿童机构及家庭聚集性的特点。

（2）蛲虫生活史简单，虫卵发育迅速，感染期虫卵抵抗力强，蛲虫病流行广泛。

（3）教育儿童养成良好卫生习惯，饭前便后洗手。治疗患者，以控制传染源。在幼儿园等儿童集体机构，要定期普查普治。

（4）驱虫药首选阿苯达唑。

六、粪类圆线虫

[学习引导]

（1）粪类圆线虫生活史有何特点？

（2）粪类圆线虫主要致病阶段及所致疾病是什么？如何诊断？

（3）粪类圆线虫病的流行特点和防治原则？

粪类圆线虫（*Strongyloides stercoralis*）为兼性寄生虫，生活史复杂，包括自生世代和寄生世代。粪类圆线虫主要寄生于人体小肠，引起粪类圆线虫病。

（一）形态与生活史

虫体细长，尾端尖细，寄生世代虫体略长。虫卵形态与钩虫卵相似，无色透明，卵壳薄，卵内含分裂卵细胞或胚胎。

粪类圆线虫的生活史复杂，包括 2 个世代：自生世代在土壤中完成，寄生世代在人体内完成。

1. 自生世代　虫卵在温暖、潮湿的土壤中孵出杆状蚴，发育为成虫。在适宜的环境中，自生世代可循环多次，此过程称为间接发育。若环境不适，杆状蚴发育为丝状蚴，为感染期幼虫。

2. 寄生世代　丝状蚴经皮肤或黏膜侵入人体后，开始寄生世代，此过程称为直接发育。进入人体的丝状蚴随血循环经右心至肺，然后沿支气管、气管移行到咽，随宿主吞咽活动移行至消化道，钻入小肠黏膜，发育为成虫。雌虫多寄生于肠黏膜内，并在此产卵，孵出杆状蚴，进入肠腔，随宿主粪便排出体外。严重腹泻患者也可排出虫卵。

粪类圆线虫主要寄生于十二指肠和空肠，也可寄生于肺、心、脑、肝、肾等器官，随痰排出的多为丝状蚴，随尿排出的多为杆状蚴。

（二）致病与诊断

1. 幼虫　引起皮肤损害。

2. 丝状蚴　在肺内移行引起肺部症状；移行到全身各器官，引起弥散性粪类圆线虫病。

3. 成虫　寄生于肠道可引起肠炎。

病原学检查时，从粪便、痰、尿或脑脊液中查获幼虫或培养出丝状蚴为确诊依据，腹泻患者粪便中可查到虫卵。应反复多次检查。

（三）流行与防治

流行因素及防治原则与钩虫基本相同，但应重视机会性致病，在临床使用激素类药物或免疫抑制剂前应做粪类圆线虫检查。

驱虫药物疗效较好的有噻苯咪唑、阿苯达唑。

七、丝　　虫

[学习引导]

（1）班氏丝虫和马来丝虫微丝蚴的形态结构有何区别？

（2）为什么丝虫微丝蚴具有夜现周期性？

（3）阐述丝虫病的临床表现及致病机制。

（4）如何诊断丝虫病？

（5）丝虫病的流行特点和防治原则？

丝虫（*filaria*）是由节肢动物传播的一类寄生性线虫，因虫体细长如丝状而得名。在我国仅有班氏吴策线虫（*Wuchereria bancrofti*，班氏丝虫）和马来布鲁线虫（*Brugia malayi*，马来丝虫）两种。成虫直接产蚴，为卵胎生线虫。

（一）班氏丝虫和马来丝虫

班氏丝虫和马来丝虫寄生于人体淋巴系统，也称为淋巴丝虫，引起淋巴丝虫病。

1. 形态与生活史　成虫呈丝线状，乳白色，雌雄异体。

成虫产出的幼虫称为微丝蚴，虫体细长，无色透明，头端钝圆，尾端尖细，外被鞘膜。两种丝虫微丝蚴鉴别见表 39-2。

表 39-2 班氏与马来微丝蚴形态鉴别要点

	班氏微丝蚴	马来微丝蚴
大小(μm)	(244~296)×(5.3~7.0)	(177~230)×(5~6)
体态	柔和、弯曲较大	硬直、大弯上有小弯
头间隙(长∶宽)	较短(1∶1或1∶2)	较长(2∶1)
体核	圆形或椭圆形,各核分开,排列整齐,清晰可数	椭圆形,大小不等,排列紧密,常互相重叠,不易分清
尾核	无	有2个,前后排列,尾核处角皮略膨大

淋巴丝虫以蚊为中间宿主,人为终宿主,经过两个发育阶段。

(1) 在蚊体内的发育:蚊虫叮吸带有微丝蚴的患者,微丝蚴随血液进入蚊胃,在胸肌发育为感染期幼虫,移行至头部蚊喙中。微丝蚴在蚊体内仅发育不增殖。

(2) 在人体内的发育:当阳性雌蚊叮人吸血时,感染期幼虫侵入人体,可迅速侵入淋巴管内,移行至大淋巴管及淋巴结,发育为成虫。雌、雄虫交配后产下微丝蚴,可停留于淋巴液中或进入血循环。微丝蚴白天滞留在肺血管,夜晚则出现于外周血液中,微丝蚴在外周血中夜多昼少的现象称为夜现周期性(nocturnal periodicity),一般夜晚8时以后开始出现。

2. 致病 丝虫的成虫、感染期幼虫和微丝蚴对人体均有致病作用,但主要致病阶段为成虫。

(1) 微丝蚴血症:为带虫者,并不表现临床症状,仅在血中出现微丝蚴。

(2) 急性期超敏及炎症反应:临床表现为淋巴管炎、淋巴结炎及丹毒样皮炎。淋巴管炎多发生在四肢,以下肢为多见。淋巴结炎常与淋巴管炎同时发作,好发部位在腹股沟和股部。班氏丝虫感染后,成虫寄生在精索、附睾和睾丸附近的淋巴管内,还可引起精索炎、附睾炎和睾丸炎,并反复发作。

(3) 慢性期阻塞性病变:造成淋巴系统阻塞性病变,病变部位可发生在肢体和相关的组织器官。常见病变有象皮肿(elephantiasis)、鞘膜积液、乳糜尿等。少数患者表现为隐性丝虫病,外周血中查不到微丝蚴。

3. 诊断 从患者的外周血液、体液或活检物中查到微丝蚴及从组织中检出成虫,均可作为确诊本病的依据。从血液中查找微丝蚴是诊断丝虫病的主要方法,取血时间以晚上9时至次晨2时为宜。常用的方法有新鲜血滴法、厚血膜法、浓集法、海群生白天诱出法。

4. 流行与防治 班氏丝虫病呈世界性分布,马来丝虫病仅分布于亚洲。在我国已达到消灭淋巴丝虫病标准。

(1) 淋巴丝虫病的流行:血中带有微丝蚴的患者和带虫者为传染源。在我国,班氏丝虫病的传播媒介主要是淡色库蚊与致倦库蚊,其次是中华按蚊;马来丝虫病的主要传播媒介为中华按蚊和嗜人按蚊。人普遍易感,但随受蚊叮咬的机会不同,感染率也不同。

(2) 防治原则:普查普治,灭蚊防蚊,继续开展监测工作。

(3) 治疗药物:主要治疗药物为海群生(hetrazan)和伊维菌素。

(二) 旋盘尾线虫

旋盘尾线虫(*Onchocerca volvulus*,盘尾丝虫)寄生于人体皮肤内,引起河盲症(river blindness)。

1. 形态与生活史　成虫丝线状、乳白色、半透明。微丝蚴无鞘，尾端尖细无核。

盘尾丝虫生活史需要中间宿主蚋（又称黑蝇）。雌、雄成虫寄生于人体皮下组织的纤维结节内，产出的微丝蚴可进入结节附近结缔组织和皮肤淋巴管内。当雌蚋叮人吸血时，皮肤中的微丝蚴进入蚋的胃，并穿过胃壁移行至蚋胸肌，发育为感染期幼虫。发育成熟的感染期幼虫移行至蚋下唇，当蚋再次叮人吸血时，感染期幼虫自蚋下唇爬出，从吸血伤口钻入皮下组织。虫体经7~34个月发育为成虫。

2. 致病与诊断　盘尾丝虫成虫和微丝蚴均有致病性，但主要致病阶段为微丝蚴。

（1）成虫：寄生皮下引起皮下淋巴结肿大并形成结节，不痛，局部皮肤有痛痒并伴有苔藓样变及色素沉着。

（2）微丝蚴：其产生的炎症反应可引起皮肤病变。虫体进入眼球可造成严重病损甚至失明。

3. 诊断

（1）病原学诊断：常用方法有皮肤检查微丝蚴、皮下结节活检。

（2）免疫学检查：常用麦氏试验、皮内试验。

（3）超声波检查。

4. 流行与防治　我国虽无此病流行，但援外和出国人员中时有病例报道。

预防包括：①普查普治，消灭传染源；②清除河岸灌木丛，消灭蚋的栖息地；③持续采用有效杀虫剂，消灭河流中蚋幼虫；④对进入流行区野外作业人员，坚持涂敷昆虫驱避剂，防止蚋的叮咬。

常规治疗药物为伊维菌素。

（三）罗阿罗阿线虫

罗阿罗阿线虫（*Loa loa*，罗阿丝虫）可寄生于人体多处皮下组织，偶可侵入内脏，引起罗阿丝虫病，亦称为游走性肿块或卡拉巴丝虫性肿块（Calabar swelling）。

1. 形态与生活史　成虫呈白色线状。微丝蚴具有鞘膜，尾尖处有一较大的尾核。

罗阿丝虫生活史需要中间宿主斑虻。

成虫寄生于人皮下组织内，可间歇性产出微丝蚴逐渐流入外周血，当虻叮人吸血时，微丝蚴进入虻胃内脱去鞘膜后，移行至虻胸肌发育为感染期蚴，再移行至虻喙。当虻再叮人吸血时，感染期蚴逸出，经皮感染。从幼虫感染至发育为成虫需6~12个月。

2. 致病与诊断　成虫移行于皮下组织，在某部位停留时，虫体的机械性损伤和及其代谢物可引起炎症反应，使该部位剧痛的血管性水肿称为卡拉巴丝虫性肿块，亦称游走性肿块。肿块以腕部、踝部较多见。

（1）流行病学诊断：生活在流行区或曾在流行区旅居。

（2）病原学诊断：微丝蚴在外周血中呈昼现周期性，血样标本采集时间最好在中午。如在肿胀部位眼部等取活检标本见有成虫，或成虫从表浅病损部位排出均可确诊。

3. 流行与防治　罗阿丝虫病主要流行于非洲热带雨林地区。罗阿丝虫感染者为该病唯一传染源。

防治：海群生预防用药；清除杂草、用杀虫剂处理幼虫孳生地以灭虻；常规治疗用药是海群生。

八、旋毛形线虫

[学习引导]

(1) 旋毛虫生活史有何特点?

(2) 旋毛虫致病特点?

(3) 如何诊断旋毛虫病?

(4) 旋毛虫病的流行特点和防治原则?

旋毛形线虫(*Trichinella spiralis*)简称旋毛虫,成虫和幼虫分别寄生于同一宿主的小肠和肌细胞内,是重要的人畜共患寄生虫病之一,寄生于人体引起旋毛虫病。

(一) 形态与生活史

1. 成虫 虫体细小,线状,无色透明,雌雄异体。

2. 幼虫 寄生于宿主横纹肌细胞内,卷曲于梭形的幼虫囊包内。

成虫和幼虫寄生于同一个宿主体内。成虫寄生于小肠,主要在十二指肠和空肠上段;幼虫寄生在横纹肌细胞内。除人以外,许多种哺乳动物可作为本虫的宿主,完成生活史则必须更换宿主。

宿主食入含幼虫囊包的肉类而感染,幼虫在胃中自囊包内逸出,侵入十二指肠及空肠,发育为成虫。雌、雄虫交配后,雌虫侵入肠黏膜内,于感染后 5~7 天开始产出新生幼虫。

新生幼虫侵入局部淋巴管或小静脉,随淋巴和血流到达各种器官、组织或体腔。到达横纹肌内的幼虫进一步发育,纤维组织增生,感染后 1 个月内幼虫周围形成囊包。

(二) 致病与诊断

旋毛虫的主要致病阶段是幼虫。其致病过程可分为三个时期。

1. 虫体侵入期 幼虫自囊内逸出至发育为成虫,可引起肠道广泛的炎症。

2. 幼虫移行和肌肉受累期 经血循环播散至全身肌肉,幼虫代谢物可引起血管炎和肌炎,使肌细胞变性、坏死。

3. 囊包形成期 临床急性症状消退,肌痛可持续存在。

旋毛虫病诊断要注重病史询问、流行病学调查。

病原学检查主要采用组织活检法,检出率低,可在感染 4 周后使用。早期实验室诊断主要是采用免疫学方法进行辅助诊断。

(三) 流行与防治

(1) 旋毛虫病是一种动物源性寄生虫病,猪为主要传染源。

(2) 预防的关键措施是把住“病从口入”关,不吃生肉,肉制品应煮熟后再吃。开展饮食卫生宣传,加强肉畜检疫及肉制品的检验。改变养猪方法,圈养并喂饲熟食。

(3) 常用治疗药物有噻苯达唑、甲苯达唑、阿苯达唑等。

九、结膜吸吮线虫

[学习引导]

(1) 结膜吸吮线虫的生活史和宿主关系如何?

(2) 人是如何感染结膜吸吮线虫的?

通过自学掌握结膜吸吮线虫对人体的危害性。

十、广州管圆线虫

[学习引导]

(1) 广州管圆线虫生活史有何特点?

(2) 广州管圆线虫致病特点?

(3) 广州管圆线虫病的流行特点和防治原则?

广州管圆线虫(*Angistrongylus cantonensis*)成虫寄生于鼠的肺动脉内。由于人是本虫非正常宿主,故幼虫进入人体内通常滞留在中枢神经系统,可引起广州管圆线虫病。

(一) 形态与生活史

成虫线状、细长,体表透明光滑。幼虫带鞘,头部稍圆,尾端明显变细。

成虫寄生于终宿主鼠的肺动脉内,产出的虫卵随血流入肺毛细血管,孵出Ⅰ期蚴,沿呼吸道上行至咽,吞入消化道随粪排出。Ⅰ期蚴在潮湿或水环境中主动侵入螺和蛞蝓或被吞入,发育为感染期幼虫。鼠吞食含有感染期蚴的中间宿主、转续宿主或幼虫污染的食物而感染,幼虫钻入血管,随血流至肺动脉及右心,发育为成虫。人因生食或半生食含有第Ⅲ期幼虫的中间宿主螺、蛞蝓,或生食或半生食转续宿主等而感染。也可因生吃被幼虫污染的蔬菜、瓜果和生水而感染。幼虫也有可能经皮肤侵入。

(二) 致病与诊断

人是广州管圆线虫的非适宜宿主,幼虫在人体内游走移行,侵犯中枢神经系统,引起嗜酸粒细胞增多性脑膜脑炎或脑膜炎。

流行病学诊断:在流行区有近期生食、半生食螺肉或接触该虫中间宿主或转续宿主史。

病原学诊断:从脑脊液中找到幼虫。

(三) 流行与防治

广州管圆线虫病是人兽共患寄生虫病,终宿主主要是鼠类,鼠类是最主要传染源。中间宿主主要是褐云玛瑙螺和福寿螺。

预防广州管圆线虫病,主要是不吃生或半生的螺类、鱼、虾、蟹、蛙类等,不吃未洗净的蔬菜,不喝生水。灭鼠可以消灭传染源。

治疗药物主要有阿苯达唑和甲苯达唑。

十一、美丽筒线虫

[学习引导]

(1) 美丽筒线虫生活史有何特点?

(2) 美丽筒线虫致病特点?

(3) 美丽筒线虫病的流行特点和防治原则?

美丽筒线虫(*Gongylonema pulchrum*)寄生在反刍动物和其他哺乳动物的口腔、食道黏膜和黏膜下层,偶尔寄生于人体的口腔、咽、食管黏膜内,引起美丽筒线虫病。

(一) 形态与生活史

成虫细长,乳白色。虫卵椭圆形,表面光滑,壳厚透明,内含幼虫。

成虫寄生于终宿主的食管、口腔的黏膜或黏膜下层。虫卵随粪便排出体外,被金龟子、粪甲虫、蜚蠊等吞食后,卵内幼虫孵出,穿过消化道进入血腔,发育成囊状的感染期幼虫。终宿主吞食感染期幼虫后,幼虫破囊逸出钻入消化道黏膜,移行至食管或口腔的黏膜内寄生,约 2 个月后发育为成虫。虫体的寄生部位不固定于一处,移动速度较快,且可出现隐匿状态,间隔一定时间又可重复出现。寄生虫体数量可为一条至数十条不等,在人体内寄生时间可达 5 年。人体多为偶尔感染,系食入受染的螳螂、蝗虫等所致。

(二) 致病与诊断

成虫寄生人体口腔、咽、食管黏膜及黏膜下层,虫体移行造成轻重不等的刺激。

患者多有饮生水、吃不洁食物及吃烧蝗虫、螳螂的病史。主诉口腔黏膜内有虫样爬动感。可在患处找寻虫体,用针挑破黏膜,取出虫体镜检并鉴别虫种。

(三) 流行与防治

注意个人卫生,不吃不洁食物或不生吃昆虫。

(吴琛耘　贺利芳　崔　昱)

第四十章　吸　　虫

教学要求

(1) 掌握并殖吸虫、血吸虫、肝吸虫和姜片虫成虫和虫卵的形态特点，肺吸虫、血吸虫、肝吸虫和姜片虫的生活史特点，即宿主、寄生部位、排离方式。

(2) 熟悉肺吸虫、血吸虫、肝吸虫和姜片虫的致病特点、临床诊断及病原诊断。

(3) 了解4种吸虫的流行特点、影响流行的因素和防治原则。

一、概　　述

[学习引导]

(1) 吸虫的形态特征是什么？

(2) 吸虫的生活史有何特点？

(3) 寄生人体的常见吸虫有哪几种？

吸虫(*trematode*)属于扁形动物门(*Platyhelminthes*)的吸虫纲(*Class Trematoda*)。

(一) 形态与结构

1. 成虫外观　多背腹扁平，具口腹吸盘。

2. 消化系统　有口无肛，肠管形成盲端。

3. 生殖系统　除裂体属外均为雌雄同体。

4. 排泄系统

5. 神经系统

(二) 生活史

生活史复杂，不仅具有无性和有性世代交替，还有宿主转换。复殖吸虫的终宿主多为人和哺乳动物。第一中间宿主(或中间宿主)多为淡水螺类；第二中间宿主为淡水水生动物，或以淡水生植物作为传播媒介。生活史过程中需水环境，多需经历虫卵、毛蚴、胞蚴、雷蚴、尾蚴、囊蚴、童虫和成虫多个阶段。

(三) 分类(略)

二、华支睾吸虫

[学习引导]

(1) 华支睾吸虫的成虫和虫卵有什么特点？

(2) 华支睾吸虫的生活史如何？

(3) 阐述华支睾吸虫的致病作用。

(4) 如何诊断华支睾吸虫病？

华支睾吸虫(*Clonorchis sinensis*)简称肝吸虫。成虫寄生于人体肝胆管内,引起华支睾吸虫病,也称肝吸虫病(clonorchiasis)。

(一) 形态与生活史

1. 成虫 体形狭长,似葵花籽仁。

2. 虫卵 呈芝麻状,卵盖明显,卵壳上具肩峰和疣状突起,卵内为毛蚴。

(1) 肝吸虫成虫寄生于人、猫、犬和猪等哺乳动物的肝胆管内,其产出的虫卵随胆汁与粪便排出体外。

(2) 虫卵入水后被第一中间宿主豆螺、沼螺与涵螺等淡水螺吞食,在螺体内孵化为毛蚴,再发育为胞蚴、雷蚴与尾蚴。

(3) 尾蚴自螺体内逸出后遇适宜的第二中间宿主淡水鱼、虾后,侵入其体内,主要在肌肉组织内发育为囊蚴。

(4) 人或哺乳动物因食入含有活囊蚴的鱼虾而感染,囊蚴中的幼虫在十二指肠逸出,入胆总管到达寄生部位的肝胆管发育为成虫。

(二) 致病与诊断

华支睾吸虫成虫寄生于肝胆管,可产生机械性刺激与化学毒性作用,引起肝胆管的炎症,晚期可导致肝硬化与诱发肝癌。

病原学检查方法主要有粪便检查或十二指肠引流物检查,其中粪便沉淀浓集查虫卵较常用,查获虫卵是确诊该病的依据。

(三) 流行与防治

流行的主要原因是:患者、带虫者与保虫宿主为传染源,随粪便排出的虫卵入水;第一与第二中间宿主存在于同一水体,可完成成虫体幼虫阶段在中间宿主体内生长发育的全过程;流行区居民生食与半生食淡水鱼和虾的习惯,是感染肝吸虫的主要方式。

防治措施:注意饮食卫生,改变不良饮食习惯;加强粪便管理;治疗患者和感染者。治疗药物为吡喹酮。

三、布氏姜片吸虫

[学习引导]

(1) 布氏姜片吸虫的成虫和虫卵有什么特点?

(2) 布氏姜片吸虫的生活史如何?

(3) 阐述布氏姜片吸虫的致病作用。

(4) 如何诊断布氏姜片虫病?

布氏姜片吸虫(*Fasciolopsis buski*)简称姜片虫。成虫寄生于人或猪的小肠,可引起姜片虫病(fasiolopsiasis)。

(一) 形态与生活史

1. 成虫 肥厚,肉红色,形似姜片。

2. 虫卵 淡黄色,长椭圆形,蠕虫卵中最大,卵盖小,内含一个卵细胞与数十个卵黄细胞。

姜片虫成虫寄生于人或猪小肠内,其产出的虫卵随粪便排出体外。

(1) 虫卵入水后孵化为毛蚴,毛蚴钻入中间宿主扁卷螺体内发育为胞蚴、母雷蚴、子雷蚴与尾蚴。

(2) 尾蚴自螺体内逸出后,在水生植物上形成囊蚴。

(3) 人或哺乳动物因生食或半生食水生植物而感染,囊蚴中的幼虫在小肠中脱囊,发育为成虫。

(二) 致病与诊断

布氏姜片吸虫成虫对小肠黏膜造成机械性损伤,可引起肠道炎症,大量寄生时也可造成肠梗阻。

粪内查获虫卵是确诊该病的依据,常用方法为粪便沉淀法。

(三) 流行与防治

流行的主要原因是:患者、带虫者和保虫宿主猪为传染源,人多因生食带有囊蚴的水生植物或饮用有囊蚴污染的生水而感染。

防治措施:养成良好的卫生习惯、加强粪便管理和饮用水管理。治疗药物为吡喹酮。

四、肝片形吸虫

[学习引导]

(1) 阐述肝片形吸虫的致病作用。

(2) 肝片吸虫与肝吸虫和姜片虫比较有何异同?

肝片形吸虫(*Fasciola hepatica*)是一种寄生在牛、羊和其他哺乳类动物肝胆管内常见的大型吸虫。人也可被其感染,导致片形吸虫病(fascioliasis)。

(一) 形态与生活史

肝片形吸虫的成虫与虫卵在大小、形状、颜色等方面与布氏姜片吸虫较为相似。

成虫寄生在终宿主的肝胆管内,虫卵随胆汁进入肠腔后随粪便排出体外。虫卵入水后孵出毛蚴,毛蚴钻入中间宿主椎实螺体内,经一代胞蚴及两代雷蚴的发育繁殖后形成大量尾蚴。成熟的尾蚴自螺体逸出后在水生植物表面形成囊蚴。囊蚴被终宿主吞食后,在小肠中脱囊移行入肝胆管寄生。

(二) 致病与诊断

肝片形吸虫的后尾蚴、童虫和成虫均具致病性,可造成肝组织机械性和化学性的损伤,引起肝胆管的炎症以致肝硬化。该虫可有异位寄生,引起腹腔、肺、胃、脑、眼眶及皮下等处的肝外肝片形吸虫病。

粪便或十二指肠引流液沉淀检获虫卵是确诊肝片形吸虫病的根据,但应与姜片虫卵、棘口吸虫卵相鉴别。

（三）流行与防治

人体感染与生食或半生食含有童虫的牛、羊内脏有关，生食水生植物或饮生水也可感染。

防治关键是注意个人卫生和饮食卫生。

五、并殖吸虫

［学习引导］

（1）卫氏并殖吸虫的成虫和虫卵有什么特点？

（2）卫氏并殖吸虫的生活史如何？

（3）阐述卫氏并殖吸虫的致病作用。

（4）如何诊断卫氏并殖吸虫病？

（5）阐述卫氏并殖吸虫与斯氏狸殖吸虫在生活史与致病上有何异同。

并殖吸虫是并殖吸虫病（又称肺吸虫病，paragonimiasis）的病原体。其中主要流行的两个虫种是卫氏并殖吸虫和斯氏狸殖吸虫，感染人体后可分别引起卫氏并殖吸虫病（又称肺吸虫病）和斯氏狸殖吸虫病（幼虫移行症）。

（一）卫氏并殖吸虫

卫氏并殖吸虫（*Paragonimus westermani*）是人体并殖吸虫病的主要病原体，成虫主要寄生于宿主的肺部，故又称肺吸虫。

1. 形态与生活史 成虫为椭圆形，较肥厚，似半粒花生米。该虫为雌雄同体，因其两个分支状睾丸、卵巢与子宫并排排列，故称为并殖吸虫。

（1）虫卵呈不规则椭圆形，金黄色，有一较明显的卵盖，卵内含一个卵细胞及十余个卵黄细胞。

（2）卫氏并殖吸虫成虫寄生于人和保虫宿主（犬、猫、虎和狼等食肉类哺乳动物）的肺内，产生的虫卵可随痰液排出体外或随痰被咽入消化道后随粪便排出。

（3）虫卵入水后孵出毛蚴。毛蚴钻入第一中间宿主川卷螺体内，经胞蚴、母雷蚴、子雷蚴阶段的发育和无性增殖，形成许多尾蚴。成熟尾蚴从螺体逸出并侵入第二中间宿主淡水蟹和蝲蛄体内形成囊蚴。

（4）终宿主因食入含活囊蚴的淡水蟹和蝲蛄而感染。囊蚴中的幼虫在小肠内脱囊发育为童虫。童虫穿肠壁进入腹腔，穿过膈肌至胸腔入肺，破坏肺组织形成虫囊。虫体在囊内逐渐发育为成虫，有少数童虫或成虫还可侵入皮下、肝、脑、脊髓、眼眶等处引起异位寄生。

2. 致病 卫氏并殖吸虫的致病作用主要是童虫和成虫在组织器官内窜扰移行、寄居破坏组织，以及虫体的分泌物或代谢产物所引起的相应器官炎症。由于卫氏并殖吸虫的童虫或成虫可寄生于皮下、肝、脑、脊髓、眼眶等多种组织和器官，引起多组织器官、多部位的新、旧病变，故其临床表现十分复杂。根据病情及受损部位将并殖吸虫病分为：急性并殖吸虫病和慢性并殖吸虫病的胸肺型、皮肤型、腹型、肝型、脑脊髓型及亚临床型。

3. 诊断 询问患者是否有生食或半生食溪蟹或蝲蛄的经历，对肺吸虫病的诊断具有重要意义。从患者的痰液、粪便或组织中检出虫卵、童虫或成虫是确诊的依据，首选的病原学检查方法是粪便沉淀法。经病原学检查未查到虫卵的，可用免疫学方法进行辅助诊断，常用的方法是用卫氏并殖吸虫成虫浸制抗原做皮肤试验。其他辅助性诊断有 X 线、CT 和核磁共振（MRI）等，影像学检查也可用于脑型和胸肺型等肺吸虫病的辅助诊断。

4. 流行与防治 卫氏并殖吸虫病是一种以兽为主人为次的人兽共患病，本病多流行在山区或丘陵地带，因山涧溪流适合第一和第二中间宿主繁殖生长与共居，卫氏并殖吸虫病患者、带虫者和犬、猫等保虫宿主的痰液及粪便常污染溪水，造成中间宿主的感染；而流行区的居民又有对溪蟹和蝲蛄生吃、半生吃、腌吃、醉吃的习惯，故能引起卫氏并殖吸虫病的流行。猪、野猪为卫氏并殖吸虫的转续宿主，国外有因生食野猪肉而感染卫氏并殖吸虫病的报道。

加强卫生宣传教育，提倡不生食、半生食螃蟹和蝲蛄及其制品、不饮用疫区生水是预防该病最重要的措施。

治疗药物以吡喹酮效果最好，对脑部有虫体感染使用吡喹酮治疗时，一定要加强医学观察，如脑部原有症状加重或出现新的脑部症状，应立即停药，必要时可采用降脑内压治疗。

（二）斯氏狸殖吸虫

人是斯氏狸殖吸虫（*Pagumogonimus skrjabini*）的非正常宿主，人一旦感染该虫可引起皮下型幼虫移行症、内脏型幼虫移行症。

1. 形态与生活史 成虫呈狭长形，雌雄同体，子宫与卵巢紧邻腹吸盘前左右并列，两分支状睾丸并列于腹吸盘后。

虫卵为椭圆形，不对称，卵壳厚薄不匀，后端明显增厚。卵内含卵细胞和卵黄细胞。

斯氏狸殖吸虫的生活史与卫氏并殖吸虫基本相似。但其第一中间宿主主要为拟钉螺（泥泞拟钉螺、微小拟钉螺）和小豆螺（中国小豆螺、建国小豆螺）；第二中间宿主主要是锯齿华溪蟹、雅安华溪蟹、河南华溪蟹和福建马来溪蟹等。终宿主主要为果子狸、猫和犬等动物，人不是其适宜宿主。

2. 致病与诊断 斯氏狸殖吸虫是一种人兽共患，以兽为主的致病性虫种。在动物体内，引起类似卫氏并殖吸虫的一系列典型病变。由于人不是其适宜宿主，该吸虫在侵入人体后不能发育为成虫，大多处于童虫状态，引起幼虫移行症。

从皮下包块中检获童虫是确诊本病的最可靠方法。

3. 流行与防治 斯氏狸殖吸虫仅在我国流行。果子狸、猫和犬等动物是其重要的传染源，一些鼠类和蛙类动物可作为该虫的转续宿主。人因生食或半生食含囊蚴的淡水蟹或转续宿主而感染。

防治措施与卫氏并殖吸虫相同。

六、日本血吸虫

[学习引导]

(1) 在我国流行的是哪种血吸虫？阐述其形态特点。

(2) 日本血吸虫的生活史如何？

(3) 阐述日本血吸虫虫卵肉芽肿的形成机制，虫卵主要对哪些组织器官造成损害？

(4) 日本血吸虫病有何临床表现?
(5) 如何诊断日本血吸虫病?
(6) 日本血吸虫病在我国流行有何特点? 如何防治?

日本裂体吸虫(*Schistosoma japonicum*)又称日本血吸虫,是寄生于人体及哺乳动物静脉血管内的一种吸虫,可引起人畜共患的血吸虫病。

(一) 形态

1. 成虫 日本血吸虫为雌雄异体。雄虫圆柱形,7个睾丸呈串珠样排列于腹吸盘之后。自腹吸盘后,雄虫虫体背腹变扁,两侧向腹面卷曲,形成抱雌沟。雌虫较雄虫细长,呈黑褐色,椭圆形卵巢位于虫体中后部。雌虫常居留于抱雌沟内,与雄虫呈合抱状态。

2. 虫卵 椭圆形,淡黄色,无卵盖,卵壳一侧有一小刺,卵壳表面常附有宿主组织残留物,内含毛蚴。

3. 毛蚴 呈长椭圆形或梨形。

4. 尾蚴 血吸虫尾蚴属叉尾型,由体部及尾部组成,尾部又分尾干和尾叉。

(二) 生活史

成虫主要寄生于人或牛、兔等多种哺乳动物的门脉-肠系膜静脉系统内,雌虫产出的虫卵沉积于肠壁与肝组织。约经11天,卵内的卵细胞发育为毛蚴,含有毛蚴的成熟虫卵在组织中能存活10天。由于卵内的毛蚴分泌物可透过卵壳作用于宿主组织,引起炎症及坏死,使坏死组织向肠腔溃破,虫卵伴随肠壁坏死组织落入肠腔,随粪便排出体外。不能排出的虫卵沉积在局部组织中,逐渐死亡、钙化。

含有虫卵的粪便污染水体,在适宜的条件下,卵内毛蚴孵出并可主动侵入中间宿主钉螺体内。在螺体内,毛蚴发育为母胞蚴,经母胞蚴至子胞蚴和子胞蚴至尾蚴的两次无性增殖,发育为许多尾蚴。尾蚴在钉螺体内分批成熟,陆续逸出。

尾蚴在水中游动,当其与终宿主皮肤接触时,可钻入宿主皮肤。尾蚴钻入皮肤后即转化成为童虫(*schistosomula*)。童虫侵入末梢小血管或淋巴管内,随血流经右心到肺,再由左心入体循环,到达肠系膜上下动脉,穿过毛细血管进入肝门静脉,待童虫性器官初步分化,两性虫体开始合抱,再移行到肠系膜下静脉及痔上静脉寄居、交配、产卵。

(三) 致病

1. 尾蚴及童虫所致损害 尾蚴穿过人体皮肤引发的Ⅰ型超敏反应,引起以皮肤炎症为主的尾蚴性皮炎。童虫在宿主体内移行时,引起所经过的器官炎症,特别在肺部炎性症状更为明显。

2. 成虫所致损害 成虫引起静脉内膜炎和静脉周围炎。另外,成虫的代谢产物、虫体分泌物、排泄物、虫体外皮层更新脱落的表膜等在宿主体内形成免疫复合物,诱发Ⅲ型超敏反应。

3. 虫卵所致的损害 血吸虫雌虫产出的虫卵主要沉着在宿主的肝及肠壁等组织。在虫卵内毛蚴成熟后,可分泌可溶性虫卵抗原(SEA),致敏激活T淋巴细胞,使其产生多种淋巴因子,吸引嗜酸粒细胞、巨噬细胞和成纤维细胞等向虫卵周围集聚,与淋巴细胞一起构成以虫卵为中心的组织肉芽肿,俗称虫卵结节。血吸虫虫卵肉芽肿主要是由T淋巴细胞介导的Ⅳ型超敏反应所致,而反复的炎性刺激及迁延不愈的病程,在虫卵周围形成肉芽肿及其纤维化,是导致慢性血吸虫病病变的主要原因。虫卵肉芽肿早期的细胞成分中,以嗜酸性粒细胞数量居多,并有许多浆细胞,中心常出现组织坏死,称嗜酸性脓肿。而且,SEA可能刺激B淋巴细胞产生相应抗体,并形成抗原抗体复合物反应,在虫卵周围形成嗜酸性的放射状棒状物,称何博礼现象(Hoeppli phenomenon)。慢性期主要以类上皮细胞、巨噬细胞及淋巴细胞在虫卵周围形成慢性组织肉芽肿,最后类上皮细胞变为成纤维细胞,并产生胶原纤维,肉芽肿逐渐发生纤维化,形成疤痕组织。

在肝内,由于虫卵不能随血流通过肝窦,血吸虫虫卵肉芽肿常形成窦前阻塞。在重度感染者,其门脉周围出现广泛的纤维化,称干线型肝纤维化(pipestem fibrosis),是晚期血吸虫病特征性病理变化。由于窦前静脉广泛阻塞,导致门脉高压,患者在临床上出现肝、脾大,侧支循环形成,腹壁、食道及胃底静脉曲张,上消化道出血与腹水等症状,故又称为肝脾性血吸虫病。

4. 临床表现

(1) 急性期血吸虫病:多见于初次感染者、慢性期或晚期血吸虫病急性发作的患者。急性血吸虫病主要症状有发热、荨麻疹、腹泻、肝脾肿大等。

(2) 慢性血吸虫病:部分患者无明显自觉症状,一些表现为全身乏力、腹痛、间歇性腹泻或黏液血便等症状。

(3) 晚期血吸虫病:可分为巨脾型、腹水型、结肠增殖型和侏儒型四型。在临床上,常见患者是以肝脾肿大、腹水、门脉高压、侧支循环所致食管下端及胃底静脉曲张为主的综合征。血吸虫肝硬化患者在晚期可并发上消化道出血、肝性昏迷等严重症状而死亡。在儿童和青少年时期如感染严重,可导致侏儒症。

(4) 异位血吸虫病:成虫在门脉系统以外的静脉内寄生称异位寄生,而在门脉系统以外器官或组织中形成血吸虫虫卵肉芽肿,则称异位损害或异位血吸虫病。最常见的异位血吸虫病有脑型、肺型、胃型和皮肤型血吸虫病。

(四) 血吸虫感染的免疫

1. 抗原 日本血吸虫抗原种类很多,其中可溶性虫卵抗原是引发血吸虫病免疫病理反应中最主要的物质。

2. 伴随免疫 是指宿主初次感染血吸虫后,可产生一定的免疫力,这种免疫力仅表现为对再次入侵的童虫具有杀伤作用,而对宿主体内初次感染的成虫并无影响,成虫仍能长期在已建立免疫应答的宿主血管内存活和产卵。一旦清除了这些成虫,则宿主对再感染的相对免疫力亦逐渐消失,这种感染与免疫力并存的现象称为伴随免疫。

3. 免疫逃避 血吸虫成虫能在已具有免疫力的宿主体内长期存活和产卵的现象,称为免疫逃避。免疫逃避产生的原因可能与下列因素有关:①抗原伪装和抗原模拟;②封闭抗体的产生;③表膜改变;④表面受体作用。

(五) 诊断

1. 病原学诊断 从粪便内检查虫卵或孵化毛蚴,以及直肠黏膜活体组织检查虫卵及虫卵肉芽肿,是确诊血吸虫病的重要依据。常用方法有直接涂片法、尼龙袋集卵法、毛蚴孵化法、定量透明法、直肠黏膜活体组织检查等，其中粪便沉淀孵化法为首选的病原学检查方法。

2. 免疫诊断

（1）抗体检测：如受检者未经病原治疗，特异性抗体阳性对确定诊断意义较大。目前检测血吸虫抗体的方法有环卵沉淀试验、间接红细胞凝集试验、酶联免疫吸附试验等。

（2）检测循环抗原：循环抗原是虫体排放至宿主体内的大分子微粒，具有抗原性，可用血清免疫学方法检出。血吸虫循环抗原的检测具有反映活动性感染、评估虫体负荷和考核疗效的优点。常用的方法有斑点-ELISA（Dot-ELISA）、双抗体夹心 ELISA、反向间接血凝试验等。

（六）流行

1. 流行概况 日本血吸虫分布于西太平洋地区的中国、日本、菲律宾与印度尼西亚等国家和地区。在我国，主要分布于长江流域及其以南省、市、自治区。2003 年，我国有血吸虫病患者数约 84.3 万（其中晚期血吸虫病患者数为 2.8 万），钉螺面积约 38.5 亿 m^2。至 2008 年，全国血吸虫病病人数减少至 41.3 万。至 2015 年底计划在平原和山区型流行区达到阻断传播，湖沼型流行区达到控制传播。

2. 流行环节

（1）传染源：日本血吸虫病是人兽共患寄生虫病。传染源除人以外，尚有 40 多种哺乳动物，特别是黄牛、水牛等最为重要。

（2）传播途径：血吸虫病在人群中的传播包括含虫卵的粪便污染水源、水体中有钉螺存在及人体由于生活和生产活动接触疫水（含尾蚴）三个重要环节。

（3）易感人群：人对日本血吸虫均易感。

3. 流行因素 包括自然因素和社会因素两方面。

4. 流行区类型 分湖沼型、平原水网型和山区丘陵型三种类型。

（七）防治

（1）查治患者病畜，化疗药物首选吡喹酮。

（2）查螺、灭螺。

（3）加强粪便管理和保护水源。

（4）作好个人防护。

（王兆军 夏超敏）

第四十一章　绦　　虫

教学要求

(1) 掌握猪带绦虫、牛带绦虫成虫、囊尾蚴和虫卵的基本形态结构、生活史特点、主要致病阶段及所致疾病，常用病原学检查方法；棘球蚴的形态特征和细粒棘球绦虫的生活史特点，棘球蚴的致病作用，包虫病的病原检查。

(2) 熟悉猪带绦虫和牛带绦虫生活史与疾病关系、防治的主要措施；亚洲带绦虫与猪带绦虫和牛带绦虫在形态、生活史方面的异同点；包虫病的病原检查；裂头蚴的形态特征及其致病特点。

(3) 了解猪带绦虫病、囊虫病、牛带绦虫病和亚洲带绦虫病的流行特点、防治原则；与疾病诊断相关的血清学检查方法；包虫病的流行特点和流行因素，多房棘球绦虫泡球蚴的形态特征及其致病作用。

一、概　　述

[学习引导]

(1) 绦虫属于什么动物门？引起人致病的主要有哪些虫种？

(2) 绦虫纲各虫期的形态特点有哪些？

(3) 何为中绦期？绦虫的中绦期包括哪些？

(4) 绦虫生活史的特点是什么？圆叶目和假叶目绦虫的生活史有何异同？

绦虫(*tapeworm*)属于扁形动物门的绦虫纲(*Class Cestoidea*)。寄生人体的绦虫有30余种，隶属于多节绦虫亚纲的圆叶目(Cyclophyllidea)和假叶目(Pseudophyllidea)。这两个目绦虫的形态和生活史有较明显的区别。

(一) 形态

成虫虫体背腹扁平、左右对称、长如带状，虫体长度因虫种不同可从数毫米至数米不等，由带有固着器官的头节(scolex)、具有生发功能的颈部和链体(strobilus)部构成。绦虫成虫雌雄同体，无口和消化道，缺体腔。

假叶目绦虫卵椭圆形，卵壳较薄，有小盖，内含一个卵细胞和若干个卵黄细胞。圆叶目绦虫卵多呈圆球形，卵内是已发育的幼虫，具有3对小钩，称六钩蚴(*onchosphere*)，六钩蚴外有很厚的胚膜包裹，对六钩蚴具有保护作用。胚膜外为无色透明较薄的卵壳，易破裂。

(二) 生活史

绦虫全部营寄生生活，成虫绝大多数寄生在脊椎动物的消化道内。绦虫在中间宿主体内的发育时期被称为中绦期(metacestode)，各种绦虫的中绦期幼虫的形态结构和名称不同。

假叶目绦虫生活史中需要2个中间宿主。虫卵排出后入水孵出钩球蚴(coracidium)。钩球蚴入第一中间宿主剑水蚤体内发育为原尾蚴(procercoid)。原尾蚴进入第二中间宿主鱼或其他脊椎动物如蛙体内后发育为裂头蚴(plerocercoid,sparganum)。裂头蚴在终宿主肠道内发育为成虫。圆叶目绦虫生活史只需1个中间宿主,个别种类甚至可以无需中间宿主。虫卵内含一个六钩蚴,待虫卵被中间宿主吞食后,卵内的六钩蚴才能孵出,然后钻入宿主肠壁,随血流到达组织内,发育成各种中绦期幼虫:囊尾蚴(cysticercus)、棘球蚴(hydatid cyst)、泡球蚴(alveolar hydatid cyst)或称多房棘球蚴(multilocular hydatid cyst)和似囊尾蚴(cysticercoid)。

(三) 生理

略。

(四) 致病

绦虫成虫寄生于宿主肠道,大量地掠夺宿主的营养,但是,成虫寄生引起症状的主要原因是虫体固着器官吸盘和小钩、微毛对宿主肠道的机械刺激和损伤,以及虫体释出的毒性代谢产物的刺激。成虫引起的症状通常并不严重,仅有腹部不适、饥饿痛、消化不良、腹泻或腹泻与便秘交替出现等,个别种类如阔节裂头绦虫因为大量吸收宿主的维生素 B_{12} 可引起宿主贫血。

绦虫幼虫在人体内寄生造成的危害性比成虫更大,囊尾蚴和裂头蚴可在皮下和肌肉内引起结节或游走性包块;若侵入眼、脑等重要器官则可引起严重的后果。棘球蚴在肝、肺和脑等部位寄生亦可造成严重危害,其囊液一旦进入宿主组织更可诱发超敏反应而致休克,甚至死亡。

(五) 分类

略。

二、链状带绦虫

[学习引导]

(1) 链状带绦虫成虫、囊尾蚴和虫卵形态有什么特征?
(2) 链状带绦虫生活史有何特点?
(3) 链状带绦虫有哪些阶段,以何方式感染人,各引起什么病?
(4) 如何诊断和确诊猪带绦虫病和囊虫病?
(5) 猪带绦虫病和囊虫病如何治疗? 应注意什么问题?

链状带绦虫(*Taenia solium*)又称猪带绦虫。成虫寄生于人体小肠,可引起猪带绦虫病;幼虫可寄生于人体内脏器官和肌肉,引起囊尾蚴病。

(一) 形态与生活史

1. 成虫 呈带状,长2~4m,由700~1000个节片组成,节片较薄略透明。

头节近似球形,有4个吸盘、顶突和两圈小钩,颈部具生发功能。

链体由幼节、成节和孕节组成,每个成节有雌、雄生殖器官各1套,孕节的子宫每一侧7~13支,为虫种鉴别特征。

2. 虫卵 似球形,卵壳薄而脆弱易破裂,常见虫卵内含六钩蚴,幼虫外层为较厚的具放射状条纹的胚膜。

3. 幼虫 又称囊尾蚴或囊虫,白色卵圆形的半透明囊状体,为8~10mm。含囊液和白色米粒大小、翻卷的头节,其结构与成虫头节相同。

人是猪带绦虫唯一的终宿主,成虫寄生在人体小肠。孕节以单节或数节从链体脱落,随粪便排出体外。

中间宿主是猪,猪吞食孕节或虫卵后,在小肠内孵出六钩蚴并入肠壁血管,随血流到达猪的全身组织,如在股、头、颈、肋间和舌等肌肉处,或在心脏、脑和眼等处,经60~70天发育为囊尾蚴。

人若误食带有活囊尾蚴的猪肉,经2~3个月发育为成虫并可排出孕节或虫卵。

人亦为猪带绦虫中间宿主。人若误食虫卵或孕节,囊尾蚴可寄生于人体内各组织。其感染方式有3种:自体内重复感染、自体外重复感染和异体感染。

(二)致病

1. 成虫致病 引起肠绦虫病,一般患者症状都较轻。偶尔可引起肠梗阻、肠穿孔,并引发腹膜炎等并发症。

2. 幼虫致病 引起囊尾蚴病或囊虫病,其危害性远较绦虫病严重,可将囊尾蚴病分为3类:皮下及肌肉囊尾蚴病、眼囊尾蚴病和脑囊尾蚴病。癫痫、颅内高压和精神症状是脑囊尾蚴病的三大主要症状,临床上又可将脑囊虫病分为多种表现型,其中以癫痫型最为多见。

(三)诊断

1. 猪带绦虫病 有节片排出和食生、半生猪肉史,是诊断该病的重要环节。常用方法有生理盐水直接涂片法、饱和盐水漂浮法、肛门拭子法等。但虫卵无法鉴别虫种,检测孕节片观察子宫分支可鉴别虫种。

2. 囊尾蚴病 有绦虫病史或出现皮下结节史。皮下或浅表部位囊尾蚴结节可采用手术活检;眼囊尾蚴可借助眼底镜检查;脑和深部组织囊尾蚴可采用影像诊断技术。脑脊液细胞数和蛋白量的检测有助于脑囊尾蚴病诊断。

IHA、ELISA或Dot-ELISA等免疫诊断方法具有囊虫病的辅助诊断价值。

(四)流行与防治

造成流行的主要因素是:散放养猪、猪圈与厕所相连,厕所简陋,或人随地大便,猪直接食入患者粪便。其次是食肉或烹调方法不当,使用污染囊尾蚴的刀具、砧板切熟食,均可误食入囊尾蚴而造成感染。

在流行区防治绦虫病要抓好“驱、管、检”三个方面,可从消灭传染源、切断传播途径和保护易感人群达到阻断或控制传播的效果。

对患者驱虫治疗,常采用南瓜子-槟榔法,排出完整的虫体并驱出头节视为驱虫有效,吡喹酮或阿苯达唑也有良好的驱虫效果,如找不到虫体头节,应间隔2~3个月进行随访,以考察疗效。囊尾蚴病治疗首选阿苯达唑,治疗脑囊尾蚴病时,患者必须住院观察治疗。

管理好厕所和猪圈,禁止随地大小便,并禁止散放养猪。

加强肉类检查和肉类检疫制度。

讲究个人卫生和饮食卫生,不生食猪肉。

三、肥胖带绦虫

[学习引导]

(1) 肥胖带绦虫成虫和幼虫与链状带绦虫有何区别?

(2) 肥胖带绦虫的哪个阶段、如何感染人? 引起什么病?

(3) 肥胖带绦虫生活史与链状带绦虫比较有何特点?

(4) 肥胖带绦虫病流行特点是什么? 如何防止肥胖带绦虫感染人体?

肥胖带绦虫(*Taenia saginata*)又称牛带绦虫。它与猪带绦虫在形态和生活史上都有许多相似之处,但只有成虫寄生在人体小肠,引起牛带绦虫病,牛囊尾蚴只寄生于牛等动物。

(一) 形态与生活史

牛带绦虫在形态上与猪带绦虫相似,主要区别点见表 41-1。两种带绦虫的虫卵在形态上无法区别。

表 41-1 两种带绦虫主要形态的区别

区别点	猪带绦虫	牛带绦虫
体长	2~4m	4~8m
节片	700~1000 节,较薄,略透明	1000~2000 节,较肥厚,不透明
头节	球形,具顶突和 2 圈小钩 25~50 个	略呈方形,无顶突和小钩
成节	卵巢分 3 叶	卵巢分 2 叶
孕节	子宫分支不整齐,每侧 7~13 支	子宫分支整齐,每侧 15~30 支。枝端多分叉
囊尾蚴	头节具顶突和小钩	头节无顶突和小钩

人是牛带绦虫唯一终宿主,成虫寄生于人体小肠上段,孕节多逐节自链体脱落并具有很强活动力,常可主动从宿主肛门逸出。孕节片较肥厚,在肛门逸出过程中受挤压,虫卵散落常黏附于肛门周围。

中间宿主除牛外,还有羊、美洲驼、长颈鹿、羚羊等。

人生食或半生食含有活囊尾蚴牛肉后而感染,虫体在小肠内经 8~10 周发育为成虫。

(二) 致病与诊断

成虫对人体有致病作用,可引起牛带绦虫病。表现有上腹部疼痛,也可伴有恶心、呕吐、腹泻、消化不良等胃肠道症状。也可引起肠梗阻,有时表现饥饿性疼痛、贫血及维生素缺乏等症状。临床上患者最常见症状为粪便发现节片,或节片从肛门主动逸出,并表现肛门瘙痒症状。

患者主诉“排虫史”,及生食牛肉史等有助于诊断。病原学检查一般采用肛门拭子法,可提高检获虫卵率;检测孕节片,观察子宫分支可鉴别虫种和确诊感染。

(三) 流行与防治

造成牛带绦虫病地方性流行的主要原因是:患者或带虫者粪便污染牧草、水源,当地居民有生食牛肉习俗。

防治原则和方法与猪带绦虫相同。牛带绦虫只有成虫寄生人体小肠,彻底驱除肠内成虫即可消灭传染源。

四、亚洲带绦虫

[学习引导]

(1) 亚洲带绦虫在形态与生活史上与链状带绦虫和肥胖带绦虫有何区别?

(2) 亚洲带绦虫的哪个阶段、如何感染人?引起什么病?

(3) 如何防治亚洲带绦虫感染?

(一) 形态与生活史

亚洲带绦虫(*Taenia asiatica*)成虫形态像牛带绦虫,而幼虫类似猪囊尾蚴。亚洲带绦虫与猪带绦虫、牛带绦虫的主要区别见表41-2。

表41-2 三种带绦虫的形态比较

区别点	亚洲带绦虫	猪带绦虫	牛带绦虫
成虫节片数	260~1016节	700~1000节	1000~2000节
头节	无顶突和小钩	有顶突和两圈小钩	无顶突和小钩
成节含有睾丸数	354~1197个	150~200个	800~1200个
孕节子宫每侧分支数	11~32支	7~13支	15~30支
囊尾蚴头节小钩	有2圈,外圈钩较小	有2圈,排列清晰	无小钩
囊尾蚴寄生部位	肝脏为主,以及肌肉、内脏	肌肉和内脏	肌肉和内脏

亚洲带绦虫卵与猪带绦虫和牛带绦虫卵无法区别。

终宿主是人,成虫寄生人体小肠上段,孕节从链体逐节脱落,可主动自肛门逸出。

中间宿主猪、野猪,以及小牛、山羊和一些野生动物食入孕节,囊尾蚴寄生其肌肉、内脏器官,特别在肝脏表面。

感染期和感染方式:感染期为囊尾蚴,人因生食猪及野生动物肝脏、肉及内脏而感染,囊尾蚴感染至成虫发育成熟排出孕节片约4个月。

(二) 致病与诊断

亚洲带绦虫致病机制与牛带绦虫相似。根据上述临床症状,及有排孕节和在粪便中、肛周皮肤黏膜上检出虫卵均可确诊。

(三) 流行与预防

亚洲带绦虫主要分布在东亚和一些东南亚地区和国家,包括我国台湾省、菲律宾、印度尼西亚、韩国、泰国、缅甸,在我国大陆的广西、云南、贵州均有病例和局部流行。

防治方法与牛带绦虫相同,特别要改变生食动物肝等内脏及肉类的不良饮食习惯。

五、细粒棘球绦虫

[学习引导]

(1) 阐述棘球蚴的形态结构特点与致病的关系。何谓棘球蚴砂?

(2) 棘球蚴病的严重程度与哪些因素有关?

(3) 棘球蚴病的流行有何特点? 如何感染人?

(4) 棘球蚴寄生在人体哪些部位?

(5) 如何确诊棘球蚴病?

(6) 棘球蚴病对人体有哪些危害? 如何进行预防和治疗?

细粒棘球绦虫(*Echinococcus granulosus*)又称包生绦虫。成虫寄生于犬科动物肠道;幼虫(棘球蚴)寄生于多种食草类家畜及其他动物体内,也可寄生于人体引起严重的人兽共患的棘球蚴病或包虫病(echinococcosis, hydatid disease, hydatidosis)。

(一) 形态与生活史

1. 成虫 是绦虫中最小的虫种之一,体长2~7mm。除头节和颈部外,整个链体只有幼节、成节和孕节各一节,偶或多一节。头节似梨形,有顶突、小钩和4个吸盘。

2. 虫卵 与猪、牛带绦虫卵基本相同,在光镜下难以区别。

3. 幼虫 即棘球蚴,为圆形或近似圆形的囊状体,其形状和大小随寄生时间的长短、寄生部位和宿主不同而异。棘球蚴为单房性囊状体,由囊壁和囊内含物(生发囊、原头蚴、囊液等,有的还有子囊和孙囊)组成。囊壁外层为无细胞结构的角皮层,内层为具有生发作用的生发层(germinal layer)亦称胚层,角皮层外有宿主的纤维组织包绕。

原头蚴、生发囊和子囊可从胚层上脱落,悬浮在囊液中,称为囊砂或棘球蚴砂(hydatid sand)。

成虫寄生在终宿主小肠上段,孕节或虫卵随宿主粪便排出,污染动物皮毛和牧场、土壤及水源等。中间宿主吞食了虫卵和孕节后,六钩蚴在其肠内孵出,钻入肠壁,经血循环至肝、肺等器官,发育为棘球蚴。棘球蚴被终宿主犬、狼等吞食后,囊内含的每个原头蚴都可发育为一条成虫。当人误食虫卵后,孵出的六钩蚴同样可经肠壁随血循环侵入组织,引起急性炎症反应,若幼虫未被杀死,在虫体外会逐渐形成一个纤维性外囊,幼虫在囊内缓慢地发育成棘球蚴。

(二) 致病与诊断

棘球蚴病俗称包虫病,棘球蚴对人体的危害以机械损害和囊液的过敏性及毒性刺激为主,严重程度取决于棘球蚴的体积、数量、寄生时间和部位。棘球蚴可寄生于人体内所有部位,多见部位是肝(右叶为多)、肺和腹腔。原发的棘球蚴感染多为单个,继发感染常为多发,可同时累及几个器官。常见的临床表现有:局部压迫和刺激症状、过敏症状、中毒和胃肠功能紊乱及各种并发症。

询问病史对棘球蚴病的诊断有参考价值。影像学方法如X线、B超、CT、MRI及同位素扫描等对棘球蚴病的诊断和定位也有帮助。但疾病的确诊应以病原学结果为依据,即手术取出棘球蚴,或从痰、胸膜积液、腹水或尿样等检获棘球蚴碎片或原头蚴等,但禁忌做穿刺诊断,以免出现并发症。免疫学试验是重要的辅助诊断方法。

(三) 流行与防治

细粒棘球绦虫呈世界性分布,畜牧区是包虫病的流行区。

1. 造成严重流行的主要因素 虫卵污染环境、人畜密切接触、病畜内脏喂犬等。

2. 预防措施 卫生教育、食品检疫和犬类驱虫。

3. 治疗方法 以外科手术为主。目前试用的药物首选阿苯达唑,主要用于防止术后继发感染。

六、多房棘球绦虫

[学习引导]

(1) 多房棘球蚴与细粒棘球蚴的致病性有何异同?

(2) 阐述泡球蚴病的流行特点及地域。

多房棘球绦虫成虫主要寄生在狐,幼虫为多房棘球蚴(亦称泡球蚴),寄生在中间宿主啮齿类或食虫类动物。幼虫也可寄生于人,引起严重的泡球蚴病(alveococcosis),亦称泡型包虫病或多房性包虫病。

(一) 形态和生活史

1. 成虫 与细粒棘球绦虫相似而较小,虫卵形态和大小均与细粒棘球绦虫卵相似,难以区分。

2. 泡球蚴 为白色或淡黄色的囊泡状团块,多见数个大小囊泡相互连接、聚集而成。囊泡呈圆形或椭圆形,直径为0.1~0.7cm,内含透明的囊液和大量原头蚴,或含胶状物而无原头蚴。囊泡外壁角皮层很薄且常不完整,整个泡球蚴与宿主组织之间无纤维组织被膜分隔。

成虫寄生于终宿主狐、狗、狼、獾和猫等动物肠道。当体内带有泡球蚴的鼠或动物脏器被终宿主吞食后,囊内原头蚴逸出发育为成虫并排出孕节和虫卵。中间宿主(野生啮齿类动物)因食入终宿主排出的虫卵和孕节而感染。寄生部位主要是肝。在宿主组织内泡球蚴多以外生性出芽生殖方式不断产生新囊泡,长入组织,少数也可向内芽生形成隔膜而分离出新囊泡。一般在感染后1~2年被寄生的宿主器官可被大小囊泡所占据,呈葡萄状的囊泡群也可向器官表面蔓延至体腔内,犹如恶性肿瘤。人因误食虫卵而感染,由于人是多房棘球绦虫的非适宜中间宿主,人体感染时囊泡内只含胶状物而无原头蚴。

(二) 致病与诊断

泡球蚴病对人体危害性要比细粒棘球蚴病更为严重,病死率也较高。原发病灶在肝脏,继发感染多见于肺、脑等其他部位。其主要致病机制是直接侵蚀、毒性损害和机械压迫等三个方面。泡球蚴在肝实质内呈弥漫性浸润生长,逐渐波及整个肝脏,病变过程中可诱发肝硬化而引起门静脉高压,并发上消化道大出血而致死亡,也可引起肝衰竭而导致昏迷。

询问病史对泡球蚴病诊断有一定参考价值。细粒棘球蚴病的实验室检查方法均适用于泡球蚴病诊断,免疫诊断效果尤佳。

(三) 流行与防治

多房棘球绦虫主要流行于北半球高纬度地区。我国泡球蚴病流行区的地理分布主要有中部流行区和西部流行区。

造成泡球蚴病流行的因素有:①多房棘球绦虫在野生动物中存在,形成自然疫源地;②人在狩猎等生产活动中误食虫卵造成直接感染;③虫卵污染环境如土壤、植物、蔬菜和饮用水而引起间接感染。

防治泡球蚴病的措施有:消灭感染病狐和野鼠,加强卫生宣传教育,加强普查,注意个人防护。

泡球蚴病的治疗主要靠手术摘除,配合使用药物治疗,可选用阿苯达唑、甲苯达唑和吡喹酮等。

七、微小膜壳绦虫

[学习引导]

(1) 微小膜壳绦虫的形态学特征与带科绦虫有何不同?

(2) 阐述微小膜壳绦虫自体内增殖现象与其致病之间的关系。

(3) 微小膜壳绦虫如何感染人体,如何预防?

微小膜壳绦虫(*Hymenolepis nana*):又称短膜壳绦虫。成虫寄生于鼠类和人体小肠内,引起微小膜壳绦虫病(hymenolepiasis nana)。

(一) 形态与生活史

微小膜壳绦虫为中小型绦虫,成虫体长 5~80mm。头节呈球形,具顶突小钩和四个吸盘。链体由 100~200 个节片组成,所有节片均宽大于长并由前向后逐渐增大。

虫卵呈圆球形或近似圆球形,无色透明。卵壳很薄,其内有较厚的胚膜,胚膜两端略凸起并由此处各发出 4~8 根丝状物,弯曲地延伸在胚膜和卵壳之间,胚膜内含有一个六钩蚴。

在微小膜壳绦虫的生活史中,既可需要中间宿主、也可不需要中间宿主而完成。

1. 直接感染和发育 成虫寄生于鼠类或人的小肠里,脱落的孕节或虫卵随宿主粪便排出体外。当孕节或虫卵被另一宿主吞食后,虫卵在其小肠内孵出六钩蚴,并钻入肠绒毛,经 3~4 天发育为似囊尾蚴,6~7 天后似囊尾蚴破坏肠绒毛又回到肠腔,以头节吸盘附着在肠壁上,逐渐发育为成虫。此外,脱落的孕节或虫卵在所寄生的宿主肠内滞留过久,也可在肠内直接孵出六钩蚴,经历同样的似囊尾蚴和成虫发育过程,即在同一宿主肠道内完成其整个生活史,造成自体内重复感染。

2. 经中间宿主发育 当中间宿主(印鼠客蚤、犬蚤、猫蚤和致痒蚤等多种蚤类及其幼虫)吞食该绦虫卵后,在其中肠孵出的六钩蚴,并移行至昆虫血腔内发育为似囊尾蚴,鼠和人因误食入这些带有似囊尾蚴的中间宿主昆虫而受感染。

(二) 致病与诊断

致病作用主要有成虫头节上的吸盘、小钩和体表微毛对宿主肠黏膜的机械损伤,以及毒性分泌物的作用。

病原学诊断主要是从患者粪便中查找虫卵或孕节。

(三) 流行与防治

微小膜壳绦虫为世界性分布,在温带和热带地区较多见。国内分布也很广泛。

微小膜壳绦虫病的流行主要与个人卫生习惯有关,虫卵主要通过手-口的方式进入人体,特别在儿童聚集的场所更易互相传播。偶尔误食入带有似囊尾蚴的昆虫是感染的另一原因。另外,自体重复感染造成顽固性寄生,也具有一定的流行病学意义。

在微小膜壳绦虫病防治上,应彻底治疗患者,以防止传播和自身感染。驱虫治疗药物可选用吡喹酮。

八、曼氏迭宫绦虫

[学习引导]

(1) 曼氏迭宫绦虫的形态学特征与带科绦虫有何不同?

(2) 举例说明人体感染裂头蚴的方式,并提出预防措施。

(3) 阐述裂头蚴病的多发部位。

曼氏迭宫绦虫(*Spirometra mansoni*)成虫主要寄生在猫、狗等食肉动物小肠内,偶然寄生于人体,其幼虫裂头蚴常可在人体寄生,引起曼氏裂头蚴病(sparganosis mansoni),幼虫对人体的危害性远比成虫大。

(一) 形态与生活史

1. 成虫　为乳白色,长 60~100cm。头节细小,呈指状,背、腹面各有一条吸槽。颈部细长。链体有节片约 1000 个。

2. 虫卵　为椭圆形,两端稍尖,浅灰褐色,卵壳较薄,一端有卵盖,内有一个卵细胞和若干个卵黄细胞。

3. 裂头蚴　为长带形,白色,大小约 300mm×0.7mm,头端膨大,中央有一明显的、与成虫头节相似的凹陷;体不分节但具不规则横皱褶,后端多呈钝圆形,活时伸缩能力很强。

曼氏迭宫绦虫的生活史中需要 3~4 个宿主。终宿主是猫和犬,此外还有虎、豹、狐和豹猫等食肉动物;第一中间宿主是剑水蚤,第二中间宿主以蛙为主。蛇、鸟类和猪等多种脊椎动物可作其转续宿主。人可成为它的第二中间宿主、转续宿主甚至终宿主。

成虫寄生于终宿主小肠内,虫卵随宿主粪便排出体外并入水,孵出钩球蚴。钩球蚴在水中游动,被剑水蚤吞食后,发育成原尾蚴。当含有原尾蚴的剑水蚤被蝌蚪吞食后,并随着蝌蚪逐渐发育成蛙,原尾蚴也发育成为裂头蚴。当受染的蛙被蛇、鸟类或猪等非正常宿主吞食后,裂头蚴穿过肠壁,移居到腹腔、肌肉或皮下等处继续生存,蛇、鸟、猪等即成为其转续宿主。当猫、犬等终宿主吞食含有裂头蚴的第二中间宿主蛙或转续宿主后,裂头蚴在其肠内逐渐发育为成虫。

(二) 致病与诊断

偶然寄生于人体的成虫对人的致病力不大,因虫体机械性和化学性刺激引起消化道轻微症状。

对人体的危害性主要是由裂头蚴寄生引起的曼氏裂头蚴病，其严重程度因裂头蚴移行和寄居部位不同而异。常见寄生于人体的部位依次是：眼部、四肢躯体皮下、口腔颌面部和内脏。局部形成嗜酸性肉芽肿囊包，周边组织肿胀，甚至发生脓肿。囊包直径为 1～6cm，具囊腔，腔内盘曲的裂头蚴可有 1～10 条不等。

曼氏迭宫绦虫成虫感染可以用粪检虫卵予以确诊。在曼氏裂头蚴病的诊断中，询问病史有一定参考价值，从局部病患部位检出虫体可做出明确诊断。采用 CT 等放射影像技术可提高脑裂头蚴病确诊率，也可用裂头蚴抗原进行各种免疫辅助诊断。

（三）流行与防治

曼氏迭宫绦虫分布很广，成虫寄生人体并不多见。曼氏裂头蚴病多见于东亚和东南亚各国。

人体感染裂头蚴的途径即可由裂头蚴或原尾蚴经皮肤或黏膜侵入，也可因误食裂头蚴或原尾蚴而感染。具体感染方式主要有：局部敷贴生蛙肉、生食或半生食蛙、蛇或猪肉和误食入剑水蚤。

在防治上主要是加强健康教育。成虫感染可用吡喹酮、阿苯达唑等药驱除。裂头蚴主要靠手术摘除。

（王兆军　段义农）

第四十二章　棘头虫纲

教学要求

(1) 熟悉猪巨吻棘头虫生活史与致病关系。

(2) 了解猪巨吻棘头虫病的流行与防治。

教学内容

[学习引导]

(1) 猪巨吻棘头虫成虫有何形态特征?

(2) 人是猪巨吻棘头虫的什么宿主?

(3) 猪巨吻棘头虫对人有何致病性?

(4) 猪巨吻棘头虫病的防治措施有哪些?

猪巨吻棘头虫(*Macracanthorhynchus hirudinaceus*)属于棘头动物门的后棘头虫纲,成虫寄生于猪的小肠内,偶尔亦可寄生人体,引起人体棘头虫病,此病属人兽共患寄生虫病。

一、形态与生活史

成虫为圆柱形,前端稍粗大,向后逐渐细小,尾端钝圆。虫体由吻突、颈部和躯干三部分组成。吻突呈球形,可伸缩,其周围有5~6排透明尖锐的吻钩,每排有6个小钩,呈螺旋形排列。颈部与吻鞘相连,由于肌肉的活动,吻突可缩入或伸出鞘内。无消化道,营养物通过体表吸收。雄虫大小为5~10cm×0.3~0.5cm,尾端有钟形交合伞,平时缩入体内。雌虫大小为20~65cm×0.4~1.0cm,尾端钝圆。

虫卵呈椭圆形,深褐色,大小为67~110μm×40~65μm;卵壳厚,由三层组成,中间层明显增厚,并有凹凸不规则的皱纹,一端闭合不全,透明状;成熟虫卵内含一个具有小钩的棘头蚴。

感染性棘头体为乳白色,似芝麻粒状,大小为2.4~2.9mm×1.6~2.0mm,前端较宽平,中央因吻突缩入而稍凹陷,后端较窄。体内可见吻突、吻钩的雏形和胞核,体外包绕一层白色结缔组织囊壁。

成虫主要寄生在猪和野猪的小肠内,偶尔亦可寄生于人、犬、猫的体内,中间宿主为鞘翅目昆虫。生活史包括虫卵、棘头蚴、棘头体、感染性棘头体和成虫等阶段。虫卵随宿主粪便排出体外,某些鞘翅目昆虫如金龟子、天牛等吞食虫卵后,卵壳破裂,棘头蚴逸出,并穿过肠壁进入甲虫血腔,经过棘头体阶段发育为感染性棘头体。当猪等动物吞食含有感染性棘头体的甲虫后,经1~3个月在其小肠内发育为成虫。人是非正常宿主,人误食含有感染性棘头体的甲虫而受感染,但虫体极少发育为成虫,亦不能产卵。

二、致病与诊断

虫体寄生于人体回肠中下部,多为1~2条,偶尔多至21条,虫体以吻钩附着于小肠黏膜,造成黏膜充血、出血、炎症、坏死或形成溃疡,随后结缔组织增生,局部形成0.7~1.0cm棘头虫结节,常与大网膜或邻近组织形成包块,少数患者可因肠粘连而并发肠梗阻。也可造成肠穿孔,引起局限性腹膜炎、腹膜脓肿,甚至危及生命。患者出现消瘦、贫血、腹泻、阵发性腹痛等症状。

诊断主要依据是流行病学史、食入甲虫史及临床症状。亦可因服用驱虫药排出虫体或手术时发现虫体,根据其形态特征进行鉴定。

三、流行与防治

由于猪巨吻棘头虫在人体内多数不能发育成熟,所以人作为棘头虫病传染源的意义并不大。猪是重要的传染源,尤其是辽宁和山东两省猪的感染率最高,也是我国主要流行区。天牛、金龟子等鞘翅目昆虫为棘头虫的中间宿主,人因生食或半生食天牛或金龟子而感染,其中以儿童和青少年感染率较高,此病流行具有明显的地域性和季节性。

开展广泛卫生宣传教育,不食生的或半生的甲虫,加强猪饲养管理,提倡圈养,是防止棘头虫感染的重要措施。治疗药物有阿苯达唑、甲苯达唑,出现外科合并症时应手术取虫治疗。

(徐大刚　孙　军)

第四十三章 原虫概述

教学要求

(1) 掌握医学原虫生活史的基本类型。

(2) 熟悉医学原虫的致病特点。

(3) 了解医学原虫的基本形态和分类与医学的关系。

教学要点

[学习引导]

(1) 原虫的基本构造由几部分组成？运动细胞器有哪些？

(2) 原虫的生殖方式有哪几种？

(3) 原虫的生活史可分为几种类型？

原虫为单细胞真核动物。医学原虫包括寄生在人体腔管、体液、组织或细胞内的致病及非致病性原虫，约有40余种。

一、形　态

体积微小(2~200μm)，由胞膜、胞质和胞核组成。

胞膜参与营养、排泄、运动、感觉、侵袭、隐匿等多种生理活动。

胞质主要由基质、细胞器和内含物组成，是原虫代谢和营养储存的主要场所。基质有内、外质之分；细胞器按功能分为膜质细胞器、运动细胞器和营养细胞器，运动细胞器分为伪足、鞭毛、纤毛三种，为原虫分类的重要标志。

胞核由核膜、核质、核仁和染色质组成，寄生人体的原虫多数为泡状核型，少数为实质核型，经染色后的细胞核形态特征是医学原虫病原学诊断的重要依据。

二、运　动

运动方式主要有伪足运动、鞭毛运动和纤毛运动。

三、生　殖

1. 无性生殖　包括二分裂(最常见)、多分裂(裂体增殖、孢子增殖)、出芽生殖(内出芽、外出芽)。

2. 有性生殖　包括接合生殖、配子生殖。

四、生活史类型

1. 人际传播型　包括单生活史期型和双生活史期型。

2. 循环传播型　需两类脊椎动物分别作为其终宿主和中间宿主。

3. 虫媒传播型　包括无世代交替型和有世代交替型。

五、分　类

根据运动细胞器的有无，将医学原虫分为鞭毛虫、阿米巴、纤毛虫和孢子虫四大类。

(吴健桦)

第四十四章　叶　足　虫

教学要求

(1) 掌握溶组织内阿米巴和结肠内阿米巴的滋养体和包囊形态,溶组织内阿米巴生活史、致病和临床类型。

(2) 熟悉溶组织内阿米巴病原诊断和防治原则;致病性自生生活阿米巴的致病作用。

(3) 了解溶组织内阿米巴流行现状及影响流行的主要因素。

一、溶组织内阿米巴

[学习引导]

(1) 溶组织内阿米巴的结构特征有哪些?

(2) 简述溶组织内阿米巴生活史基本过程。

(3) 简述溶组织内阿米巴的致病机制。

(4) 溶组织内阿米巴病的病原学诊断方法主要有哪些?

(5) 简述溶组织内阿米巴病流行情况和防治原则。

溶组织内阿米巴(*Entamoeba histolytica*),即痢疾阿米巴,为侵袭型阿米巴病的病原体,主要寄生于结肠组织,引起肠型阿米巴痢疾;当虫体寄生于肝、肺、脑等组织,引起各种肠外型阿米巴病。

(一) 形态与生活史

1. 滋养体(trophozoite)　大小在 20~40 μm,形态多变,以二分裂法增殖。为虫体活动期,以伪足作定向运动。当其从有症状患者组织中分离时,胞质内常含有摄入的红细胞。有一个泡状核,核仁居中。

2. 包囊(cyst)　圆球形,直径 10~16 μm,分为未成熟包囊和成熟包囊两类,前者包括单核包囊和双核包囊,有糖原泡和拟染色体;后者为四核包囊,糖原泡和拟染色体消失。

人为溶组织内阿米巴的适宜的宿主,经口食入被四核包囊污染的食物或饮水而感染。

滋养体寄生于回肠末端或结肠,随肠内容物下移至横结肠后,逐渐形成包囊,随宿主粪便排离体外。当宿主有腹泻时,滋养体无充分时间成囊,即随宿主粪便排出。

当机体抵抗力下降时,滋养体可入侵肠黏膜,吞噬红细胞和组织细胞,引起肠壁溃疡,也可随血流播散到其他器官,引起肠外阿米巴病。

(二) 致病

致病阶段为滋养体。260kDa 半乳糖/乙酰氨基半乳糖凝集素、阿米巴穿孔素和半胱氨酸蛋白酶为三种主要致病因子。

滋养体侵犯肠黏膜形成口小底大的烧瓶样溃疡,为肠阿米巴病的典型病理表现。肠外阿米巴病主要累及肝、肺、脑等部位,肠外阿米巴脓肿病理特征以无菌性、液化性坏死为主。

阿米巴病可分成肠阿米巴病和肠外阿米巴病。肠阿米巴病包括无症状带包囊者和阿米巴性结肠炎。后者的临床过程可分急性或慢性。典型的阿米巴痢疾常有稀便,粪便呈果酱样,伴腐败腥臭味,带血和黏液。肠外阿米巴病以阿米巴性肝脓肿最常见,其播散主要是滋养体侵入门静脉系统,常多发于右下叶。另外还有阿米巴性肺脓肿、阿米巴性脑脓肿等。

(三) 诊断

肠阿米巴病诊断主要靠粪便检查,粪检中查获包囊或滋养体即可确诊。常用生理盐水涂片法,适用于急性肠炎患者的脓血便或黏液便。检查滋养体,要求镜检粪便新鲜,在保温条件下进行观察,而且盛放标本的容器不能加消毒剂或与尿液混合,以免造成滋养体死亡。并要注意某些抗生素、致泻药或收敛药、灌肠液等药物的使用均可降低虫体生存和活动力,从而影响检出率。所以,对慢性患者可从未成形粪便中检查滋养体,也可从成形粪便中经碘液染色法检查包囊;带虫者的成形粪便可做碘液染色法检查包囊。

(四) 流行与防治

阿米巴病的传染源为粪便中带有包囊的人或动物宿主。只排出滋养体的急性肠阿米巴患者,并不传播阿米巴病,但同时排出滋养体和包囊的慢性肠阿米巴病患者,也是传染源。无症状的带囊者是最重要的传染源。

造成阿米巴病传播的原因是:①包囊污染食物、饮水,主要经粪-口途径进行传播;②某些媒介昆虫也起到传播作用,包囊可完整地通过苍蝇和蟑螂的消化道;③性传播方式。

甲硝唑为目前治疗急性或慢性侵入性肠阿米巴病的首选药物。对无症状和包囊携带者的治疗,一般选择巴龙霉素。

对粪便进行无害化发酵处理,杀灭包囊,保护水源、食物,并不断加强健康教育、提高环境卫生意识和驱除有害昆虫等措施均有利于对阿米巴病的控制。

二、结肠内阿米巴

> **[学习引导]**
> (1) 结肠内阿米巴的结构特征有哪些?
> (2) 在形态上如何区别结肠内阿米巴与溶组织内阿米巴?

结肠内阿米巴(*Entamoeba coli.*)是人体肠道最常见的共栖原虫,不致病。

(一) 形态与生活史

1. 滋养体 略大于溶组织内阿米巴,活动迟缓,内质不含红细胞,核仁偏位。

2. 包囊 呈球形,明显大于溶组织内阿米巴包囊。胞核4~8个,成熟包囊偶有超过8个核。

生活史与溶组织内阿米巴相似,但其只寄居于肠腔内,不侵犯组织。

(二) 诊断

结肠内阿米巴不具致病性,在临床上要注意与溶组织内阿米巴的鉴别,以免造成误诊或漏诊。其诊断方法与诊断溶组织内阿米巴方法相同。

三、致病性自生生活性阿米巴

[学习引导]

(1) 简述耐格里属阿米巴与棘阿米巴属的感染方式与致病特点。

(2) 耐格里属阿米巴、棘阿米巴属的生物学特性与溶组织内阿米巴有何异同?

(一) 形态与生活史

耐格里属(*Naegleria*)阿米巴与棘阿米巴属(*Acanthamoeba*)的主要比较见表 44-1。

表 44-1 耐格里属阿米巴与棘阿米巴属形态与生活史比较

	耐格里属阿米巴	棘阿米巴属
滋养体	呈长型,可形成鞭毛型	长圆形,有棘状伪足,无鞭毛型
包囊	圆球形	圆球形,不同种形态各异
感染期	滋养体	滋养体
感染方式	接触水源,经鼻黏膜侵入	经皮肤伤口、角膜等侵入

(二) 致病与诊断

耐格里属阿米巴可引起原发性阿米巴性脑炎(PAME),潜伏期短,起病急,病情重,病程短,死亡率高。

棘阿米巴属原虫可引起肉芽肿性阿米巴脑炎(GAE)、阿米巴性角膜炎(AK)。

诊断以询问病史结合病原学检查为主。通过脑脊液或病变组织涂片检测滋养体或包囊。

(三) 防治

加强水源管理,隐形眼镜应注意使用卫生。

无特效药,可用两性霉素 B 缓解症状。

(吴健桦 刘世国)

第四十五章　鞭　毛　虫

教学要求

(1) 掌握杜氏利什曼原虫无鞭毛体形态、生活史、致病特点。

(2) 熟悉杜氏利什曼原虫病原诊断，贾第虫滋养体和包囊、阴道毛滴虫滋养体形态，致病特征，贾第虫和阴道毛滴虫病原诊断和防治原则。

(3) 了解杜氏利什曼原虫和贾第虫阴道毛滴虫流行现状、特点和影响流行的因素。

一、利什曼原虫

[学习引导]

(1) 寄生于人体的利什曼原虫有几种？

(2) 杜氏利什曼原虫的生活史和致病有哪些特点？

(3) 黑热病贫血的机理有哪些？

(4) 简述黑热病治愈后的免疫特点。

(5) 黑热病的病原学诊断方法有哪些？

(6) 简述黑热病在我国的流行区域和流行类型。

(7) 黑热病的防治原则是什么？

利什曼病可分为三种不同类型：①内脏利什曼病，即黑热病（kala-azar），由杜氏利什曼原虫（*Leishmania donovani*）引起；②黏膜皮肤利什曼病，由巴西利什曼原虫引起；③皮肤利什曼病，主要由热带利什曼原虫和墨西哥利什曼原虫所致。这里主要介绍杜氏利什曼原虫。

（一）形态与生活史

1. 无鞭毛体（amastigote）　通称利杜体（Leishman-Donovan body，LD body），寄生于人和其他哺乳动物的单核-巨噬细胞内。虫体卵圆形，经瑞氏染色后细胞质呈淡蓝或淡红色，内有一个较大而明显的圆形核，呈红色或淡紫色。有动基体、基体和根丝体。

2. 前鞭毛体（promastigote）　寄生于白蛉消化道。呈梭形或长梭形，前端有一根伸出体外的鞭毛，为虫体运动器官。

杜氏利什曼原虫生活史需要两个宿主，即白蛉和人（或其他哺乳动物），虫体在宿主体内营无性增殖。

雌性白蛉刺吸患者或受感染的动物宿主时，血液或皮肤内含无鞭毛体的单核-巨噬细胞被吸入胃内，逐渐发育为前鞭毛体。当含有感染性前鞭毛体的雌性白蛉叮刺人体吸血时，一部分前鞭毛体进入单核-巨噬细胞，向无鞭毛体期转化。

（二）致病与诊断

脾、肝、骨髓、淋巴结是病变最严重之处。巨噬细胞大量破坏和增生，导致这些器官组织肿大，其中脾肿大是黑热病最主要的体征。在患者的血清中，最明显的改变是球蛋白的大量增加和白蛋白的减少，出现白蛋白、球蛋白比例倒置。

贫血是很常见的临床表现之一，由于脾功能亢进常出现血液中红细胞、白细胞及血小板都减少的全血常规减少现象，出现鼻出血、牙龈出血等症状。

人体对杜氏利什曼原虫无先天免疫力，但患者经特效药物治疗后，痊愈率较高，一般不会再次感染，可获得终生免疫，能够抵抗同种利什曼原虫的再感染。

病原学检查常用的方法有：①涂片法常用的是骨髓穿刺涂片法；②培养法；③动物接种法；④皮肤活组织检查法。免疫诊断和分子生物学方法也可用于辅助诊断。

（三）流行与防治

杜氏利什曼原虫病（黑热病）属人兽共患疾病。在我国，黑热病流行于长江以北的16个省市自治区。我国黑热病在流行病学上可大致分为三种不同的类型，即人源型、犬源型和自然疫源型。

黑热病流行的三个环节：①传染源，患者、病犬及某些野生动物；②传播途径，主要通过白蛉叮刺传播，偶可经口腔黏膜、破损皮肤、胎盘或输血传播；③易感人群，人群普遍易感。

治疗患者采用五价锑剂葡萄糖酸锑钠，此药高效低毒。定期查治或捕杀病犬是防治工作中重要的一环。消灭传播媒介白蛉是防制黑热病的根本措施。

二、锥　　虫

[学习引导]

（1）寄生人体的锥虫有几种，分别引起何种疾病？

（2）锥虫病为何不会在我国流行？

寄生于人体的锥虫有布氏锥虫复合体和克氏锥虫两种，分别引起非洲锥虫病（即睡眠病）和美洲锥虫病（恰加斯病）。非洲锥虫病是非洲人畜共患的严重疾病之一，通过舌蝇吸血传播，可侵犯中枢神经系统，导致脑膜等病变；而美洲锥虫病是一种自然疫源性疾病，由锥蝽传播，虫体随锥蝽粪便排出并经皮肤伤口或黏膜感染人体，引起感染部位恰加斯肿及心肌炎、脑炎等。在我国没有这两种吸血节肢动物的分布，故无流行。

三、蓝氏贾第鞭毛虫

[学习引导]

（1）蓝氏贾第鞭毛虫的形态和生活史的特点是什么？

（2）蓝氏贾第鞭毛虫的致病因素、致病机制及临床表现是什么？

（3）蓝氏贾第鞭毛虫的病原学诊断方法有哪些？

（4）蓝氏贾第鞭毛虫的传染源是什么？

蓝氏贾第鞭毛虫（*Giardia lamblia*）简称贾第虫，主要寄生于人和某些哺乳动物的小肠，引起以腹泻为主要症状的蓝氏贾第鞭毛虫病（简称贾第虫病），曾在国际旅游者中流行，故一度有“旅游者腹泻”之称，已被列为全世界危害人类健康的十种主要寄生虫病之一。

(一) 形态与生活史

1. 滋养体 呈纵半的倒置梨形，两侧对称，腹面扁平，背部隆起。腹前部向内凹陷形成两个吸盘，一对细胞核位于虫体前端的吸盘部位，有前、后侧、腹侧和尾鞭毛共4对。

2. 包囊 呈椭圆形，囊壁较厚，与虫体间有明显的间隙。未成熟包囊内含2个细胞核，成熟的含4个。

四核包囊为感染阶段，人或动物摄入被4核包囊污染的饮水或食物而感染。

滋养体主要寄生于十二指肠或小肠上段，滋养体以二分裂方式进行繁殖，为营养、生殖的活动阶段。

在环境因素不利时，滋养体形成包囊并随粪便排出体外。

(二) 致病与诊断

人体感染贾第虫后的临床表现和病理变化，是与不同虫株的致病力、宿主免疫力及二糖酶缺乏有关。

感染贾第虫包囊后，部分感染者成为无症状带囊者。患者急性期表现为吸收不良综合征，可出现恶臭的水样性腹泻。亚急性期表现为间歇性排软便或粥样便，慢性期患者多见，表现为周期性稀便。

病原学诊断以粪检为主。急性期取新鲜粪便生理盐水涂片后，镜检滋养体；亚急性期或慢性期患者，可用新鲜粪便生理盐水涂片后，镜检滋养体，或用碘液染色法查包囊；带虫者采用碘液染色法查包囊，由于包囊排出具有间断性，需隔日查一次，连续查3次。

(三) 流行与防治

贾第虫病呈全球性分布，也是一种人兽共患寄生虫病，一些家畜、宠物和一些野生动物可为保虫宿主。贾第虫病的流行与饮用水污染有密切关系，是一种水源性疾病。

粪便中排出包囊的人和动物为传染源。

水源传播是贾第虫病传播的重要途径。主要经粪-口方式传播，同性恋者的肛交行为，也是导致贾第虫病传播的一种方式。

应积极治疗患者和无症状的包囊携带者，常用治疗药物有甲硝唑(灭滴灵)、巴龙霉素等。

加强人和动物宿主粪便管理，防止水源污染。搞好饮食卫生和个人卫生。

四、阴道毛滴虫

[学习引导]

(1) 阴道毛滴虫的形态和生活史特点是什么?

(2) 阴道毛滴虫的致病特点和病原学诊断方法有哪些?

(3) 阴道毛滴虫的防治原则是什么?

阴道毛滴虫(*Trichomonas vaginalis*)主要寄居于女性阴道和泌尿道，引起滴虫性阴道炎和泌尿道炎症，也可感染男性泌尿生殖系统，造成相应部位的炎症。故将阴道毛滴虫感染引起的疾病归为性传播疾病。

(一) 形态与生活史

滋养体呈椭圆形或梨形,有一泡状核、4 根前鞭毛和 1 根后鞭毛。体外侧前 1/2 处有一波动膜,虫体借助鞭毛的摆动和波动膜的波动做旋转式前进运动。虫体以二分裂法增殖。

虫体主要寄居在女性阴道后穹隆;男性感染部位多见于尿道或前列腺。

阴道毛滴虫生活史中只有滋养体阶段。滋养体既是阴道毛滴虫的繁殖阶段,又是感染和致病阶段。通过直接或间接接触方式在人群中传播。

(二) 致病与诊断

滴虫性阴道炎的临床症状最常见的为阴道白带增多,外阴瘙痒或烧灼感。累及尿道者出现尿频、尿急、尿痛等症状。男性感染者多表现为无临床表现的带虫状态,但可导致配偶连续重复感染。

诊断时,取阴道后穹隆分泌物、尿液沉淀物或前列腺液,用生理盐水涂片法或涂片染色法(瑞氏或姬氏染色)镜检,若查得本虫滋养体即可确诊。

(三) 流行与防治

阴道毛滴虫呈全球性分布。

传染源为滴虫性阴道炎患者和无症状带虫者,或为男性带虫者。

传播途径包括直接和间接接触传播两种方式,性交为主要的传播方式;间接传播主要通过使用公共浴池、浴具、公用泳衣裤、便具等。

对已婚夫妇或性伴侣,双方应同时进行治疗方可根治。

临床上常用的首选口服药物为甲硝唑。

注意个人卫生。

五、其他毛滴虫

[学习引导]

人毛滴虫和口腔毛滴虫的形态特征、感染方式、致病特点、病原学诊断和防治要点是什么?

寄生于人体盲肠和结肠的人毛滴虫和寄生于人体口腔的口腔毛滴虫的主要特征见表 45-1。

表 45-1 两种毛滴虫的主要特点

虫种	主要形态特征	感染方式	致病	诊断	防治
人毛滴虫	3~5 根前鞭毛和 1 根后鞭毛,后鞭毛与波动膜外缘相连游离于尾端	滋养体污染的食物和饮水,经口感染	一般认为无致病作用,可能会引起腹泻	粪便直接涂片或人工培养法	注意个人卫生和饮食卫生,治疗药物:灭滴灵
口腔毛滴虫	4 根前鞭毛和 1 根无游离端的后鞭毛,波动膜长于阴道毛滴虫者	滋养体经接吻或经飞沫、食物、餐具而感染	感染后难以消除,可能与牙周炎、牙龈炎、龋齿等有关	齿龈刮取物直接涂片	保持口腔卫生,如有口腔疾患可用灭滴灵

(吴健桦 吴琛耘)

第四十六章　孢　子　虫

教学要求

(1) 掌握间日疟原虫和恶性疟原虫在人体内的发育特点,红内期虫体和配子体的形态、致病作用和免疫,弓形虫速殖子(假包囊)、包囊和卵囊的形态,生活史、致病和传播。

(2) 熟悉疟原虫的病原检查方法,弓形虫的病原检查和免疫诊断方法的应用,隐孢子虫卵囊形态和检测方法。

(3) 了解三日疟原虫、卵形疟原虫在形态和生活史方面与间日疟原虫的区别,疟原虫的分布、流行特点、影响流行的因素和防治,弓形虫、隐孢子虫的致病条件和流行特点。

教学要点

一、疟　原　虫

[学习引导]

(1) 疟原虫红内期的主要形态特征是什么?

(2) 疟原虫的生活史要点有哪些?

(3) 什么是疟疾的潜伏期? 什么是再燃、复发?

(4) 疟疾发作的机制是什么?

(5) 为什么疟疾患者会出现贫血?

(6) 疟疾患者脾肿大的原因是什么?

(7) 什么是凶险型疟疾、疟型肾病和先天性疟疾?

(8) 疟疾的免疫特点是什么?

(9) 疟原虫的实验诊断方法有哪些?

(10) 疟疾的流行环节和流行因素是什么?

(11) 疟疾的防治原则有哪些?

寄生于人的疟原虫有4种,即间日疟原虫(*Plasmodium vivax*)、恶性疟原虫(*P. falci-parum*)、三日疟原虫(*P. malariae*)和卵形疟原虫(*P. ovale*),分别引起间日疟、恶性疟、三日疟和卵形疟。在我国分布最广、最常见的是间日疟,其次为恶性疟,三日疟散在性分布,较少见。卵形疟极少。

(一) 形态

4种疟原虫的主要形态区别和被寄生红细胞的变化见表46-1。

表 46-1　4 种疟原虫的形态区别

虫体阶段	间日疟原虫	恶性疟原虫	三日疟原虫	卵形疟原虫
环形体	环较粗壮，约等于红细胞直径的 1/3；核 1 个；红细胞内多为 1 个原虫寄生	环纤细，约等于红细胞直径的 1/5；核 2 个常见；可有多个原虫寄生和多缘寄生	大小同间日疟原虫；核 1 个；多为单个原虫寄生	基本与三日疟原虫相似
大滋养体	虫体渐大，活动显著，有伪足伸出，空泡明显，虫体形态不规则；疟色素黄棕色、烟丝状	虫体小、结实，不活动；疟色素集中一团，呈黑色，外周血中一般不能查见	体小圆形或呈带状，有一个大空泡，不活动；疟色素棕黑色，颗粒状，常分布于虫体的边	虫体圆形，似三日疟原虫，但较大；疟色素似间日疟原虫较细小
未成熟裂殖体	核开始分裂成多个，虫体渐呈圆形，空泡消失；疟色素开始集中	虫体仍似大滋养体，但核分裂成多个，外周血中一般不能查见	虫体圆形或宽带状，核分裂成多个；疟色素集中较迟	虫体圆或卵圆形，核分裂成多个；疟色素数量较少
成熟裂殖体	裂殖子 12~24 个，排列不规则；疟色素集中成堆，虫体占满胀大了的红细胞	裂殖子 8~36 个，排列不规则；疟色素集中成一团，虫体占红细胞体积的 2/3，外周血中一般不能查见	裂殖子 6~12 个，排成一环；疟色素多集中在中央，虫体占满整个不胀大的红细胞	裂殖子 6~12 个，排成一环；疟色素集中在中央或一侧
雄配子体	圆形，胞质浅蓝色，核疏松，淡红色，位于中央；疟色素分散	腊肠形，两端钝圆，胞质色蓝略带红，核疏松，淡红色，位于中央；疟色素黄棕色，小杆状	圆形，略小于正常红细胞，胞质淡蓝色，核疏松，淡红色，位于中央；疟色素分散	似三日疟原虫，但稍大；疟色素似间日疟原虫
雌配子体	圆形，占满胀大的红细胞，胞质蓝色，核结实，较小，深红色，偏于一侧；疟色素较致密分散	新月形，两端较尖，胞质蓝色，核结实，较小，深红色，位于中央；疟色素深褐色	圆形，如正常红细胞大，细胞质深蓝色，核结实，偏于一侧；疟色素多而分散	似三日疟原虫，但稍大；疟色素似间日疟原虫
被寄生红细胞变化	胀大，常呈长圆形或多边形；滋养体期开始出现鲜红色的薛氏点	大小正常或略缩小；常见有几颗粗大紫褐色的茂氏点	大小正常，有时缩小，颜色无改变；偶可见西门氏点	略胀大，有的变长形，边缘呈锯齿状；薛氏点较间日疟原虫的粗大，环状体期即出现薛氏点

（二）生活史

寄生人体的 4 种疟原虫生活史基本相同。以间日疟原虫为例。

1. 人体内的发育　包括红细胞外期、红细胞内期和配子体形成期。

（1）红细胞外期：成熟子孢子经雌性按蚊叮咬吸血侵入人体，随血流侵入肝细胞，在肝细胞内裂体增殖形成红外期裂殖体，发育成熟后，胀破肝细胞，释出裂殖子，部分裂殖子经血流侵入红细胞，开始红细胞内期的发育。红外期只有一代，并不反复循环。间日疟和卵形疟的子孢子有速发型和迟发型两种类型，后者有休眠期称休眠子。

（2）红细胞内期：侵入红细胞的裂殖子先形成环状体，经大滋养体、未成熟裂殖体，最后形成含有一定数量裂殖子的成熟裂殖体。红细胞破裂后，裂殖子释放，部分裂殖子再侵入其他正常红细胞,重复其红内期的裂体增殖过程。不同种疟原虫完成一代红内期的裂体增殖所需时间不同。

(3) 配子体形成:疟原虫经几代红内期裂体增殖后,部分裂殖子侵入红细胞后不再进行裂体增殖,而发育成雌、雄配子体。

2. 按蚊体内的发育 当雌性按蚊刺吸患者或带虫者血液时,在红细胞内发育的各期原虫均随血液入蚊胃。但是,只有雌、雄配子体继续发育成雌、雄配子,受精后形成合子、动合子、卵囊,经孢子生殖后卵囊内形成许多子孢子,子孢子从卵囊逸出后集中于按蚊的唾腺,当受染蚊再次叮刺吸血时,子孢子即随唾液进入人体,又开始在人体内的发育。

(三) 致病

疟原虫的致病阶段主要与红内期原虫增殖有关。

由子孢子侵入人体到疟疾初次发作前这段时间称为潜伏期。它包括子孢子侵入肝细胞,红外期发育成熟所需时间和几代红内期裂体增殖达到一定数量所需时间的总和。

一次典型疟疾发作表现为寒战、高热、出汗退热三个连续阶段。疟疾发作时间与红内期裂体增殖周期的时间相一致,使疟疾发作呈现一定的周期性。

疟疾初发停止后,经数周或数月后,在无再感染的情况下,因残存于红细胞内少量虫体重新开始繁殖,达到发热阈值时,又出现疟疾发作称为再燃(recrudescence)。

疟疾初发停止后,红内期疟原虫被彻底清除,未再经蚊媒传播感染,由于肝细胞内红外期休眠体复苏,经裂体增殖产生的裂殖子侵入红细胞,并经红内期发育后再次引起疟疾发作,称为复发。恶性疟原虫和三日疟原虫只有再燃,无复发;间日疟原虫和卵形疟原虫既有再燃又有复发(relapse)。

疟疾患者的贫血原因有:红细胞内期疟原虫直接破坏红细胞,脾功能亢进,骨髓中红细胞生成障碍,免疫溶血。

导致脾肿大主要原因是脾充血与单核-巨噬细胞增生。

重症疟疾绝大多数由恶性疟原虫所致,临床上以脑型疟最多见。

疟性肾病多见三日疟病人长期未愈者,由Ⅲ型变态反应所致的免疫病理性结果。

(四) 免疫

疟原虫感染免疫包括先天性免疫和获得性免疫。

大多数疟疾患者经过连续急性发作后而停止,虽然血液或组织中仍存有少量原虫,此时宿主的免疫力与原虫之间处于相对平衡状态,表现为有一定的保护性免疫力,同时,血液内又维持低水平的原虫血症,宿主的免疫力也可随着体内虫体的清除而消失,这种免疫状态称为带虫免疫。

(五) 诊断

对有疟原虫感染可能性的患者,可进行病原学检查或免疫学诊断,首选的病原学诊断方法为厚、薄血膜法。

（六）流行与防治

我国以间日疟分布最广，遍及全国各地；其次是恶性疟，主要分布在海南、云南等省的大部分地区；三日疟呈散在分布；卵形疟迄今仅发现几例。

疟疾的传染源为外周血有配子体的现症疟疾患者和带虫者。按蚊是疟疾的传播媒介。除了少数有特殊遗传背景的人群外，不同种族、性别和年龄人群对人疟原虫均易感。

我国对疟疾防治的对策是采取防制媒介、结合治疗传染源的综合措施。

抗疟药主要有以下几类：杀灭红细胞外期裂殖体及休眠子，如伯氨喹啉（premaquine），杀灭红细胞内裂体增殖期，如氯喹（chloroquine）、咯萘啶（pyronaridine）和青蒿素（artemisinin），杀灭配子体的伯氨喹啉，杀灭孢子增殖期，如乙胺嘧啶（pyrimethamine）。对现症患者的治疗主要使用杀灭红内期与红外期的抗疟药。

二、刚地弓形虫

［学习引导］

（1）弓形虫的主要形态特征是什么？

（2）弓形虫的生活史要点有哪些？

（3）什么是先天性弓形虫病和获得性弓形虫病？

（4）弓形虫的流行特点有哪些？

（5）弓形虫病的实验诊断方法有哪些？

（6）弓形虫病的防治原则是什么？

刚地弓形虫（*Toxoplasma gondii*）是引起人兽共患弓形虫病的病原体，也是一种非常重要的机会性致病原虫，孕妇感染弓形虫能影响胎儿的发育。

（一）形态与生活史

弓形虫生活史中有 5 种不同的形态阶段，即滋养体、包囊、裂殖体、配子体和卵囊。

1. 滋养体　包括速殖子和缓殖子，呈新月形。滋养体常在胞内寄生，被宿主细胞膜包绕的虫体聚集称为假包囊（pseudocyst），内含虫体称为速殖子。

2. 包囊　圆形或椭圆形，具有一层囊壁。囊内虫体称为缓殖子。

3. 裂殖体　成熟裂殖体为长椭圆形，内含裂殖子，呈扇状排列。

4. 配子体　雌配子体呈圆形，核呈深红色，较大，常位于虫体的一侧。雄配子体呈卵圆形或椭圆形。

5. 卵囊　呈圆形或椭圆形，具两层光滑透明囊壁。成熟卵囊内含 2 个孢子囊，每个孢子囊内含 4 个互相交错、呈新月状的子孢子。

弓形虫寄生在除红细胞外的任何有核细胞内。

生活史过程需要两个宿主，哺乳类动物、鸟类动物和人等都可作为其中间宿主，猫和猫科动物既可为终末宿主又可是中间宿主。在中间宿主体内，弓形虫是寄生在肠外组织器官的细胞内，并进行无性增殖；在终宿主体内，虫体在肠上皮细胞内进行无性和有性生殖。有性生殖只限于猫科动物小肠绒毛上皮细胞内，而无性生殖既可在小肠上皮细胞，也可在小肠外其他器官细胞内进行。

卵囊、包囊或假包囊均有感染性。

弓形虫可在中间宿主之间、终宿主之间及终宿主与中间宿主之间相互传播。

弓形虫的传播方式包括水平传播(经口、接触、输血等)和垂直传播(经胎盘、产道传播)。

(二) 致病与诊断

速殖子是弓形虫的主要致病期,包囊内缓殖子是慢性感染的主要形式。

绝大多数弓形虫感染者处于隐性感染状态。

临床上弓形虫病可分为先天性弓形虫病和获得性弓形虫病。

母体在孕前感染了弓形虫,一般不传染给胎儿;在妊娠期3个月内的感染,对胎儿影响大。

机体对弓形虫感染后的保护性免疫以细胞免疫为主。

主要通过病原学、免疫学检查和分子生物学诊断法。病原学检查包括组织涂片染色法、动物接种分离法和细胞培养法。但是,血清学检测在弓形虫感染和弓形虫病诊断上具有重要意义。

(三) 流行与防治

弓形虫病为人兽共患寄生虫病,呈世界性分布。

猫和猫科动物为重要传染源,妊娠期初次感染弓形虫者也具有传染源的意义。传播途径包括先天性传播,经食入未煮熟的含有弓形虫的肉制品、蛋、乳类制品造成感染;也可经皮肤、黏膜损伤处或经输血、器官移植引起感染;接触被卵囊污染的土壤、水源亦为重要的传播途径。节肢动物(蝇、蟑螂)携带卵囊也有一定的传播意义。人类对弓形虫普遍易感。

常用的治疗药物与配伍方法有:磺胺类药物与乙胺嘧啶,二甲胺四环素与磺胺类药联合应用效果较好。孕妇感染时应首选螺旋霉素。

加强肉类检疫,注意饮食卫生,加强宠物猫的管理。孕妇应避免与猫接触,对孕妇做定期弓形虫常规检查,以防止先天性弓形虫病的发生。

三、隐 孢 子 虫

[学习引导]

(1) 隐孢子虫的主要形态特征是什么?

(2) 隐孢子虫的生活史要点有哪些?

(3) 隐孢子虫的致病特点是什么?

(4) 隐孢子虫的实验诊断方法是什么?

(5) 隐孢子虫的传染源有哪些?

感染人体和某些哺乳动物导致隐孢子虫病的病原体为微小隐孢子虫(*Cryptosporidium parvum*),微小隐孢子虫是一种重要的引起人和动物腹泻的机会性致病原虫。

(一) 形态与生活史

隐孢子虫生活史中包括子孢子、滋养体、裂殖体、裂殖子、配子体、雌/雄配子、合子和卵囊等发育阶段,卵囊为感染阶段。

卵囊呈圆形或椭圆形，在粪便中的卵囊为厚壁卵囊，具双层囊壁。成熟的卵囊内含有4个裸露的月牙形子孢子和残留体。

隐孢子虫繁殖方式包括无性生殖（裂体增殖和孢子增殖）及有性生殖（配子生殖）两种方式，均在同一宿主体内完成。发育各期于宿主小肠黏膜上皮细胞膜与胞质间形成的纳虫泡内进行，整个生活史时间需5～11天。

（二）致病与诊断

当机体免疫力正常者感染隐孢子虫后，常表现为自限性腹泻。免疫功能异常的患者，病情发展多为渐进性，腹泻的程度更加严重。AIDS患者常并发该虫感染并引起腹泻。

隐孢子虫病的确诊依靠病原学诊断，主要用金胺-酚染色法从腹泻患者粪便内检测卵囊。

（三）流行与防治

患者和无临床症状的卵囊携带者是主要的传染源。动物传染源主要为新生小牛、小山羊等动物；主要经粪-口方式感染，水源污染是造成隐孢子虫病在人群中暴发流行的主要原因。人对隐孢子虫普遍易感。

目前，对于该病治疗尚无理想的药物。

加强人、畜粪便的管理，注意个人和饮食卫生是防止隐孢子虫病流行的基本措施。

四、其他孢子虫

寄生于人体其他孢子虫的主要特征见表46-2。

表46-2　其他孢子虫的主要特点

虫种	主要形态特征	感染方式	致病	诊断	防治
耶氏肺孢子虫	滋养体：多态性，1～5μm，胞核一个；包囊：圆形，4～6μm，成熟包囊含有8个呈香蕉形的囊内小体	成熟包囊经空气或飞沫进入肺部	机会性致病，引起间质性浆细胞性肺炎	痰液、支气管液、肺组织涂片	注意环境空气消毒，提高患者免疫力，药物：复方新诺明
肉孢子虫	成熟卵囊：椭圆形，内含2个呈卵圆形的孢子囊，每个孢子含4个子孢子	人因食入中间宿主（牛、猪）肌肉内肉孢子囊而感染	可引起消化道、肌肉的损伤，以及肉孢子毒素对神经系统、心、肾上腺、肝、肠等损伤，甚至致死	粪检查卵囊或孢子囊，肌肉活检	不食生的或半生的肉类；加强粪便和水的管理，治疗药物：磺胺类药
等孢球虫	卵囊呈长椭圆形，10～30μm大小。成熟卵囊内含而2个椭圆形孢子囊，每个孢子囊内含4个半月形子孢子和一个残留体	人因食入成熟卵囊污染的食物和饮水而感染	偶尔出现慢性腹泻，严重者出现脂肪泻，甚至死亡	粪便中检查卵囊	加强粪便和饮水管理，注意饮食卫生，治疗药物：磺胺类药＋乙胺嘧啶

续表

虫种	主要形态特征	感染方式	致病	诊断	防治
微孢子虫	成熟孢子呈圆形或椭圆形,2～3μm 大小,螺旋状极管从前端固定盘连至虫体末端,并缠绕胞核	成熟孢子被吞食后感染	机会性致病,脑炎,肝炎、肾炎、尿道炎、角膜炎,慢性腹泻	粪便、尿液、十二指肠液检查孢子	注意个人卫生,治疗药物:甲硝唑、依曲康唑、阿苯达唑等
人芽囊原虫	空泡型虫体呈卵圆形,多为 4～15μm 大小,中央为空泡,核 1～4 个呈月牙形或块状;阿米巴型虫体:形状多变,有伪足突起,胞质内含细菌功颗粒状物质	薄壁包囊在肠内增殖,造成自体感染;厚壁包囊为粪-口感染	腹泻为水样便、黏液便或血样便,痉挛性腹痛、腹胀等,症状反复,持续数周、数月或更长;HIV 感染者中感染率较高	粪便检查,碘液染色、改良抗酸染色等	加强粪便管理和水源管理,食物和用具消毒,注意个人卫生,治疗药物:甲硝唑

(吴健桦　吴琛耘)

第四十七章　纤　毛　虫

教学要求

（1）熟悉结肠小袋纤毛虫的形态、生活史及防治原则。

（2）了解结肠小袋纤毛虫的致病特点和临床表现。

教学要点

[学习引导]

（1）结肠小袋纤毛虫的滋养体和包囊的形态特点是什么？

（2）结肠小袋纤毛虫的生活史特点是什么？

（3）结肠小袋纤毛虫的致病机制和临床表现有哪些？

（4）结肠小袋纤毛虫病原学诊断和防治原则有哪些？

结肠小袋纤毛虫（*Balantidium coli*）为人体最大的寄生原虫，可导致结肠小袋纤毛虫性痢疾。猪为重要的保虫宿主和传染源。

（一）形态与生活史

1. 滋养体　为圆形或椭圆形，外被表膜覆盖纤毛，包绕整个虫体。滋养体借助纤毛的行规则的摆动或旋转运动，易变形。

2. 包囊　圆形或卵圆形，囊壁厚、双层、透明。新鲜的包囊内可见有明显纤毛、活动的滋养体。

包囊为感染期，随宿主粪便排出体外。

经口食入包囊感染。滋养体寄生在大肠。

（二）致病与诊断

肠壁损伤的病理变化与阿米巴性痢疾导致的口小底大溃疡非常相似。病变部位以盲肠和直肠多见。

临床表现可分为无症状型、急性型和慢性型。

无症状带虫者是该病重要的传染源。急性型也称痢疾型，慢性型表现为长期周期性腹泻，亦可便秘与腹泻交替出现。

粪便涂片法检测滋养体和包囊即可确诊。检查时应注意：患者排虫呈间歇性，故需反复检查；滋养体在外界可活6h，故取材后应立即送检。

（三）流行与防治

猪是人体结肠小袋纤毛虫病的主要传染源。

人体感染方式是吞食被包囊污染的食物或饮水。

防治原则与溶组织内阿米巴相同。

治疗药物可选用甲硝唑、四环素和黄连素等。

（吴琛耘　毛佐华）

第四十八章　医学节肢动物概论

教学要求

(1) 掌握医学节肢动物对人体的危害性、传病方式及主要传病种类。

(2) 熟悉医学节肢动物的生活史和变态、防制原则。

(3) 了解医学节肢动物主要形态、生态习性及流行。

教学要点

[学习引导]

(1) 何谓医学节肢动物？其形态特征是什么？其中最重要的纲及其形态特征是什么？

(2) 医学节肢动物对人体有何危害性？其中以何种危害最重要？

(3) 何谓虫媒病及主要疾病种类有哪些？

(4) 何谓医学节肢动物生态及对医学防制有何关系？如何防制医学节肢动物？

一、医学节肢动物的种类和特征

节肢动物(arthropoda)中有一些可以侵害人类或传播疾病，具有医学重要性，称为医学节肢动物。研究医学节肢动物的形态、分类、生态、与人类疾病的关系及其防治的科学称为医学节肢动物学(medical arthropodology)。由于与医学有关的节肢动物绝大多数属于昆虫纲的种类，所以医学节肢动物学通常又称医学昆虫学 (medical entomology)。

节肢动物共同特征是：①体躯分节、左右对称，具有分节的附肢(如足，触角、触须等)；②体表有几丁质的表壳，称为外骨骼；③神经系统为位于头部的脑和消化道腹面的腹神经索，循环系统为背面血管和称为血腔的体腔，整个循环系统为开放式。

节肢动物的发育过程中有蜕皮(ecdysis)和变态(metamorphosis)现象。

与医学有关的节肢动物主要分布在5个纲中(表48-1)，其中最为重要的是昆虫纲和蛛形纲。

表 48-1　节肢动物的主要类群及医学重要性简表

分类阶元			主要特征	主要类群	重要性
纲	亚纲	目			
甲壳纲 (Crustacea)			足 5 对，触角 2 对	淡水蟹、虾、蝲蛄、剑水蚤	作为蠕虫的中间宿主
蛛形纲 (Arachnida)	蜱螨亚纲 (Acari)	寄螨目 (Parasitiformes)	成虫足 4 对，无触角，无翅	蜱，革螨	可侵害人类或传播疾病
		真螨目 (Acariformes)		恙螨，疥螨，蠕形螨，尘螨	
	蜘蛛亚纲 (Araneae)			蜘蛛	可侵害人类
	蝎亚纲 (Scorpiones)			蝎子	

续表

分类阶元			主要特征	主要类群	重要性
纲	亚纲	目			
昆虫纲（Insecta）		双翅目（Diptera）	足 3 对，触角 1 对，体分头、胸、腹，有或无翅	蚊，蝇，白蛉，蠓，蚋，虻	可侵害人类或传播疾病
		蚤目（Siphonaptera）		跳蚤	
		虱目（Anoplura）		虱	
		蜚蠊目（Blattaria）		蜚蠊	
		半翅目（Hemiptera）		臭虫	
		鳞翅目（Lepidoptera）		松毛虫	
		鞘翅目（Coleoptera）		隐翅虫	
唇足纲（Chilopoda）			触角 1 对，每节足 1 对	蜈蚣	可侵害人类
倍足纲（Diplopoda）			触角 1 对，每节足 2 对	马陆	有些种类可作为蠕虫中间宿主或侵害人类

二、节肢动物对人的危害性

（一）节肢动物对人类的危害及传病的主要方式

1. 医学节肢动物对人的危害主要方式

（1）直接危害：骚扰吸血；毒毛、毒刺蜇人，分泌毒性物质伤人，引起过敏反应等毒害；作为病原体寄生人体如疥螨寄生皮肤引起疥疮。

（2）间接危害：主要是传播疾病，也是对人类危害的最主要方面。传播的病原体有寄生虫、螺旋体、细菌、立克次体、病毒等。某些节肢动物还可在其体内保存病原体，有的种类可将病原体经卵传递至后代，还具有储存宿主的作用。由节肢动物传播的疾病称为虫媒病（vector-borne diseases）。

1）机械性传播：节肢动物在传播病原体的过程中，仅起机械携带和输送作用。如蠕虫卵、原虫包囊或其他病原微生物可黏附于蝇、蟑螂的体表、口器或被吞入其消化道内，在蝇、蟑螂舔食人的食物时，造成病原体污染食物等。

2）生物性传播：在病原体传播过程中，其必须在一定种类的节肢动物体内发育或繁殖后才具传播性，节肢动物是疾病传播的必要条件。生物性传播疾病的方式有①发育式，病原体在节肢动物体内完成生活史的发育阶段，但数量没有增加（不繁殖）；②繁殖式，病原体在节肢动物体内没有发育，但经过繁殖后数量明显增多；③发育繁殖式，病原体在节肢动物体内必须经过发育和繁殖两个过程；④经卵传递式，有些病原体，特别是病毒和立克次体，不仅有繁殖，甚至还可侵入卵巢经卵传至下一代或数代进行传播（表48-2）。

我国常见节肢动物生物学要点及其传播的主要疾病见表48-3。

表48-2　病原体与节肢动物的生物学关系

类型	形态改变	数量增加	经卵传递	举例
发育式	√			丝虫在蚊虫体内发育
繁殖式		√		虫媒病毒、立克次体、螺旋体、鼠疫杆菌在各自媒介体内繁殖
发育繁殖式	√	√		疟原虫在媒介按蚊体内发育并繁殖，形成大量子孢子
经卵传递式		√	√	恙虫病立克次体必须在恙螨体内繁殖，并经卵传递至下一代恙螨幼虫

2. 节肢动物与生物武器　由于节肢动物能携带多种病原体，且本身又有生长繁殖和活动扩散的能力，所以常被利用于制造生物武器作为侵略工具。节肢动物作为生物武器，所携带的病原体不仅限于其自然传播的种类，而且病原体除了危害人体健康外，也可能对家畜、经济作物等造成危害。

3. 判定传病媒介的科学　判定媒介的依据包括①生态学依据：节肢动物的活动、食性等必须与人类关系密切，其寿命应超过病原体在其体内发育繁殖到具有传播能力所需的时间；②流行病学依据：作为传病媒介的节肢动物应当是当地的优势种，或有一定的数量，而且其分布的地区和季节消长与虫媒病的流行密切相关；③病原学依据：当地自然界捕获的节肢动物体内有该病病原体的感染期，或实验感染证明病原体在节肢动物体内能生存、发育或繁殖，并且能达到感染期，能传染给易感的实验动物。

（二）节肢动物生活史及生活习性

1. 生活史基本过程　变态：将节肢动物从幼虫到成虫整个发育过程中，所经历的外部形态、内部结构、生理功能、生态习性和行为方式上的一系列变化，统称为“变态”（metamorphosis）。生活史中包括卵、幼虫、蛹、成虫四个时期，各期形态和习性均不相同，称为完全变态，如蚊、蝇等。生活史中主要包括卵、若虫、成虫三个基本时期，其中若虫和成虫在形态与习性上有诸多相似处，称为不完全变态（或半变态），如虱、蟑螂等。在蜱、螨生活史中包括卵、幼虫、若虫、成虫四个基本时期，有的称其为半变态，也有称其为蜱螨变态。

2. 节肢动物的生活习性　节肢动物传播疾病与它们的生活习性关系十分密切，其中最重要的为食性和活动范围。

（1）食性：杂食性节肢动物主要是机械性传播疾病；血食性的节肢动物，在生物性传播疾病中特别重要，它们可在人与人之间、兽与人之间及兽与兽之间传播多种疾病。

（2）活动范围：节肢动物活动范围的大小影响到传病范围的大小，活动范围大，传病的范围也广，这在虫媒病流行时，划定隔离区、进行检疫消毒、采取灭虫措施等都是重要参考依据。

表 48-3 医学节肢动物传播的重要疾病

媒介	病名		病原体类别						传播方式				感染途径				
													经皮肤传入				经口传入
			病毒	立克次体	细菌	螺旋体	原虫	蠕虫	发育	繁殖	经卵传递	机械携带	叮咬或舔吸	粪便污染伤口	体液污染伤口	足基节腺污染伤口	
蚊	蚊媒病(mosquito-borne diseases)	疟疾(malaria)					√		√	√			√				
		丝虫病(filariasis)							√				√				
		登革热(Dengue fever)	√							√	√		√				
		流行性乙型脑炎(Japanese B encephalitis)	√							√	√		√				
		西尼罗热(West Nile virus fever)	√							√	√		√				
蝇	痢疾(细菌性、阿米巴性)				√		√					√					√
	脊髓灰质炎		√									√					√
	结膜吸吮线虫							√	√				√				
	锥虫						√			√			√				
白蛉	黑热病						√			√			√				
	白蛉热		√							√	√		√				
蚋	盘尾丝虫病(河盲症)							√	√				√				
虻	罗阿丝虫病							√	√				√				
蠓	链尾、常现、欧氏丝虫病							√	√				√				
蚤	鼠疫				√					√			√				
	地方性斑疹伤寒			√						√				√			
虱	流行性斑疹伤寒			√						√				√			
	虱媒回归热			√						√					√		

续表

媒介	病名		病原体类别						传播方式				感染途径				
			病毒	立克次体	细菌	螺旋体	原虫	蠕虫	发育	繁殖	经卵传递	机械携带	经皮肤传入				经口传入
													叮咬或舔吸	粪便污染伤口	体液污染伤口	足基节腺污染伤口	
蜚蠊	包囊、虫卵及其他微生物		√	√	√		√	√				√					√
硬蜱	蜱媒病(tick-borne diseases)	森林脑炎	√							√	√		√				
		莱姆病				√				√			√				
		野兔热			√					√	√		√				
		蜱媒出血热(新疆出血热)	√							√	√		√	√			
硬蜱/软蜱		Q 热		√						√	√		√	√			
		蜱媒斑疹热(北亚蜱媒立克次体病)		√						√	√		√	√			
软蜱	蜱媒回归热					√				√	√		√		√	√	
恙螨	恙虫病			√						√	√		√				
*革螨	流行性出血热		√							√	√		√*	√*			√*

*革螨传播流行性出血热病毒,除可通过革螨的叮咬传播外,还可通过其宿主(鼠类)的排泄物污染而传播。污染食物和水源可经消化道传播,污染尘埃可经呼吸道传播,也可由排泄物接触皮肤伤口或黏膜而传播。

（3）孳生地和栖息地：分别指幼虫期孳生场所和成虫的栖息场所。这对有针对性地采取灭虫和防制措施具有重要意义。

（4）季节消长：在自然界中节肢动物的数量随季节变化而增减。节肢动物的季节消长现象与虫媒病发病率的高低相一致。这是虫媒病防治中适时采取预防措施的重要依据。

（5）越冬：节肢动物在寒冷季节生命活动处于一种相对停滞状态，称为越冬（冬眠）。不同节肢动物越冬的虫期及越冬场所不同，也是采取防制措施的重要依据。

（三）节肢动物的防治原则及其研究

总的原则应当是加强领导，制定法规，健全组织，发动群众并加以指导；开展防制研究，因地制宜地采取综合措施。

1. 医学节肢动物的防治措施

（1）环境治理：环境防制是其他方法所不能取代，主要根据医学节肢动物生物学特点和生态习性，通过开展爱国卫生运动、环境改造，控制和消灭节肢动物的孳生地。

（2）物理防制：通过机械、光、电、热等手段达到消灭医学节肢动物的目的。

（3）化学防制法：利用各种化学药剂（如杀虫剂、驱虫剂、诱虫剂等）毒杀或驱除各种节肢动物。有针对性地使用化学杀虫剂，以期尽可能地减少环境污染并发挥药剂的最大效能。

常用的有机合成杀虫剂有：①有机氯杀虫剂，如二二三（DDT）、六六六等，已逐渐为其他类杀虫剂所代替；②有机磷杀虫剂，有机磷类杀虫剂在自然界易降解，对环境污染较小，在动植物体内无积蓄的危险，价廉，因而使用广泛，但节肢动物已对此类杀虫剂产生一定抗药性，此类杀虫剂包括美曲膦酯（trichlorphon）、辛硫磷（phoxin）、马拉硫磷（malathion）、杀螟松（sumithion）、甲嘧硫磷（虫螨磷 pirimiphos methyl）、双硫磷（abate）和倍硫磷（baytex）；③氨基甲酸酯类杀虫剂，特点是击倒快、残效长，常用种类有残杀威（propoxur）具胃毒和熏杀作用；④合成拟菊酯类杀虫剂，具有广谱，高效，击倒快，降解快，对人畜毒性低等优点，常用的有二氯苯醚菊酯（permethrin）、丙烯菊酯（allethrin）、胺菊酯（tetramethrin）、溴氰菊酯（decamethrin）、氯氰菊酯（cypermethrin）、顺式氯氰菊酯（alphamethrin，即奋斗呐）等。

化学防制还包括使用①昆虫激素：由昆虫的内分泌腺分泌，可经体液运至全身各处，对昆虫的生理功能、代谢、生长发育、变态、滞育、生殖等起调节控制作用，如保幼激素类似物烯虫酯（methoprene）和发育抑制剂有敌灭灵或称灭幼脲Ⅰ号（TH6040）及苏脲Ⅰ号等；②驱避剂：驱蚊剂有避蚊胺，可用于个人防护吸血节肢动物，其他有驱蚊油、对一盖烯二醇（驱蚊剂 42 号）、对苍蝇和/或蟑螂具有引诱剂作用的引诱剂，引诱剂本身无杀虫作用，须与杀虫剂配合使用。

（4）生物防制：利用自然界中害虫的“天敌”消灭害虫，其种类包括病毒、细菌（苏云金杆菌、球形芽胞杆菌、大链壶菌、白僵菌等）、原虫、线虫（罗索线虫）、捕食性或寄生性的生物等，利用它们对害虫生长、繁殖的抑制作用，达到防制目的。

（5）遗传防制：通过放射线照射、化学药物处理、品系或近缘种系杂交等方法，改变或移换害虫的遗传物质，培育出雄虫不育、细胞质不亲和性、染色体易位等生理上有缺陷的害虫种系，释放到自然中去，使之与自然种群竞争交配，从而降低自然种群的繁殖势能，以期达到控制与消灭自然界医学节肢动物种群的目的。

（6）文化防制：包括提高全民文化素质，自觉维护良好的生活环境，自觉清除居室和工作场所周围的蚊虫孳生地。

(7) 法规防制：国家制定法规或公布条例，防止卫生害虫随交通工具从国外进入国境，以及按照法规对害虫进行监测和强迫性防制，以立法的形式规范除“四害”工作等。

(8) 害虫综合防制(integrated pest management，IPM)：综合防制就是从医学节肢动物特点及其环境和社会经济条件出发，合理运用各种标本兼治、以治本为主的防治手段，组合成一套系统的防制措施，经济、简便、安全、有效地把医学节肢动物种群控制在不足以为害的水平，并争取予以消除、以达到除害灭病和减少骚扰的目的。

2. 医学节肢动物防制新策略　利用现代分子生物学方法对害虫施行遗传操纵，试图改变害虫的习性或生理性状，或用基因敲除方法使害虫的代谢关键酶失活或缺失。方法有：①改变蚊虫固有基因，使引起虫媒病的病原体在媒介体内难以存活；②引入外源抗虫或抗病毒基因，破坏进入媒介体内的病原体；③改变害虫的行为，如让蚊虫叮其他动物不叮人；④培育雄性不育的害虫以大规模减少害虫种群数量。

从2002年起，美、德、英国科学家已经成功培育出转基因蚊，为预防和控制疟疾、登革热的流行带来了新的希望。

(徐大刚　朱淮民)

第四十九章　蛛形纲：蜱螨亚纲

教学要求

(1) 掌握蛛形纲虫体、蜱螨亚纲的主要特征，主要蜱和螨的种类及其与医学的关系。

(2) 熟悉蜱对人体的主要危害性及防制，主要寄生螨类及其对人体的危害性及防制。

(3) 了解蜱和螨的主要区别及其主要习性与传病的关系。

教学要点

[学习引导]

(1) 蛛形纲的主要特征是什么？

(2) 蜱螨亚纲的主要特征是什么？该亚纲中与医学有关的种类及致病性有哪些？

一、概　　述

蛛形纲(Arachnida)的主要特征是：①躯体可分为头胸部和腹部，或头胸腹部愈合为一个整体；②无翅及触角；③无复眼，有的可有单眼；④成虫有足四对；⑤以书肺或气管呼吸。

蛛形纲分类及特征：蛛形纲中有十一个亚纲，其中以蜱螨亚纲(Acarridea)与医学关系最为密切；其次为蝎亚纲(Scorpiones)、蜘蛛亚纲(Aranea)等。蜱螨亚纲许多种类可以传播多种疾病，是医学节肢动物中重要的类群。

(一) 蜱螨亚纲的主要特征

蜱螨类共同的特征如下。

1. 形态　整个虫体分为颚体(gnathosoma)(又称假头，capitulum)与躯体(idiosoma)两部分。幼虫有足3对，若虫、成虫均有足4对。

1) 颚体：由颚基、螯肢、口下板和须肢组成。螯肢腹面有一口下板，其腹面有许多倒齿，为吸血时穿刺与附着器官。

2) 躯体：表皮为革质，弹性大，吸血后虫体可显著增大。躯体腹面有足、生殖孔、生殖沟、肛门、肛沟、气门等构造。

2. 生活史　蜱螨类生活史属不完全变态，分为卵、幼虫、若虫和成虫四个时期。

(二) 蜱和螨的主要区别

蜱和螨的主要区别可从体型、体表和口下板特征予以区别(表49-1)。

(三) 对人体的危害

蜱螨对人体的危害包括以下几项。

表 49-1　蜱与螨的特征比较

<table>
<tr><th colspan="3">特征</th><th>蜱</th><th>螨</th></tr>
<tr><td rowspan="2">共性</td><td colspan="2">形态</td><td colspan="2">整个虫体分为颚体(又称假头)与躯体两部分</td></tr>
<tr><td colspan="2">生活史</td><td colspan="2">属于不完全变态,分为卵、幼虫、若虫和成虫四个时期。幼虫有足 3 对,若虫、成虫均有足 4 对</td></tr>
<tr><td rowspan="6">区别点</td><td rowspan="5">形态</td><td>体型</td><td>较大,肉眼可见,圆或椭圆形</td><td>很小,多数肉眼不可见,体形多变</td></tr>
<tr><td>体表</td><td>革质,无或有短毛</td><td>膜质,躯体有长毛</td></tr>
<tr><td>口下板</td><td>显露,有齿</td><td>无或隐入,无齿</td></tr>
<tr><td>螯肢</td><td>几丁化明显</td><td>不发达,片状</td></tr>
<tr><td>气门</td><td>体两侧有一对板状气门</td><td>一对气门不呈板状</td></tr>
<tr><td colspan="2">生活史</td><td>蜱类均营寄生生活,幼虫、若虫和成虫均吸血</td><td>螨类多营自由生活,仅少数为寄生性,除了永久性寄生的种类外,往往有多种食性</td></tr>
</table>

1. 寄生　如疥螨寄生皮内引起疥疮;蠕形螨寄生于毛囊、皮脂腺引起皮肤病变。

2. 叮刺或毒螯　革螨、恙螨叮刺人时可引起皮炎;蜱叮咬严重者可引起蜱瘫痪。

3. 吸血　蜱吸血量大,吸饱血后虫体可胀大几十倍至上百倍。

4. 过敏性疾病　尘螨能致过敏性哮喘、过敏性鼻炎或皮肤过敏症状等。

5. 传播疾病

(1) 病毒性疾病:硬蜱传播森林脑炎、新疆出血热,革螨、恙螨传播流行性出血热。

(2) 细菌性疾病:硬蜱、软蜱和革螨传播兔热病。

(3) 立克次体病:恙螨传播恙虫病,硬蜱传播斑疹伤寒,硬蜱和软蜱传播 Q 热,革螨传播立克次体痘。

(4) 螺旋体病:硬蜱传播莱姆病,软蜱传播蜱媒回归热。

蜱螨传播疾病特点:传播疾病多为人兽共患疾病;某些病原体可经卵传递传播;既是媒介,也可作为病原体的储存宿主;所传播的疾病通常呈散发性流行。

二、蜱

蜱类根据躯体背面是否有盾板分为硬蜱 (hard ticks)和软蜱(soft ticks)。

(一) 蜱的形态特征

蜱(ticks)的成虫呈椭圆形,分为颚体和躯体两部分。

1. 颚体　由颚基、螯肢、口下板和须肢组成。硬蜱螯肢腹面有一口下板,其腹面有许多倒齿,为吸血时穿刺与附着器官。软蜱颚体位于躯体腹面,从背面看不出。

2. 躯体　表皮为革质,弹性大,吸血后虫体可显著增大。躯体背面有盾板。雌蜱盾板较小,仅占躯体前半部。雄蜱盾板较大,几乎盖满躯体背面。因盾板坚硬不能伸缩,故吸血后雌、雄蜱体大小相差悬殊。软蜱背面无盾板,体表多呈颗粒状小疣,或具皱纹,盘状凹陷。

(二) 蜱的生活史

蜱的生活史包括卵、幼虫、若虫和成虫四期,硬蜱和软蜱生活史的比较见表 49-2。

成虫吸血后交配落地，爬行在草根、树根、畜舍等处，在表层缝隙中产卵。硬蜱一生产卵一次，饱血后在 4~40 天内全部产出，可产卵数百至数千个，因种而异。软蜱一生可产卵多次，一次产卵 50~200 个，总数可达千个。产卵后雌蜱即干死，雄蜱一生可交配数次。在适宜条件下卵可在 2~4 周孵出幼虫，幼虫经 1~4 周蜕皮为若虫。硬蜱若虫只一期，软蜱若虫经过 1~6 期不等。若虫再到宿主身上吸血，落地后经 1~4 周蜕皮而为成虫。硬蜱完成一代生活史所需时间由 2 个月至 3 年不等；多数软蜱需半年至两年。硬蜱寿命 1 个月到数十个月不等；软蜱的成虫由于多次吸血和多次产卵，一般可活 5、6 年到数十年。

蜱在生活史中有更换宿主的现象，根据其更换宿主的次数可分为四种类型：①单宿主蜱，发育各期都在一个宿主体上，雌虫饱血后落地产卵；②二宿主蜱，幼虫与若虫同一宿主，而成虫寄生另一宿主；③三宿主蜱，幼虫、若虫、成虫分别在 3 个宿主体上寄生，90% 以上的硬蜱为三宿主蜱，蜱媒疾病的重要媒介大多也是三宿主蜱，如全沟硬蜱、草原革蜱；④多宿主蜱，幼虫、各龄若虫和成虫，及雌蜱每次产卵前都需寻找宿主寄生吸血，每次饱血后离去。软蜱多为多宿主蜱。

（三）生态

1. 产卵地和孳生地 硬蜱多生活在森林、灌木丛、开阔的牧场、草原、山地的泥土中等。软蜱多栖息于家畜的圈舍、野生动物的洞穴、鸟巢及人房的缝隙中。

2. 吸血习性 蜱的幼虫、若虫、雌雄成虫都吸血。宿主包括陆生哺乳类、鸟类、爬行类和两栖类，有些种类侵袭人体。多数蜱种的宿主很广泛，并可侵袭人体，在流行病学上有重要意义。硬蜱多在白天侵袭宿主，吸血时间较长，一般需要数天；软蜱多在夜间侵袭宿主，吸血时间较短，一般数分钟到 1h。蜱的吸血量很大，各发育期虫体吸饱血后可胀大几倍至几十倍，雌性硬蜱甚至可达 100 多倍。

3. 寻觅宿主 蜱的嗅觉敏锐，对动物的汗臭和 CO_2 很敏感，当与宿主相距 15m 时，即已感知，由被动等待到活动等待，一旦接触宿主即攀登而上。蜱的活动范围不大，一般为数十米。宿主的活动，特别是候鸟的季节迁移，对蜱类的播散起着重要作用。蜱对宿主的寄生部位常有一定的选择性，一般在皮肤较薄，不易被搔动的部位。例如，颈部、耳后、腋窝、大腿内侧、阴部和腹股沟等处。

4. 分布与活动 硬蜱多分布在开阔的自然界，如森林、灌木丛、草原、半荒漠地带。而不同蜱种的分布又与气候、土壤、植被和宿主有关。软蜱栖息隐蔽的场所，包括兽穴、鸟巢及人畜住处的缝隙里。

5. 季节消长与越冬 气温、湿度、土壤、光周期、植被、宿主等都可影响蜱类的季节消长及活动。在温暖地区多数蜱种在春、夏、秋季活动。在炎热地区有些种类在秋冬和春季活动。软蜱因多在宿主洞巢内，终年都可活动。

蜱大多在栖息场所越冬，硬蜱可在动物的洞穴、土块、枯枝落叶层中或宿主体表越冬。软蜱主要在宿主住处附近越冬。越冬虫期因种类而异。有的种类各虫期均可越冬，如硬蜱属中的多数种类；有的以成虫越冬，如革蜱属中的所有种类；有的以若虫和成虫越冬，如血蜱属和软蜱中的一些种；有的以若虫越冬，如残缘璃眼蜱；有的以幼虫越冬，如微小牛蜱。

软蜱与硬蜱形态及生物学特征比较见表 49-2。

表 49-2　硬蜱与软蜱比较

<table>
<tr><th colspan="2">特征</th><th>硬蜱</th><th>软蜱</th></tr>
<tr><td rowspan="5">形态</td><td>体型</td><td colspan="2">虫体椭圆形,体长 2~10 mm;饱血后长大如蓖麻子;表皮革质;虫体分为颚体和躯体两部分</td></tr>
<tr><td>盾板</td><td>有,易区分雌雄</td><td>无,不易区分雌雄</td></tr>
<tr><td>腭体位置</td><td>躯体前端</td><td>躯体腹面,背部不能看到</td></tr>
<tr><td>颚基背面</td><td>有 1 对孔区</td><td>无孔区</td></tr>
<tr><td>基节腺</td><td>退化或不发达</td><td>发达。足基节Ⅰ、Ⅱ之间通常有 1 对基节腺开口</td></tr>
<tr><td colspan="2" rowspan="2">生活史</td><td colspan="2">不完全变态,发育过程分卵、幼虫、若虫和成虫四个时期;成虫吸血后交配落地产卵,产卵后雌蜱即干死,雄蜱一生可交配数次</td></tr>
<tr><td>硬蜱若虫只一期,完成一代生活史所需时间由 2 个月至 3 年不等;寿命自 1 个月到数十个月不等。90% 以上的硬蜱为三宿主蜱,蜱媒疾病的重要媒介大多是三宿主蜱</td><td>软蜱若虫经过 1~6 期不等。多数软蜱完成生活史需半年至两年;成虫由于多次吸血和多次产卵,一般可活 5、6 年至数十年;通常软蜱都属多宿主蜱</td></tr>
<tr><td rowspan="6">生态</td><td>孳生地</td><td>硬蜱多生活在森林、灌木丛、开阔的牧场、草原、山地的泥土中等</td><td>软蜱多栖息于家畜的圈舍、野生动物的洞穴、鸟巢及人房的缝隙中</td></tr>
<tr><td rowspan="2">吸血习性与宿主关系</td><td colspan="2">各期蜱都吸血;宿主包括陆生哺乳类、鸟类、爬行类和两栖类,有些种类侵袭人体;这在流行病学上有重要意义;蜱的吸血量很大,各发育期饱血后可胀大几倍至几十倍,甚至可达 100 多倍;寄生部位一般在皮肤较薄,不易被搔动的部位</td></tr>
<tr><td>硬蜱多在白天侵袭宿主,吸血时间较长,一般需要数天</td><td>软蜱多在夜间侵袭宿主,吸血时间较短,一般数分钟到 1h</td></tr>
<tr><td rowspan="2">分布与活动</td><td colspan="2">蜱的活动范围不大,一般为数十米;宿主的活动,特别是候鸟的季节迁移,对蜱类的散播起着重要作用
蜱类寻觅宿主的方式:蜱的嗅觉敏锐,对动物的汗臭和 CO_2 很敏感,由被动等待到活动等待,一旦接触宿主即攀登而上</td></tr>
<tr><td>硬蜱多分布在开阔的自然界,如森林、灌木丛、草原、半荒漠地带</td><td>软蜱栖息隐蔽的场所,包括兽穴、鸟巢及人畜住处的缝隙里</td></tr>
<tr><td>季节消长和越冬</td><td>在温暖地区多数种类的蜱在春、夏、秋季活动,或春季与秋季两个活动高峰;硬蜱可在动物的洞穴、土块、枯枝落叶层中或宿主体上越冬</td><td>软蜱多在宿主洞巢内,故终年都可活动,或在宿主住处附近越冬</td></tr>
<tr><td colspan="2">重要蜱种</td><td>全沟硬蜱(Ixdoes persulcatus)、草原革蜱(Dermacentor nuttalli)、亚东璃眼蜱(Hyalomma asiaticum kozlovi)和草原血蜱(Haemaphysalis nuttalli)</td><td>乳突钝缘蜱(Ornithodoros papillipes)</td></tr>
</table>

(四) 我国重要传病种类

1. 全沟硬蜱　虫体盾板褐色,须肢为细长圆筒状,颚基的耳状突呈钝齿状。肛沟在肛门之前呈倒 U 字形,足Ⅰ基节具一细长内距。全沟硬蜱是典型的森林蜱种,是针阔混交林优势种。成虫在 4~6 月活动,幼虫和若虫在 4~10 月出现。三宿主蜱,三年完成一世代发育。以未吸血的幼虫、若虫和成虫越冬。成虫寄生于大型哺乳动物,经常侵袭人;幼虫和若虫寄生于小型哺乳动物及鸟类。分布于东北和内蒙古、甘肃、新疆、西藏等地;是我国森林脑炎的主要媒介，并能传播 Q 热和北亚蜱传立克次体病（又称西伯利亚蜱传斑疹伤寒）。

2. 草原革蜱 盾板有珐琅样斑，有眼和缘垛，须肢宽短，颚基矩形，足Ⅰ转节的背距短而圆钝。多栖息于干旱的半荒漠草原地带。成蜱春季活动，幼蜱、若蜱夏秋季出现。属三宿主蜱，一年一世代，以成虫越冬。成虫寄生于大型哺乳类，有时侵袭人；幼虫和若虫寄生于各种啮齿动物。分布于东北、华北、西北和西藏等地区；是北亚蜱传立克次体病的主要媒介，也可传播布氏杆菌病。

3. 亚东璃眼蜱 盾板红褐色，有眼和缘垛，须肢为长圆筒状，第二节显著伸长；足淡黄色，各关节处有明显的淡色环；雄虫颈沟明显呈深沟状，气门板呈烟斗状。栖息于荒漠或半荒漠地带。成虫出现在春夏季。属三宿主蜱，一年大约发育一代，主要以成虫越冬。成虫主要寄生于骆驼和其他牲畜，也能侵袭人，幼虫和若虫寄生于小型野生动物。分布于吉林、内蒙古以及西北等地区；为新疆出血热传播媒介。

4. 乳突钝缘蜱 体表颗粒状，肛后横沟与肛后中沟相交处几乎成直角，生活于荒漠和半荒漠地带。多宿主蜱。栖息于中小型兽类的洞穴或岩窟内。寄生在狐狸、野兔、野鼠、刺猬等中小型兽类，也常侵袭人。分布于新疆、山西，传播回归热和 Q 热。

（五）蜱对人体的危害性和防制

1. 蜱对人的危害性 包括直接危害和传播疾病。

（1）直接危害：蜱叮刺吸血可造成局部充血、水肿、急性炎症反应，或引起继发性感染。有些蜱种可致蜱瘫痪。

（2）传播疾病：蜱传播的病原体包括病毒、立克次体等，病原体可经卵传递给子代，传播的疾病种类有①森林脑炎，主要蜱种为全沟硬蜱；②新疆出血热，传播媒介主要为亚东璃眼蜱；③莱姆病，我国主要媒介是全沟硬蜱；④蜱媒回归热，又称地方性回归热，软蜱为传播媒介；⑤Q 热，蜱叮咬、粪便污染伤口而感染，如微小牛蜱、亚东璃眼蜱等；⑥北亚蜱传立克次体病，又称西伯利亚蜱传斑疹伤寒，主要媒介是草原革蜱等；⑦细菌性疾病，蜱能传播一些细菌性疾病，如鼠疫、布氏杆菌病、野兔热。

软蜱的耐饥力很强，寿命长，病原体可长期保存，在某些病原体的传播上起储存宿主的作用。

2. 防制 个人防护如穿“五紧”衣，为最重要的防制措施；消涂孳生栖息场所，清除住地杂草，搞好环境卫生，清理畜舍，捕杀鼠类，喷洒杀虫剂等措施。

三、革　　螨

革螨（Gamasid mite）亦称“血坪”、腐食螨，我国常见种类有拔氏禽刺螨（*Ornithonyssus bacoti*）、鸡皮刺螨（*Dermanyssus gallinae*）、格氏血厉螨（*Haemolaelaps glasgowi*）和毒厉螨（*Laelaps echidninus*）等。

（一）形态

长 0.2~0.5 mm，也可达 1.5~3.0 mm。圆形或卵圆形，黄色或棕褐色，背腹扁平，表皮革质坚韧颚体位于体前端，躯体背面有一块背板（或分为前后两块）。腹面有骨板（雌虫有三块，雄虫有一块），腹面两侧有气门。

(二) 生活史及习性

分为卵、幼虫、若虫(有2期)和成虫四个时期。在适宜条件下1~2周完成卵至成虫的生长发育过程。

革螨的生活习性可分为自由生活和寄生生活两大类。寄生性革螨多寄生于体表,少数可寄生于体内(鼻腔、呼吸道、外耳道等),在体表寄生的革螨分为巢栖型和毛栖型两类。革螨的宿主非常广泛,加之这两类不同的寄生习性在流行病学上有一定意义。

(三) 与疾病关系

革螨叮咬后可引起皮炎,奇痒,重者可出现荨麻疹。此外,可传播流行性出血热、Q热和地方性斑疹伤寒、野兔热和蜱媒回归热等疾病。

(四) 防制原则

消灭鼠类,清理畜舍、禽舍,搞好环境卫生,重点场所喷洒杀虫剂,加强个人防护等。

四、恙　　螨

恙螨(chiggers)又称沙螨、沙虱、恙虫。恙螨仅幼虫寄生,故幼虫与医学有关。

(一) 幼虫形态

恙螨幼虫体形微小,长0.2~0.5mm,椭圆形,体色呈红、橙、淡黄或乳白色。颚体位于体前端,螯肢分两节即基节和末节(螯肢爪),末节能刺入宿主皮肤取食。躯体背面前端有一盾板,盾板上有一对感器及五根刚毛。盾板后方有背刚毛,其数目和排列为分类的重要依据,如地理纤恙螨的背刚毛排列方式是:2-8-6-6-4-2,共28根。盾板两侧常有眼1~2个。腹面三对足,各分6~7节。后端正中有一肛门。

(二) 生活史及主要习性

恙螨的生活史可分为卵、前幼虫、幼虫、若蛹、若虫、成蛹和成虫七个时期,整个生长发育过程约需2~3个月。

恙螨的若虫和成虫均营自由生活,主要以昆虫卵为食,其幼虫则需寄生,摄取宿主的组织液和淋巴液为营养。恙螨的孳生、栖息场所很广泛,常在多草、潮湿、地势低洼、常有鼠类活动的地方生活。恙螨幼虫的宿主广泛,包括各类哺乳动物(以啮齿类和食虫类为主)都可寄生,也可寄生于鸟类、爬行类、两栖类等。幼虫在刺吸过程中一般不更换部位或宿主,常寄生于人的腰部、腋窝、腹股沟、阴部等处;在鼠类则多在耳郭、会阴部等处。

恙螨幼虫在自然界中的密度变化有明显的季节性,与恙虫病的流行密切相关。一般说,雨量丰富、温度在22~28℃,是恙螨孳生繁殖最有利的季节。我国各种恙螨的高峰季节也不同,有在夏季有一高峰,有在春秋两季或秋冬两季各有两个高峰。在春夏秋季出现高峰的恙螨,常以若虫和成虫在土壤中越冬;秋冬季出现高峰的恙螨,则无越冬现象。控制恙螨幼虫季节高峰的形成,是防止恙虫病流行的有效措施。

(三) 恙螨与疾病的关系

恙螨幼虫叮刺人体可引起恙螨皮炎(trombidosis),在叮刺局部还可留下痕迹("焦痂”),引流淋巴结肿大。恙螨幼虫最大危害是传播恙虫病(Scrub typhus),其病原体是立克次体,可经卵传递至下一代幼虫(可传2~3代)。恙虫病主要在鼠类等动物流行,人也可感染。此外,还可传播流行性出血热、Q热、弓形虫病等。

我国恙虫病的主要媒介为地里纤恙螨(*Leptotrombidium deliense*)和小盾纤恙螨(*L. scutellare*)。

(四) 防制

主要防制措施是清除杂草,搞好环境卫生、消灭鼠类,喷洒杀虫剂等。在野外作业时尽量减少暴露部位,外露的皮肤部位应酌情涂擦防护剂,以防幼虫叮刺传播恙虫病。

五、疥螨(scab mites)

疥螨又称疥虫,是一种专性寄生于人和哺乳动物表皮的体外寄生虫,引起疥疮(scabies,性传播性疾病)。寄生于人体的疥螨为人疥螨(*Sarcoptes scabiei*)。

(一) 形态及生活史

疥螨的生活史分为卵、幼虫、若虫和成虫四期。虫体微小肉眼不能见,成虫圆形或卵圆形,淡黄色,有足四对,雌螨体形较长,大小为(0.3~0.5)mm×(0.24~0.4)mm,其第四对足末端具有长刚毛;雄虫较小,其第四对足末端具有长柄的吸盘。成虫寄生在皮肤隧道内,雌、雄虫交配后雄虫不久即死亡,雌虫产卵在隧道内,雌虫产完卵后即死亡,寿命为5~6周。产出的卵后经3~5天即可孵出幼虫。幼虫外形与成虫相似,但体形更小,仅有足三对。自卵发育至成虫需8~15天。

(二) 疾病与诊断

疥螨在人体寄生的部位,以手指缝、手腕、手臂内侧、肘窝、腰部、阴部、乳房下等皮肤嫩薄处多见,通过直接接触传播。

虫体寄生可致局部发生炎症,奇痒难忍,夜间尤甚。开始时病变仅限于隧道口,出现针尖大小的丘疹和水疱,因搔痒可引起继发感染致局部化脓溃烂,称为疥疮。

疥螨实验诊断方法有:①用消毒针头在患处挑破,刺向隧道,挑出白色斑点状物,置10% KOH中消化蛋白,试管中的沉淀置载玻片上镜检,如果发现疥螨即可确诊;②用一滴消毒的矿物油滴在患处,再用刀片轻刮皮肤,将刮取物置玻片上镜检;③将患处直接放在解剖镜低倍视野下,用手术刀尖挑破患处找出疥螨,阳性率可达97.5%。

(三) 预防和治疗

应加强宣传教育,注意个人卫生和健康的性生活。发现患者应隔离治疗,必要时对密切接触者同时治疗。患者用过的衣被、手套、毛巾等都应用水烫洗,避免与患者直接接触可预防传播。

推荐使用杀虫剂:25%苯甲酸苄酯乳剂(涂抹后保留24h),10%硫磺软膏,5%二氯苯醚菊酯霜,0.5% 马拉硫磷或复方敌百虫霜剂等。治疗疥疮药物有10%硫磺软膏、10%苯甲酸苄酯搽剂、1% DDT霜剂、10%优力霜及伊维菌素等,最好在用药前洗热水澡,在患部及周边施涂药物,每晚一次。所有的衣物及被褥严格清洗。局部止痒可用12%苯佐卡因盐酸盐

(商品名:必可松)。

六、蠕　形　螨

蠕形螨(follicle mite)又称毛囊螨、毛囊虫,是一类专性寄生于人和哺乳动物的毛囊和皮脂腺中的寄生虫。蠕形螨属于真螨目,蠕螨科(*Demodicidae*)。寄生人体的蠕形螨有毛囊蠕形螨(*Demoder folliculorum*)和皮脂蠕形螨(*D. brevis*)。

(一) 形态与生活史

两种蠕形螨的形态、生活史均相似。毛囊蠕形螨的躯体细长呈蛹虫状,乳白色,半透明。成虫长0.1~0.4mm,雌虫略大于雄虫。虫体分颚体和躯体两部分,颚体在躯体前端,呈梯形。躯体分足体和末体两部分,足体短,有足四对,足粗短、呈芽突状,末体细长,表皮具环状横纹,末端钝圆。皮脂蠕形螨较短,末体的尾端较尖。

蠕形螨的生活史分卵、幼虫、前若虫、若虫,成虫五期。生活史中不需更换宿主。

毛囊蠕形螨寄生于毛囊,常多个群居;皮脂蠕形螨主要寄生于皮脂腺,常单个寄居。蠕形螨主要寄生于颜面部,额、鼻、鼻沟、头皮、颏部、颧部和外耳道,还可寄生于颈、肩背、胸部、乳头、大阴唇、阴茎和肛门等处。雌、雄虫交配后雄虫死亡,成虫寿命约4个月。

蠕形螨昼夜均可爬出皮肤表面,且以雌性螨为主,毛囊蠕形螨爬出高峰时间为10~18点,皮脂蠕形螨为20点至次晨2点。

(二) 致病与诊断

蠕形螨寄生后只有少数人可表现为局部炎症,常与多种皮肤疾患有关,如玫瑰痤疮(酒渣鼻)、黑头粉刺及其他皮肤刺激症状。蠕形螨为条件性致病,即蠕形螨的机械刺激和各种代谢、分泌产物刺激引起局部炎症,再加上机体抵抗力下降以及细菌感染等因素而致病。有临床表现的患者,其蠕形螨感染率和感染程度均显著高于一般皮肤病患者和健康人。

虫体寄生在毛囊和皮脂腺中,还集聚其他代谢产物,毛囊周围的表皮增生,加重了毛囊堵塞。但是,皮肤损害主要是因为继发细菌感染。

疑有蠕形螨感染的人,可用痤疮挤压器、弯头眼科镊或手指挤压患部,将挤出物刮下置玻片上,加一滴50%的甘油酒精或花生油,加盖片镜检。人群普查常用透明胶纸粘贴方法,于临睡前将透明胶带贴于鼻尖、鼻翼、鼻沟和额部等处,次晨取下贴于载玻片上镜检。

(三) 预防和治疗

蠕形螨可能通过直接或间接接触而传播,因此要注意个人卫生。有症状者可外用2%甲硝唑霜、10%硫磺软膏、苯甲酸苄脂乳剂、二氯苯醚菊酯霜剂等都有一定疗效。用药前洗温水澡可使毛囊口张大有利于药物渗入。

七、尘　　螨

尘螨(dust mite)普遍存在于人类居住和工作场所,是一种强烈的变应原,可引起螨性哮喘、过敏性鼻炎、特应性皮炎以及慢性荨麻疹等,危害人体健康。尘螨过敏性哮喘也是临床上最为常见的哮喘之一。可诱发过敏性哮喘的主要是表皮螨属(*Pyrogitphidae*),该螨属通常占室内螨总数的90%以上,现已证实表皮螨共有47个种类,其中有10余种已在室内尘土中发现,与过敏性哮喘关系最为密切的螨种主要有以下几种,如屋尘螨(*Dermatophagoides pteronyssinus*)、粉尘螨(*Dermatophagoides farinae*)、埋内宇尘螨(*Euroglyphus maynei*)、害鳞嗜螨(*Lepidoglyphus destructor*)及多毛螨(*Hirstia*)。屋尘螨是导致尘螨过敏性哮喘最重要的变应原。

(一) 形态与生活史

螨成虫呈椭圆形,乳黄色,大小(0.2~0.5)mm×(0.1~0.4)mm。颚体有螯肢一对,须肢一对。躯体表面有细密或粗皱的皮纹和少量刚毛。躯体背面前端有狭长的前盾板。雄螨体背后部还有一块后盾板,其两侧有一对臀盾。躯体背面前侧有一对长鬃,尾端有两对长鬃。外生殖器位于腹面中央,雌螨为产卵孔,雄螨为阳茎,其两侧有两对生殖乳突,雌螨具交合囊,位于躯体后端。肛门靠近后端,呈纵行裂孔,雄螨菱形肛区两侧有一对肛吸盘。腹部前、后部各有足二对,基节形成基节内突,跗节末端具爪和钟罩形爪垫。

我国最常见的室内致敏尘螨主要有户尘螨、粉尘螨。

1. 屋尘螨　也称户尘螨,雄虫大小(240~280)μm×(155~220)μm,后盾板长大于宽。足Ⅰ与Ⅱ等粗,基节内不突出,无胸骨。雌虫大小为(290~380)μm×(220~260)μm,形体较扁,后背中央皮纹纵行,足Ⅳ短小,足Ⅲ粗长。

2. 粉尘螨　雄虫大小(285~360)μm×(200~245)μm,后盾板宽短,足Ⅰ特别粗短,基节Ⅰ内突相接,有胸骨。雌虫大小(370~440)μm×(235~220)μm,体形饱满,后背中央皮纹横形,末端拱形。足Ⅳ等粗,细长。

尘螨生活史分卵、幼虫、第一期若虫、第二期若虫和成虫五个时期。幼虫有足3对。第一若虫足4对,绝大多数尘螨处于第一若虫的相对静止期。第二期若虫足4对,具生殖乳突2对。成虫1~3天进行交配,雌虫一生产卵20~40个,产卵期为一个月左右。温度和湿度等条件适宜时从虫卵发展为成虫约需3周。雄性尘螨存活期为2~3个月,雌性尘螨的存活期为3~5个月。

尘螨普遍存在于人类居所。屋尘螨主要孳生于卧室内的枕头、褥被、沙发、软垫、衣柜和家具中。粉尘螨在面粉厂、棉纺厂、食品仓库、中药库及动物饲料仓库等地大量孳生。尘螨营自生生活。以粉末性物质为食,如面粉、粮食、人和动物的皮屑、花粉和霉菌等。温度在0℃以下尘螨多不能存活,0~7℃时无繁殖能力;17~30℃为尘螨生存繁殖的最适温度;超过35℃尘螨容易死亡。相对湿度75%~80%为尘螨生长繁殖最佳湿度;如果相对湿度大于85%时尘螨不能繁殖,低于70%时,虫卵发育至成虫的时间约延长至5周左右成螨因缺水而导致脱水。相对湿度降至50%以下时可导致成螨死亡。人的活动是尘螨散布主要的途经,通过人体衣着、家具、玩具及被褥等携带而播散。

(二) 致病与诊断

1. 致病　尘螨是诱发支气管哮喘的重要变应原。尘螨的排泄物、分泌物和死亡虫体的分解产物等均可作为过敏原,粪粒的致敏性最强。上述物质被分解为微小颗粒,通过铺床叠被、打扫房屋等活动,使尘埃飞扬,过敏体质者吸入后产生超敏反应。尘螨性过敏患者往往有家族过敏史或个人过敏史。尘螨过敏常见临床表现主要为哮喘和过敏性鼻炎。

(1) 哮喘:属吸入型哮喘。初发往往在幼年时期,有婴儿湿疹史,或兼有慢性细支气管炎病史。突然反复发作为本症候的特征表现。

(2) 过敏性鼻炎:一旦接触过敏源可突然发作,持续时间与接触时间和量的多少有关,症状消失也快。表现为鼻塞、鼻内奇痒,连续喷嚏和大量清水鼻涕。

(3) 过敏性皮炎:多见于婴儿,表现为面部湿疹。成人多见于肘窝、腋窝、腘窝等皮肤细嫩处,表现为湿疹和苔藓样变。

2. 诊断　可通过详细询问病史、典型临床表现结合实验诊断(特异性免疫学方法)进行诊断。病史包括患者的过敏史、发病季节、典型症状及生活在潮湿多尘的环境等。常用的特异性免疫诊断方法有皮肤试验、黏膜激发试验及血清学试验等。

(1) 皮肤试验:通过皮肤点刺试验或皮内注射试验注入尘螨变应原浸液制剂辅助对尘螨过敏性哮喘的诊断和流行病学调查,其中以皮肤点刺试验较为常用,该法采用尘螨浸液制剂作为检测抗原,风团直径大于等于5mm 时可判定为阳性反应,大于5mm 者,可根据直径大小判定强度为+、++、+++和++++。

(2) 尘螨吸入支气管激发试验:吸入尘螨变应原可以模拟诱发尘螨过敏性哮喘的发作,是诊断本病的较为可靠的检测手段。除支气管激发试验、鼻腔黏膜激发试验外,环境激发试验也较为常用。环境激发试验是通过自然接触尘螨的激发方法,与用尘螨变应原浸液制剂的试验方法比较,更符合自然状态,提高了试验的可信性。

(3) 免疫学检查

1) 血清尘螨特异性 IgE 测定:目前多采用放射免疫吸附试验(RAST)、酶联免疫吸附试验(ELISA)进行检测,具有敏感性高、重复性强、自动操作等优点,是诊断尘螨过敏性哮喘的常用方法,测定所用尘螨抗原应采用经标准化尘螨变应原浸液制剂。

2) 血清尘螨特异性 IgG、IgA 测定:测定尘螨特异性 IgG、IgA 对尘螨过敏性哮喘的诊断也有参考价值,但阳性率通常低于尘螨特异性 IgE。

3) 其他检测:快速半定量显色测定法、斑点-ELISA 等技术,浸棒条检测、胶体金试验、免疫印渍技术、Phadiatop 检测多项过敏原技术等,这些技术的发展均有利于环境的检测工作。

(三) 防治

1. 预防措施

(1) 卫生宣传教育、普及基本知识:通过咨询、书面资料、幻灯及社区宣传形式,借助电脑、因特网、远程会诊等高科技手段进行预防尘螨知识。

(2) 控制居室内尘螨生长

1) 居室内卫生及环境改良:保持居室卫生和改良室内环境可以减低螨的密度和螨性变应原的浓度。具体措施包括①卧室要保持整洁卫生无尘,采光良好,经常开窗保持空气新鲜,避免潮湿;②移去卧室中所有易积尘的物品,卧室避免杂乱,易于清扫,不用地毯,不养宠物,减少尘螨孳生的条件;③定期清扫卧室和每天通风,家具表面和地板的积尘应该湿布擦拭,至少每周一次;被褥、枕头、衣服、窗帘勤洗勤晒,床铺卧具应每周经常暴晒和拍打;④室内地毯、沙发最好做到每天吸尘,并经常更换、清理吸尘器里的纳垢袋;⑤枕巾、被褥等100℃消毒,热水可以杀死活螨;⑥如果经济条件许可,被褥等卧具应在使用2~5 年全部更换1 次,也可采用热水床垫、泡沫床垫来替代普通床垫,也可使用 Venflex、Zippered 等合成材料、透气材料制作的密度约为20 微米的纤维织物包装床垫和枕头,这样的纤维织物包装材料不仅透气,还能阻止所有螨通过,减少被褥尘中的尘螨含量。

2）控制室内湿度：室内相对湿度是螨滋生的重要因素之一。降低室内相对湿度将相对湿度（RH）控制在 50% 以下，是控制螨及其过敏原最常用的方法。

3）杀螨剂使用：杀螨剂可以显著减少室内尘土、地毯或床垫中的尘螨数量。杀螨剂的使用条件必须符合①对尘螨高效杀灭作用；②对人体无毒害和不良反应；③对杀螨剂体质过敏者慎用或不用。常用的杀螨剂有 7% 尼帕净、1% 林丹、虫螨磷、甲苯酸苄酯，那他霉素等。不论采用何种制剂和方法，均应每间隔 1~2 个月重复使用 1 次。

2. 治疗

（1）非特异性治疗

1）抗组胺治疗：许多抗组胺药物对尘螨过敏性哮喘有较好的临床疗效，第二代抗组胺药如氮卓斯汀，其他药物有西替利嗪、特非那定（特非那丁）、氯雷他定等，可以有效地改善症状，是目前治疗轻度尘螨过敏性哮喘的主要药物。

2）糖皮质激素吸入疗法：对于中、重度尘螨过敏性哮喘患者，糖皮质激素吸入疗法可以取得良好疗效，吸入的药物种类包括倍氯米松（二丙酸倍氯米松）、布地奈德（丁地去炎松）、丙酸氟替卡松、去炎松缩丙酮、戊酸倍他米松等，糖皮质激素吸入疗法是目前治疗中、重度尘螨过敏性哮喘的最主要措施，并被认为是治疗的首选药物，临床常用剂量为 0.6g~1g/天，分 3~4 次吸入。

3）对症治疗：哮喘急性发作时可以吸入或口服支气管解痉剂，病情发作较重时可考虑全身糖皮质激素治疗。

（2）特异性治疗：主要是指采用尘螨变应原浸液而进行的脱敏治疗，亦称尘螨变应原免疫治疗。这种疗法具有病因治疗和兼有预防性质。治疗所用变应原浸液制剂目前多达几十种，其中已有数种经 WHO 或 FDA 认可。脱敏疗法的剂量由小到大，每周一次，15 周为一疗程，有效率可达 70% 以上。

（3）预防用药：预防尘螨过敏性哮喘的药物主要包括肥大细胞膜稳定剂和免疫治疗两大类，前者包括色甘酸钠、尼多考米钠和曲尼斯特等；后者免疫治疗主要针对尘螨变应原浸液脱敏治疗，一般需应用 3 个月甚至半年后才逐渐显现预防效果。此外，酮替芬等抗过敏药物也可用于尘螨过敏性哮喘的预防，疗效较为理想，与色甘酸钠等药物或免疫治疗合用有协同作用。

八、其他螨类

尚有一些螨可引起皮炎，或寄生后导致过敏或肺部感染。

（一）粉螨

孳生于各种谷物、谷粉干果、奶酪、火腿、食糖、宠物饲料等食物中。这些螨类分别以皮屑、面粉等食物、霉菌等为食，营自由生活。

人与之接触可被叮咬引起皮炎及荨麻疹等，或因误食带粉螨食物而引起恶心、腹痛、腹泻等症状，也可侵入呼吸道而致肺螨病。

防制粉螨应做好食品的存储管理，保持环境干燥，注意食物卫生和个人防护。

（二）蒲螨

蒲螨是一类粮仓害虫（蝶蛾类）的寄生螨，也可刺叮人体，引起皮疹（又称为谷痒疹）。

蒲螨约 0.2 mm 大小。雌虫纺锤形。受孕雌虫后端呈囊状膨大,直径可达 2 mm。雌虫寄生于蝶蛾类昆虫的幼虫体上,受孕雌虫的卵在母体内生长发育,化为成螨后才爬出母体。在有蝶蛾昆虫的稻草、谷物、棉籽或麻袋上,可有许多蒲螨聚集,人与之接触时,螨爬上人体刺叮。通常在仓库搬运工易遭受侵袭。

防制措施主要是加强粮仓管理,防止蝶蛾类孳生,这样也就防止了蒲螨的孳生。此外,应采取灭螨措施和注意个人防护。

(徐大刚　毛佐华)

第五十章　昆　虫　纲

教学要求

(1) 掌握昆虫纲虫体的主要特征,主要昆虫纲的种类及其与医学的关系。

(2) 熟悉蚊、蝇对人体的主要危害性及防制。

(3) 了解三属蚊的主要区别,蚊、蝇的主要习性与传病的关系。

教学要点

[学习引导]

(1) 昆虫纲的主要特征是什么?

(2) 昆虫纲中与医学有关的种类及致病性有哪些?

一、概　　述

昆虫纲(Insecta)是节肢动物门中最大的一个纲,在100多万种节肢动物中,约占90%。不少重要的虫媒病如疟疾、丝虫病、流行性乙型脑炎、斑疹伤寒、鼠疫等都是由昆虫传播的。

形态

昆虫具节肢动物的一般特征。成虫体躯左右对称,可分为头、胸、腹三部分。

1. 头部　感觉和取食中心,有眼(单眼和复眼)、触角和口器等主要构造。昆虫的口器有:咀嚼式,如蜚蠊;刺吸式,如蚊、蚤、虱;舔吸式,如蝇等。

2. 胸部　昆虫的运动中心,分为前、中、后三个胸节。背面有翅1~2对,有的无翅,如蚤、虱、臭虫;腹面有足3对。翅上有翅脉,其排列和形状是昆虫分类常用的特征。

3. 腹部　消化、生殖中心,常由十一节组成,最后数节转变成外生殖器。外生殖器的形态也是分类的重要依据。

4. 昆虫的内部构造　昆虫的内部构造有呼吸、消化、排泄、生殖、循环、神经等系统。其中消化系统、循环系统和生殖系统与传病有密切关系。

消化系统由口、前肠(两侧有涎腺)、中肠(又称胃)、后肠和肛门组成。许多病原体在昆虫的消化系统中发育繁殖后才得以传播,有的病原体被吸入昆虫的消化道后进入昆虫的血腔,进而进入昆虫的涎腺和生殖系统。唾液腺中的病原体通过刺叮吸血传播,卵巢中的病原体可经卵传递,使下一代的昆虫仍带有病原体而传播疾病。

二、蚊

蚊(mosquitoes)是一类常见的医学昆虫,为多种重要疾病的传播媒介。其中以按蚊属(*Anopheles*)、库蚊属(*Culex*)和伊蚊属(*Aedes*)与传病关系最为重要。

自然界中与蚊外形相似的昆虫很多,以下两点是识别蚊的最明显特征。

第一,蚊头部有一长喙(即口器),绝大多数雌蚊的口器适于刺吸血液。

第二,翅脉和翅缘都生有鳞片,头、胸、足及多数种类的腹部都覆盖有鳞片。

(一) 形态

1. 成虫 大小不一,因虫种而异,体长为1.6~12.6mm。

(1) 头部:有一对复眼,两复眼间有触角一对,各由15节组成,雄蚊触角上的轮毛长而密,雌蚊则短而稀。口器呈长喙状,由上唇、舌各1根,上、下颚各1对围成食物道,并被包裹在下唇鞘中。舌的中央有唾腺管,通向唾液腺。仅雌蚊刺吸人畜血液。下腭基部有触须一对。

(2) 胸部:足3对,中胸有一对膜质翅,后胸有一对平衡棒。

(3) 腹部:由11节组成,最后3节变为外生殖器,统称尾器,雄蚊的尾器是鉴定蚊种的重要依据。

(4) 翅:翅脉、翅缘及虫体披有不同颜色的鳞片,可形成斑或条带,是鉴别蚊种的重要特征。

2. 虫卵 长约1mm,一般为长椭圆形,外形、颜色和排列方式等随种类不同而异。

3. 幼虫 幼虫俗称孑孓。分头、胸、腹三部分。头部具眼、触角、口器等构造。胸部外表看不出分节界线。腹部分九节,第八节背面有一对气孔或呼吸管。

4. 蛹 其外形呈逗点状,分头胸部与腹部。在头胸部背面有一对呼吸管。

按蚊属、库蚊属、伊蚊属各期形态主要区别见表50-1。

表50-1 三属蚊虫各期形态主要区别

虫期	区别点	按蚊	库蚊	伊蚊
成蚊	体色	大多灰褐色	大多棕黄色	黑色有白斑
	翅	大多有黑白斑	大多无黑白斑	无黑白斑
	停息姿态	虫体与喙成一线,与栖息面成一角度	虫体与喙成一角度,与栖息面平行	同库蚊
卵	形态	舟状,有浮囊	长圆锥形,无浮囊	纺锤形,无浮囊
	在水中情况	单个散在浮于水面	聚集成筏,卵块浮于水面	单个散开,沉于水底
幼虫	呼吸管	无,但有呼吸孔一对	有,细而长	有,粗而短
	静止姿态	虫体平浮于水面	呼吸管露于水面,头倒垂与水面成一角度	同库蚊
蛹	呼吸管	短而粗,口宽,似漏斗形,前方有裂隙	细而长,口小,前方无裂隙	短而宽,口呈三角形,前方无裂隙

(二) 生活史

蚊的生活史属完全变态,分卵、幼虫、蛹、成虫四个时期。雌蚊在交配吸血后才产卵,蚊幼虫共分四龄,经3次脱皮后发育为第四龄幼虫。约需一周即可化蛹,再经2~3天即羽化为成蚊。雄蚊羽化后不久即交配。完成一代生活史在夏季为10~15天。

(三) 生活习性及其在传病、防制中的意义

了解蚊虫的生活习性,便于适时、有针对性地采取防制措施,消除蚊虫的孳生和栖息条件以控制虫媒病的流行及扩散。

1. 幼虫孳生习性 不同蚊种的孳生地各异，一般可归纳为表 50-2 中几种类型。

表 50-2 我国常见蚊虫的主要孳生习性

水体	代表蚊种
洁净的缓流水体	微小按蚊
比较洁净的大型静止水体	中华按蚊、嗜人按蚊、三带喙库蚊
丛林浓荫下小型积水	大劣按坟
比较洁净的小型水体	白纹伊蚊
污秽的水体	淡色库蚊、致倦库蚊
咸水体	海滨伊蚊

2. 嗜血习性 仅雌蚊吸血。唯有吸人、畜血液的雌蚊才能传播蚊媒病。在外界环境中血源有变化时，如牲畜大量减少，原来嗜吸畜血的蚊虫可转吸人血，这样就会增加人群中蚊媒病传播与流行的可能性。

(1) 生殖营养周期(环)(gonotrophic cycle)：蚊虫每次从吸血到产卵的周期，分为三个阶段：①寻找宿主吸血；②胃血消化和卵巢发育；③寻找孳生地产卵。

(2) 生理龄期(physiological age)：指雌蚊经历生殖周期的次数，代表蚊虫存活时间的一个度量指标。

3. 栖息活动 蚊虫一般可飞行 1～2 公里，还可随各种交通工具扩散。一般可分为：①家栖型(淡色库蚊、嗜人按蚊)；②半家栖型(中华按蚊、日月潭按蚊)；③野栖型(大劣按蚊)。了解它们的栖息习性，对判定媒介和拟订防制措施有指导意义。

4. 成蚊交配活动 成蚊羽化后不久、在吸血前交配。雄蚊在黄昏或黎明时成群的在草地上空或人畜上空飞舞，然后雌蚊飞入雄蚊群体中加入群舞，并与雄蚊配对完成交配。

5. 季节消长 自然界的温度、湿度、雨量等气候因素，影响蚊的生长、发育、繁殖，活动、寿命及病原体在蚊体内的发育繁殖等，因此，蚊虫的数量增减与蚊媒病的流行都呈现季节性变化。掌握蚊虫季节消长的资料，是判定病媒、探讨蚊媒病的传播流行规律，以及适时地采取防制对策的重要依据。

6. 越冬 我国南方如广东、云南、海南等地气候终年温暖，蚊在冬季仍可活动繁殖；其他地区，蚊到冬天或晚秋就停止活动和发育，进入越冬期。不同的蚊种可以不同的虫期越冬。了解蚊虫的越冬现象，对某些蚊媒病的及早预防和灭蚊防病工作有重要的参考意义。

(四) 蚊与疾病的关系

我国的蚊媒病及常见的主要传病蚊种见表 50-3。黄热病和西尼罗热虽在我国未见报道，但其传播媒介分别是埃及伊蚊、多种库蚊和伊蚊，在我国也有存在，应加注意。

表 50-3 我国流行的蚊媒病及其媒介

蚊媒病	传播媒介
疟疾	中华按蚊(*Anopheles sinensis*) 嗜人按蚊(*A. anthropophagus*) 微小按蚊(*A. minimus*) 大劣按蚊(*A. dirus*)

续表

蚊媒病	传播媒介
马来丝虫病	中华按蚊,嗜人按蚊
班氏丝虫病	淡色库蚊(*Culex pipiens pallens*) 致倦库蚊(*C. quinquefasciatus*) 中华按蚊
流行性乙型脑炎	三带喙库蚊(*C. tritaeniorhynchus*) 白纹伊蚊(*Aedes albopictus*)
登革热	埃及伊蚊(*Aedes. aegypti*)、白纹伊蚊

(五) 防制

1. 控制幼虫孳生 采用各种方法消灭蚊的孳生地。

2. 杀灭成蚊 除进行拍打、诱杀等方法外,应用杀虫药剂进行滞留喷洒、超低容量喷洒、烟剂或气雾剂等熏杀成蚊。

3. 防蚊侵袭 采用“防”(纱门纱窗、蚊帐)、“驱”(燃点蚊香、涂擦防蚊剂等)和“护”(减少皮肤外露部位)等措施。

三、蝇

蝇(flies)属于双翅目,是与人类疾病关系比较密切的种类,多数属于蝇科(*Muscidae*)、丽蝇科(*Calliphoridae*)、麻蝇科(*Sarcophagidae*)和狂蝇科(*Oestridae*)。

根据蝇的食性、与疾病的关系,可分为以下三大类:吸血蝇类、非吸血蝇类和不食蝇类。吸血蝇类的雌、雄成蝇均吸血,主要传播畜类疾病;非吸血蝇类以吸食各种有机物质为主,是机械性传播人类肠道传染病的主要种类;不食蝇类幼虫完全寄生,是蝇蛆病的病原体。

(一) 形态与生活史

1. 成蝇 不同种类体型差别很大,大小为4~14mm,体色有暗灰色、黑色或黄褐色,有些则呈绿色、蓝色、紫色,且具金属光泽。体表有许多鬃毛。常见蝇类有舍蝇(又称家蝇)、麻蝇、金蝇、绿蝇、丽蝇等。

(1) 头部:半球形,复眼1对,单眼3个;触角1对,第3节上长有触角芒;口器舔吸式、刺吸式或退化。

(2) 胸部:分为前、中、后胸。中胸发达,有翅1对;中胸背板上的鬃毛、条纹及翅脉形状为常用的分类特征;足3对,足末端有爪和爪垫,爪垫上密布细毛,并能分泌黏液,借以在光滑面上爬行。

(3) 腹部:分为10节,一般能见5节,其余各节变为外生殖器。雌性外生殖器缩在腹内,产卵时才伸出;雄性外生殖器的形态是分类上的重要特征。

2. 卵 乳白色,椭圆形或香蕉形,长约1mm。

3. 幼虫 俗称蛆。乳白色,前尖后钝,无眼无足,体分14节。二龄幼虫后其第一胸节有前气门1对;腹部后端有后气门1对,其形状是虫种重要的鉴别特征。

4. 蛹 椭圆形,蛹壳呈深棕色。

蝇的发育属完全变态,除个别虫种外,生活史包括卵、幼虫、蛹和成虫四个阶段,蝇的生长发育明显受到环境温度、湿度和营养的影响。幼虫在各种富含有机物场所孳生。雌蝇通常只交配一次,数日后雌蝇产卵。家蝇一般一生产卵 4~6 次,有的蝇种产卵可达到 10 次。成蝇寿命为 1~2 个月。

(二) 生活习性及其在传病、防制中的意义

了解蝇的各种习性有助于设计防蝇、捕蝇、灭蝇等措施。

1. 幼虫孳生习性 各种有机物积聚处都可成为蝇的孳生地。根据孳生物性质的不同分为四类:粪便类、腐败植物(蔬菜、瓜果)类、腐败动物(动物尸体)类和垃圾类。

2. 成蝇食性 吸血蝇类多吸畜血,也可吸人血,能传播人畜共患病。非吸血蝇类多为杂食性,各种食物、粪、尿、痰、脓血及各种分泌、排泄物都吸吮。蝇类取食频繁,有边吃、边吐、边排粪的习性,与传播疾病密切相关。

3. 成蝇的栖息活动习性 活动有趋光性,在夜间或黑暗处常停落在天花板等处。活动起始温度约 15℃,低于 10℃时即停止活动。飞翔力很强,可飞行 7~8 km 或更远,可借风力及各种交通工具带到他处。

4. 季节消长 大体可分为春秋型(如丽蝇)、夏秋型(如大头金蝇、麻蝇)、秋季型(如舍蝇)。夏秋季节肠道传染病的流行与蝇类的密度高峰有密切关系。

(三) 蝇与疾病的关系

蝇主要是机械性传播多种疾病,如伤寒、副伤寒、霍乱、菌痢、阿米巴痢疾、炭疽、脊髓灰质炎、结核病、沙眼等,也可作为少数寄生虫的中间宿主和传播媒介(如结膜吸吮线虫、锥虫),并可直接寄生引起蝇蛆病(眼、耳、鼻、口腔、肠道、尿道、阴道、皮肤伤口等处)。

(四) 防制

搞好环境卫生,清除各种孳生地;扑打、诱捕或毒杀成蝇,喷洒杀虫药;装设纱门纱窗,食物、食具加盖纱罩等防蝇措施。

四、白　　蛉

白蛉(Sandflies)属双翅目,是一类体型较小的吸血昆虫,全世界已发现有 500 余种,我国已发现有 30 余种,其中以中华白蛉最为重要,是我国黑热病的重要传播媒介。

(一) 形态与生活史

1. 成虫 长 1.5~3.5mm,灰黄色,体表及翅上均披有细毛。

(1) 头部:有一对大而黑的复眼,1 对较长的触角和一个较粗的刺吸式口器。

(2) 胸部:形似驼背,有狭长的翅 1 对,静止时向上竖立,有细长的足 3 对。

(3) 腹部:分 10 节,2 至 6 节背面生有细毛,为重要的分类特征之一,据此细毛可将白蛉分为竖立毛类、平卧毛类和交杂毛类。雌蛉尾端钝圆,雄蛉尾端有钳状的尾器,是鉴别种类的重要特征。

2. 卵 呈长椭圆形,约长 0.4mm,棕褐色,外壳表面有各种斑纹。

3. 幼虫 体分 14 节,乳白色,无眼,有咀嚼式口器,尾端有较长的尾鬃。

4. 蛹 尾端附着有四龄幼虫皮,形状特殊。

白蛉的生活史属完全变态。卵、幼虫、蛹均在泥土中发育,整个生活史 58~60 天,在自然条件下一年仅繁殖一代,少数种类可繁殖两代。

(二) 生活习性及其在传病、防制中的意义

白蛉仅雌蛉吸血。竖立毛类多吸人畜血液,平卧毛类通常吸冷血动物(如壁虎、蛙、蛇等)的血液。吸血多在天黑后进行。白蛉为跳跃式飞行,活动范围一般多在 30m 以内,居室及畜舍为家栖型和半家栖型白蛉的主要栖息活动场所。白蛉的活动季节平均气温为 20~30℃。其主要分布在我国长江以北地区,白蛉传播黑热病主要在春夏和夏秋时期。

(三) 白蛉与疾病的关系

中华白蛉(*Phlebotomus chinensis*)是我国广大黑热病流行区(新疆除外)的传播媒介。中华白蛉长管亚种(*P. chinensis longiductus*)是新疆境内人源性黑热病的传播媒介。硕大白蛉吴氏亚种(*P. major wui*)是新疆和甘肃西部荒漠地区野生动物源性黑热病的传播媒介。

(四) 防制

改善居室条件,填平地面裂隙,保持清洁干燥,消灭幼虫孳生。使用杀虫剂对白蛉的栖息场所做滞留喷洒,是杀灭成蛉的有效措施。

五、蚤

蚤(fleas)俗称跳蚤,是哺乳类和鸟类的体外寄生虫。蚤的种类很多,全世界已知 2300 余种,我国已发现有 450 余种。蚤不仅刺吸人血,还能传播某些人兽共患病,其中鼠疫最具危害性。

(一) 形态及生活史

1. 成虫 体形侧扁,两侧对称。体长 1~3mm,呈棕褐色,无翅,有发达的足 3 对,善跳跃,口器为刺吸式,雌、雄成蚤均需吸血寄生。

(1) 头部:侧面观略呈三角形,每侧有单眼及触角各一个。单眼下方为颊,某些种类颊部有梳状棘刺,称颊栉。眼下或眼前有眼鬃。单眼是否发达、眼鬃的位置、颊栉的有无、颊栉的形状或数目等,都是鉴别蚤种的特征。

(2) 胸部:分前、中、后胸三节,每个胸节上有成排的鬃毛或棘刺。有些蚤种的前胸具前胸栉,中胸侧板中央有一条纵行的侧板杆,每个胸节腹部有发达的足一对。

(3) 腹部:共分 10 节,尾端三节变为外生殖器。雌蚤尾端钝圆,内有角质的受精囊;雄蚤尾端向上翘起,具有尾器,均为鉴别的重要特征。

2. 卵 呈椭圆形,乳白色,长约 0.5mm。

3. 幼虫 形似蛆,黄白色,体长 4~6mm,无眼无足,体分 13 节,每节有鬃 1~2 列。口器为咀嚼式。

4. 蛹 具成虫雏形,外包幼虫形成的茧,逐渐变为淡棕色。

蚤类成虫以消化系统与传病关系最为密切。消化系统包括前肠、中肠与后肠三部分。

前肠又分为口腔、咽、食道及前胃，前胃呈漏斗状，其内壁有许多角质倒刺伸向胃腔中，可以阻止血液倒流，也是鼠疫杆菌适宜的繁殖场所。

蚤类生活史属完全变态。成蚤自蛹钻出后便交配、吸血、分批产卵。卵期为1～2周。幼虫以尘土中的有机物为食料。在各种适宜条件下，整个生活史可在1个月左右完成。

（二）生活习性及其在传病、防制中的意义

1. 幼虫孳生习性 幼虫的孳生场所与成蚤栖息活动密切相关，各种动物经常活动和居所的地面均可为孳生地。

2. 成蚤栖息活动 栖息活动范围取决于宿主的活动，也可随各种交通工具被带至远处。根据栖息活动特点分为：①巢穴型，蚤多栖居于宿主巢穴内，活动范围小，吸血间隔时间长，耐饥力较强，故对保存疾病的疫源地起重要作用；②体表型，蚤栖息于宿主体表，对温度的要求较高，吸血较频繁，耐饥力较差，故对疾病的传播有重要作用；③半固定型和固定型，蚤大多寄生在动物体表，与人类疾病的传播无关。

3. 宿主的选择 蚤类对宿主的选择有三种类型：① 单宿主型，对宿主选择有严格的专一性；②寡宿主型，可寄生在若干宿主类群，能转换宿主；③多宿主型，宿主广泛，当失去正常宿主时，便可转移至其他种类宿主体表寄生吸血。蚤类对宿主选择和转移特性，在传播人畜共患病中极为重要。

4. 季节消长 蚤类的季节消长随气候而变化。蚤的密度高峰季节，也是蚤媒病传播流行的高峰季节。

（三）蚤与疾病的关系

蚤类叮刺吸血，引起局部皮肤发生红斑丘疹，抓痒可致继发感染。主要危害是传播鼠疫、地方性斑疹伤寒等疾病，也可传播某些绦虫病。我国传播上述疾病的主要蚤种有印鼠客蚤（*Xenopsylla cheopis*）、人蚤（*Pulex irritans*）、方形黄鼠蚤（*Citellophillus tesquorum sungaris*）和谢氏山蚤（*Oropsylla silantiewi*）等。

蚤传播鼠疫是通过吸血传播。当大量鼠疫杆菌菌团阻塞前胃，吸血时血液进不了中肠，跳蚤因为饥饿频繁刺叮，由于食道壁和咽壁的弹性回缩，导致前胃内的鼠疫杆菌倒流至宿主体内，致宿主患鼠疫。

蚤传播地方性斑疹伤寒时，蚤吸入有莫氏立克次体的血液后，立克次体在蚤的胃壁上皮细胞内繁殖，细胞破裂后便随蚤粪排出，蚤粪污染皮肤伤口致感染。

（四）防制

使用杀虫剂喷洒地面灭蚤；用水泥等填抹地面和墙根缝隙，以减少蚤类孳生地；药物喷洒畜圈地面，用杀虫剂注入鼠洞，灭鼠、灭蚤相结合；用驱避剂涂擦身体外露部位等。

六、虱

寄生于人体的虱（lice）有两种：人虱（*Pediculus humanus*）和耻阴虱（*Pthirus pubis*）。一般认为人虱又分为两个亚种：人头虱（*P. h. capitis*）和人体虱（*P. h. corporis*）。

(一) 形态及生活史

体虱长约2.5 mm,灰白色,背腹扁平。头部两侧有复眼和触角各一对,前端有可伸缩的刺吸式口器一个。胸部无翅,腹面有足3对。每足末端有一发达的爪,与胫节末端的指状突形成"抓握器",用以抓附于宿主的毛发或内衣纤维。腹部各节两侧突出。雌虱尾端呈"w"形,雄虱尾端钝圆。

头虱与体虱外形相似,但略小,体色较深。耻阴虱体长1.5~2.05mm,似蟹形,前足较细小,中足及后足较粗壮。

虫卵俗称"虮子";若虫外形似成虫,仅生殖系统未发育。

人虱的生活史属不完全变态,分为卵、若虫和成虫三个时期。

(二) 生活习性及其在传病、防制中的意义

虱生活史各期均在人体寄生、吸血,人是唯一的自然宿主。头虱寄生于头部;体虱常在内衣缝处躲藏;耻阴虱在阴毛处最多,但腋毛、眉毛、睫毛等处也偶可寄生。

自卵发育为成虫需23~30天,成虫寿命约一个月。

雌、雄虱均吸食人血,耐饥力差,吸血频繁。成虫每天吸血数次。当人发热、出汗或死后体温下降时,虱即爬离而另寻新宿主。这种习性对虱的散布和传病有重要意义。

居住拥挤和卫生状况差的地方,易使虱播散和虱媒病的流行。耻阴虱主要通过性接触传播。在寒冷季节,衣着厚实又不经常洗澡,给虱的孳生繁殖造成有利条件,所以,虱与虱媒病以冬春季节较为多见。

(三) 虱与疾病的关系

虱能传播流行性斑疹伤寒和回归热,以体虱传病最为重要。

流行性斑疹伤寒的病原体是普氏立克次体。感染方式有:①虱粪污染皮肤伤口致感染,这是最主要的传病途径;②普氏立克次体在干燥的虱粪中室温下可存活两个多月,如虱粪污染眼结膜或被吸入呼吸道,也可致感染。

虱传播回归热的病原体是回归热螺旋体,只有压碎虱体后,病原才随体液流出污染皮肤伤口而感染。

(四) 防制

勤理发、洗头,勤洗澡、更衣,保持被褥清洁,注意个人卫生,是预防生虱的重要措施。将衣物蒸、煮、烫、冻、药物熏杀,能有效的灭虱。头虱和耻阴虱寄生时,可采用剃毛的方式,能有效消除虱的寄生。

七、其他医学昆虫

其他医学昆虫虫特征比较见表50-4。

表 50-4 其他医学昆虫特征比较

区别点		蠓	蚋	虻	臭虫	蜚蠊
形态	大小	1~3mm	1.5~5mm	6~30mm	4~5mm	9~35cm
	口器	刺吸式	刺吸式	刺舔式	刺吸式	咀嚼式
	翅	一对	一对，翅宽阔，纵脉发达	一对	无翅	二对，有些缺翅
	分类鉴定特征	翅斑、雌蠓受精囊的形状和数目、雄蠓尾器构造	外生殖器	腹部的颜色和纹饰	前胸前缘形状	大小、形状、翅的有无
生活史	发育类型	完全变态	完全变态	完全变态	不完全变态，卵—若虫—成虫	不完全变态
	发育期	15 天至 1 个月	2~3.5 个月	数月甚至一年以上	6~8 周	数月至一年以上
生态	幼虫孳生地	阴潮而富于有机物的场所	清洁的流水中	幼虫常潜伏于水底泥土表层	若虫、成虫都在床板、褥垫、墙缝等处	厨房灶具、墙缝、家具等隐蔽处
	食性	雌蠓吸血	雌蚋吸血	雌虻吸血	若虫、成虫均吸血	杂食性
	活动	半径 100~300m	2~5 km，远者可达 10 km 以上；多数在白昼活动	飞行力极强，可达 45~60 km；白昼活动，中午吸血活动最活跃	可通过行李、家具等搬移被散布；夜间吸血	可随各种交通工具散布到远处，夜间活动觅食
医学重要性		骚扰吸血，引起皮炎；是非洲链尾丝虫、常现丝虫和奥氏丝虫的传播媒介	骚扰吸血，引起皮炎；是非洲盘尾丝虫的传播媒介	骚扰吸血；机械传播炭疽和野兔热；某些斑虻是非洲罗阿丝虫病的传播媒介	骚扰吸血	并机械性传播多种肠道疾病病原体，可作为某些蠕虫（如长膜壳绦虫、美丽筒线虫等）的中间宿主
防制		环境治理 喷洒杀虫药 个人防护	同左，在野外工作时应涂驱避剂、戴防虫头罩等	同左	室内卫生，注意检查旅行行李，防止孳生和散布；水烫、喷洒杀虫剂灭臭虫	同左

（徐大刚　朱淮民）

自 测 题

一、选择题

微生物学部分

1. 属于非细胞型的微生物是
   A. 流感病毒　B. 大肠埃希菌　C. 白假丝酵母菌
   D. 斑疹伤寒立克次体　E. 金黄色葡萄球菌
2. 属于真核细胞型的微生物是
   A. 流感病毒　B. 溶脲脲原体　C. 白假丝酵母菌
   D. 斑疹伤寒立克次体　E. 朊粒
3. 属于原核细胞型的微生物是
   A. 流感病毒　B. 金黄色葡萄球菌　C. 白假丝酵母菌
   D. 朊粒　E. 乙肝病毒
4. 属于非细胞型的微生物又缺乏核酸结构的是
   A. 流感病毒　B. 大肠埃希菌　C. 白假丝酵母菌
   D. 朊粒　E. 新生隐球菌
5. 细菌具有抗吞噬作用的特殊结构是
   A. 荚膜　B. 鞭毛　C. 菌毛　D. 芽胞　E. 异染颗粒
6. 与细菌对外环境的抵抗力有关的细菌结构是
   A. 菌毛　B. 芽胞　C. 荚膜　D. 鞭毛　E. 质粒
7. 在下列微生物中青霉素对其细胞壁有明显抑制作用的是
   A. 革兰阳性菌　B. 革兰阴性菌　C. 病毒
   D. 真菌　E. 衣原体
8. 在细菌染色标本检查时需用抗酸染色法的细菌是
   A. 结核分枝杆菌　B. 金黄色葡萄球菌　C. 霍乱弧菌
   D. 副溶血性弧菌　E. 破伤风梭菌
9. 不属于细菌合成代谢产物的是
   A. 内毒素　B. 外毒素　C. 抗毒素
   D. 抗生素　E. 色素
10. 大多数的致病菌属于
    A. 专性需氧菌　B. 微需氧菌　C. 兼性厌氧菌
    D. 专性厌氧菌　E. 真菌
11. 破伤风梭菌属于
    A. 专性需氧菌　B. 微需氧菌　C. 兼性厌氧菌
    D. 专性厌氧菌　E. 真菌
12. 结核分枝杆菌属于
    A. 专性需氧菌　B. 微需氧菌　C. 兼性厌氧菌
    D. 专性厌氧菌　E. 真菌
13. 与细菌抗药性有关的质粒是
    A. F 质粒　B. R 质粒　C. 毒力质粒
    D. 遗传质粒　E. 异染颗粒

14. 细菌染色体以外的遗传物质是
A. 核糖体　B. 菌毛　C. 组蛋白
D. 异染颗粒　E. 质粒
15. 因食入严格消毒的蛋奶制品引起的腹泻多属于
A. 食物中毒　B. 细菌性痢疾　C. 菌群失调症
D. 过敏性反应　E. 条件致病
16. 因长期大量使用广谱抗生素而引起的细菌性腹泻多属于
A. 食物中毒　B. 细菌性痢疾　C. 菌群失调症
D. 过敏性反应　E. 条件致病
17. 因食入不严格消毒的食品引起的里急后重的腹泻多属于
A. 食物中毒　B. 细菌性痢疾　C. 菌群失调症
D. 过敏性反应　E. 条件致病
18. 杀灭物体上病原微生物的方法称
A. 消毒　B. 灭菌　C. 防腐　D. 抑菌　E. 无菌
19. 杀灭物体上所有微生物的方法称
A. 消毒　B. 灭菌　C. 防腐　D. 抑菌　E. 无菌
20. 下列细菌中不引起食物中毒的是
A. 葡萄球菌　B. 沙门菌　C. 肉毒梭菌
D. 链球菌　E. 副溶血性弧菌
21. 由乙型溶血性链球菌感染所引起的疾病是
A. 疖　B. 风湿热　C. 肠热症
D. 食物中毒　E. 波浪热
22. 引起细菌性大叶性肺炎的常见致病菌是
A. 乙型溶血性链球菌　B. 甲型溶血性链球菌　C. 肺炎链球菌
D. 金黄色葡萄球菌　E. 肠球菌
23. 下列疾病中，由金黄色葡萄球菌感染所引起的是
A. 疖　B. 风湿热　C. 肠热症
D. 食物中毒　E. 肾小球肾炎
24. 对心脏瓣膜缺陷或损伤患者具有潜在亚急性细菌性心内膜炎致病危险的细菌是
A. 乙型溶血性链球菌　B. 甲型溶血性链球菌　C. 肺炎链球菌
D. 金黄色葡萄球菌　E. 淋病奈瑟菌
25. 下列细菌中，可引起急性肾小球肾炎的是
A. 乙型溶血性链球菌　B. 甲型溶血性链球菌　C. 肺炎链球菌
D. 金黄色葡萄球菌　E. 淋病奈瑟菌
26. 下列细菌中，引起急性扁桃体炎最常见的是
A. 乙型溶血性链球菌　B. 甲型溶血性链球菌　C. 肺炎链球菌
D. 金黄色葡萄球菌　E. 淋病奈瑟菌
27. 下列细菌中，可引起新生儿淋菌性结膜炎的是
A. 金黄色葡萄球菌　B. 甲型溶血性链球菌　C. 肺炎链球菌
D. 淋病奈瑟菌　E. 脑膜炎奈瑟菌
28. 下列细菌中能产生肠毒素引起食物中毒的是
A. 金黄色葡萄球菌　B. 表皮葡萄球菌　C. 肺炎链球菌
D. 乙型溶血性链球菌　E. 甲型溶血性链球菌

29. 肥达试验可协助诊断的疾病是
A. 风湿热　B. 猩红热　C. 肠热症
D. 感染性心肌炎　E. 波浪热
30. 由伤寒沙门菌感染所引起的疾病是
A. 疖　B. 风湿热　C. 肠热症
D. 米泔水样腹泻　E. 波浪热
31. 引起急性细菌性痢疾的病原体是
A. 大肠埃希菌　B. 沙门菌　C. 志贺菌属
D. 变形杆菌　E. 乙型溶血性链球菌
32. 用于卫生细菌学检查的指标性细菌是
A. 大肠埃希菌　B. 沙门菌　C. 志贺菌属
D. 变形杆菌　E. 乙型溶血性链球菌
33. 最常见的引起泌尿系统感染的条件致病菌是
A. 大肠埃希菌　B. 沙门菌　C. 志贺菌属
D. 变形杆菌　E. 乙型溶血性链球菌
34. 因食入海产品中嗜盐性菌引起食物中毒的细菌是
A. 葡萄球菌　B. 沙门菌　C. 肉毒梭菌
D. 副溶血性弧菌　E. 大肠埃希菌
35. 霍乱弧菌的主要致病物质是
A. 内毒素　B. 肠毒素　C. 溶血素
D. 鞭毛　E. 痉挛毒素
36. 在建筑工地上朝天钉刺伤后最容易引起感染的细菌是
A. 破伤风梭菌　B. 产气荚膜杆菌　C. 炭疽芽胞杆菌
D. 肉毒梭菌　E. 金黄色葡萄球菌
37. 可引起"角弓反张"的病原体是
A. 破伤风梭菌　B. 产气荚膜杆菌　C. 炭疽芽胞杆菌
D. 肉毒梭菌　E. 狂犬病毒
38. 在有牛乳培养基中可产生"汹涌发酵"的病原体是
A. 破伤风梭菌　B. 产气荚膜杆菌　C. 炭疽芽胞杆菌
D. 肉毒梭菌　E. 大肠埃希菌
39. 在窄而深的伤口中可能生长的细菌中最可能的是
A. 破伤风梭菌　B. 霍乱弧菌　C. 炭疽芽胞杆菌
D. 肉毒梭菌　E. 金黄色葡萄球菌
40. 在放线菌感染患者病灶组织和脓样物质中找到肉眼可见的黄色小颗粒称为
A. 异染颗粒　B. 硫磺样颗粒　C. 毒性颗粒
D. 核周染粒　E. 质粒
41. 在患者病灶组织和脓样物质中找到肉眼可见的硫磺样颗粒表示含有的细菌为
A. 诺卡菌　B. 放线菌　C. 布鲁杆菌
D. 炭疽芽胞杆菌　E. 金黄色葡萄球菌
42. 放线菌在人体内多为
A. 正常菌群　B. 致病菌　C. 非致病菌
D. 动物性致病菌　E. 条件致病菌
43. 正常存在于口腔,并与龋齿发生有关的致病菌为
A. 诺卡菌　B. 放线菌　C. 布鲁杆菌

D. 炭疽芽胞杆菌　　E. 大肠埃希菌

44. 形态与放线菌相似,但菌丝末端不膨大,革兰阳性的链杆状或球杆状菌称为

A. 诺卡菌　　B. 耶氏菌　　C. 布鲁杆菌

D. 炭疽芽胞杆菌　　E. 白喉棒状杆菌

45. 白喉棒状杆菌的主要致病物质是

A. 内毒素　　B. 外毒素　　C. 溶血素

D. 鞭毛蛋白　　E. 血凝素

46. 在下列细菌中,因感染可在口腔黏膜产生假膜的是

A. 白喉棒状杆菌　　B. 溶血性链球菌　　C. 金黄色葡萄球菌

D. 棒状杆菌　　E. 溶血性链球菌

47. 白喉棒状杆菌染色后具有诊断价值的形态结构是

A. 芽胞　　B. 异染颗粒　　C. 荚膜

D. 鞭毛　　E. 核周染粒

48. 在下列细菌中生长周期最长的是

A. 葡萄球菌　　B. 沙门菌　　C. 结核分枝杆菌

D. 副溶血性弧菌　　E. 链球菌

49. 在细菌染色标本检查时需用抗酸染色法的细菌是

A. 结核杆菌　　B. 金黄色葡萄球菌　　C. 霍乱弧菌

D. 副溶血性弧菌　　E. 炭疽芽胞杆菌

50. 下列细菌中,其致病与迟发型超敏反应有关的是

A. 葡萄球菌　　B. 沙门菌　　C. 结核分枝杆菌

D. 链球菌　　E. 肠球菌

51. OT 试验的原理是

A. I 型超敏反应　　B. 迟发型超敏反应　　C. 中和反应

D. 凝集反应　　E. 细胞毒性超敏反应

52. OT 试验可协助诊断的疾病是

A. 风湿热　　B. 肺结核　　C. 肠热症

D. 感染性心肌炎　　E. 肺癌

53. 烧伤病人中常引起伤口皮肤感染的细菌是

A. 结核杆菌　　B. 金黄色葡萄球菌　　C. 铜绿假单胞菌

D. 副溶血性弧菌　　E. 炭疽芽胞杆菌

54. 引起炭疽病的主要传染源是

A. 病人　　B. 带菌者　　C. 家畜　　D. 牛、羊　　E. 家禽

55. 引起炭疽病的病原体是

A. 破伤风梭菌　　B. 产生荚膜杆菌　　C. 炭疽芽胞杆菌

D. 肉毒梭菌　　E. 铜绿假单胞菌

56. 布鲁杆菌引起的疾病是

A. 莱姆病　　B. 波浪热　　C. 出血热

D. 恙虫病　　E. 急性腹泻

57. 可引起百日咳的病原体是

A. 肺炎球菌　　B. 肺炎支原体　　C. 鲍特菌属

D. 流感病毒　　E. 溶脲脲原体

58. 钩端螺旋体的主要储存宿主是

A. 患者　　B. 带菌者　　C. 鼠类和猪　　D. 犬　　E. 猪

59. 可引起硬下疳的病原体是
A. 淋病奈瑟菌 B. 梅毒螺旋体 C. 钩端螺旋体
D. 溶脲脲原体 E. 沙眼衣原体
60. 下列病原体中不属于性传播的是
A. 淋病奈瑟菌 B. 梅毒螺旋体 C. 钩端螺旋体
D. 溶脲脲原体 E. 沙眼衣原体
61. 引起斑疹伤寒的病原体是
A. 细菌 B. 衣原体 C. 支原体
D. 立克次体 E. 螺旋体
62. 下列病原体中,属于原核细胞型的微生物是
A. 流感病毒 B. HIV C. 白假丝酵母菌
D. 斑疹伤寒立克次体 E. 朊粒
63. 在衣原体特殊的发育周期中,具有感染性的颗粒是
A. 包涵体 B. 原体 C. 始体
D. 异染颗粒 E. 质粒
64. 在衣原体特殊的发育周期中,无感染性的颗粒是
A. 包涵体 B. 原体 C. 支原体
D. 始体 E. 质粒
65. 成熟的裸露病毒从靶细胞内释放的方式是
A. 二分裂 B. 复制 C. 出芽
D. 胞吐 E. 细胞破裂
66. 病毒的增殖方式是
A. 二分裂 B. 复制 C. 出芽
D. 孢子生殖 E. 配子生殖
67. 表示病毒大小的单位是
A. 微米 B. 纳米 C. 毫米
D. 微毫米 E. 以上均不正确
68. 两种病毒同时感染同一细胞时,可发生一种病毒抑制另一种病毒增殖的现象称为
A. 隐性感染 B. 顿挫感染 C. 干扰现象
D. 潜伏感染 E. 机会感染
69. 显性或隐性感染后,病毒以基因组的形式存在于一定的组织或细胞中,形成不复制的有感染性的病毒体,这样的现象称为
A. 隐性感染 B. 顿挫感染 C. 慢性感染
D. 潜伏感染 E. 机会感染
70. 在病毒显性或隐性感染后,病毒未完全清除,可持续存在于血液或组织中并不断排出体外,且病毒可被检测到,这种现象称为
A. 隐性感染 B. 顿挫感染 C. 慢性感染
D. 潜伏感染 E. 机会感染
71. 下列病原体中,干扰素对其增殖有抑制作用的是
A. 衣原体 B. 立克次体 C. 支原体
D. 细菌 E. 病毒

72. 下列不属于病毒分离培养方法的是
A. 动物接种 B. 鸡胚培养 C. 普通培养基培养
D. 组织培养 E. 细胞培养
73. 流感病毒划分型的依据是
A. 核蛋白和 M 蛋白 B. M 蛋白 C. 脂质双层
D. 刺突 E. 血凝素
74. 甲型流感病毒划分亚型的依据是
A. 核蛋白 B. 神经氨酸酶 C. 血凝素
D. HA 和 NA E. M 蛋白
75. 可引起小儿麻痹症的病毒是
A. 脊髓灰质炎病毒 B. 柯萨奇病毒 C. 埃可病毒
D. 轮状病毒 E. 肠道腺病毒
76. 可引起病毒性心肌炎的病毒是
A. 脊髓灰质炎病毒 B. 柯萨奇病毒 C. 埃可病毒
D. 轮状病毒 E. 肠道腺病毒
77. 可引起婴幼儿急性腹泻的病毒是
A. 脊髓灰质炎病毒 B. 柯萨奇病毒 C. 埃可病毒
D. 轮状病毒 E. 甲型流感病毒
78. 可引起婴幼儿急性腹泻的病毒是
A. 脊髓灰质炎病毒 B. 柯萨奇病毒 C. 埃可病毒
D. 肠道腺病毒 E. 甲型流感病毒
79. 提示体内乙型肝炎病毒在复制,病人血液具有较强传染性的标志是
A. HBsAg B. HBcAg C. 抗-HBc
D. HBeAg E. 抗-HBe
80. 下列肝炎病毒中属于辅助病毒的是
A. HAV B. HBV C. HCV
D. HDV E. HEV
81. 下列肝炎病毒中是粪-口传播的是
A. HAV B. HBV C. HVC
D. HDV E. HGV
82. 下列肝炎病毒中属于缺陷病毒的是
A. HAV B. HBV C. HVC
D. HDV E. HEV
83. 表示体内有乙型肝炎病毒感染的特异性标志是
A. HBcAg B. HBsAg C. 抗-HBc
D. HBeAg E. 抗-HBs
84. HIV 感染的细胞是
A. $CD4^+$T 淋巴细胞 B. $CD8^+$T 淋巴细胞 C. B_1 淋巴细胞
D. B_2淋巴细胞 E. B 淋巴细胞
85. 下列不属于人类 AIDS 的主要传播途径的是
A. 消化道传播 B. 输血传播 C. 性接触传播
D. 母婴传播(胎盘) E. 血液制品
86. 可经胎盘传播给胎儿的病毒是
A. 麻疹病毒 B. 单纯疱疹病毒 C. 柯萨奇病毒

D. 乙脑病毒　　E. 甲肝病毒

87. 可引发传染性单核细胞增名症的病毒是

A. 鼻病毒　　B. 疱疹病毒　　C. EB 病毒

D. 乙肝病毒　　E. 水痘-带状疱疹病毒

88. 可潜伏并在机体免疫力下降时引发带状疱疹的病毒是

A. 麻疹病毒　　B. 水痘-带状疱疹病毒　　C. 柯萨奇病毒

D. 乙脑病毒　　E. 流感病毒

89. 可引发鼻咽癌的病毒是

A. 鼻病毒　　B. 疱疹病毒　　C. EB 病毒

D. 乙肝病毒　　E. 流感病毒

90. 可经胎盘传播给胎儿的病毒是

A. 麻疹病毒　　B. 风疹病毒　　C. 柯萨奇病毒

D. 乙脑病毒　　E. 甲肝病毒

91. 可引起潜伏感染的病毒是

A. 麻疹病毒　　B. 单纯疱疹病毒　　C. 轮状病毒

D. 埃可病毒　　E. 乙脑病毒

92. 可经胎盘传播给胎儿的病毒是

A. 麻疹病毒　　B. 巨细胞病毒　　C. 柯萨奇病毒

D. 乙脑病毒　　E. 埃可病毒

93. 由鼠作为主要传染源的病毒是

A. 森林脑炎病毒　　B. 柯萨奇病毒　　C. 汉坦病毒

D. 登革病毒　　E. 乙脑病毒

94. 猎犬病病毒在感染的细胞质内可形成

A. 黄绿色荧光颗粒　　B. 异染颗粒　　C. 包涵体

D. 内基小体　　E. 核周染粒

95. 由蚊在人与人、动物与人之间进行传播的病毒是

A. 麻疹病毒　　B. 巨细胞病毒　　C. 柯萨奇病毒

D. 乙脑病毒　　E. HIV

96. 由蚊作为传播媒介的病毒是

A. 森林脑炎病毒　　B. 出血热病毒　　C. 柯萨奇病毒

D. 登革病毒　　E. HIV

97. 既是虫媒病毒又属于出血热病毒的病原体是

A. 森林脑炎病毒　　B. 汉坦病毒　　C. 柯萨奇病毒

D. 乙脑病毒　　E. 登革病毒

98. 由蜱作为传播媒介的病毒是

A. 森林脑炎病毒　　B. 出血热病毒　　C. 柯萨奇病毒

D. 登革病毒　　E. 汉坦病毒

99. 与宫颈癌相关的病毒是

A. 鼻病毒　　B. 巨细胞病毒　　C. EB 病毒

D. 人乳头瘤病毒　　E. 风疹病毒

100. 可引起疯牛病的病原体是

A. 朊粒　　B. 狂犬病病毒　　C. 人乳头瘤病毒

D. EB 病毒　　E. 炭疽芽胞杆菌

101. 狂犬病防治中的人工主动免疫预防应用的制剂是
A. 灭活疫苗　B. 减毒活疫苗　C. 抗狂犬病病毒血清
D. 抗狂犬病免疫球蛋白　E. 以上均可以

102. 可引起恐水症的病原体是
A. 朊粒　B. 狂犬病病毒　C. 人乳头瘤病毒
D. EB 病毒　E. 风疹病毒

103. 下列病原体中不含核酸的是
A. 朊粒　B. 狂犬病病毒　C. 人乳头瘤病毒
D. EB 病毒　E. 风疹病毒

104. 引起鹅口疮的真菌是
A. 秕糠马拉癣菌　B. 皮肤癣真菌　C. 新生隐球菌
D. 白假丝酵母菌　E. 肺孢子菌

105. 具有厚黄膜的真菌是
A. 秕糠马拉癣菌　B. 皮肤癣真菌　C. 新生隐球菌
D. 白假丝酵母菌　E. 肺孢子菌

106. 引起鹅内源性感染致病的真菌是
A. 秕糠马拉癣菌　B. 皮肤癣真菌　C. 新生隐球菌
D. 白假丝酵母菌　E. 肺孢子菌

107. 下列真菌中,在 HIV 感染者中可以引起中枢神经系统感染的是
A. 秕糠马拉癣菌　B. 皮肤癣真菌　C. 新生隐球菌
D. 白假丝酵母菌　E. 肺孢子菌

108. 真菌培养的最常用的培养基是
A. 普通琼脂培养基　B. 牛肉膏蛋白胨培养基　C. 血琼脂平板
D. 沙保培养基　E. 牛奶培养基

109. 下列病原体中,可引起肿瘤的是
A. 黄菌霉菌　B. 幽门螺杆菌　C. 人乳头瘤病毒
D. EB 病毒　E. 以上都可以

110. 下列病原体中,可引起肝癌的是
A. 黄菌霉菌　B. 新生隐球菌　C. 秕糠马拉癣菌
C. 白假丝酵母菌　E. 肺孢子菌

寄生虫学部分

1. 人体寄生虫包括以下三大类
A. 原虫、线虫、吸虫　B. 原虫、线虫、节肢动物
C. 原虫、蠕虫、节肢动物　D. 吸虫、蠕虫、节肢动物
E. 绦虫、线虫、原虫

2. 机会致病性寄生虫是指寄生虫
A. 营自生生活,如有机会可侵入宿主体内
B. 常致宿主体内隐性感染,偶尔致病
C. 在取食时与宿主接触,食后离去,籍取食传病
D. 常致宿主体内隐性感染,当宿主免疫功能低下时致病
E. 以上均不正确

3. 下述各项中,属于寄生虫病的流行环节的是
A. 传染源、传播途径和易感人群　B. 传染源、感染期和感染方式
C. 传染源、感染期和传播途径　D. 传染源、感染期和易感人群

E. 感染期、感染方式和易感人群

4. 吸虫的发育繁殖方式是

A. 成虫营有性生殖　B. 成虫营有性生殖、幼虫营无性生殖

C. 幼虫均营无性生殖　D. 成虫和幼虫均营有性生殖

E. 成虫和幼虫均营无性生殖

5. 下述各项中,属于寄生虫病流行特点的是

A. 地方性、季节性和自然疫源性　B. 地方性、季节性和人体易感性

C. 地方性、人体易感性和自然疫源性　D. 人体易感性

E. 自然疫源性

6. 肛门拭子法作为首选的病原学方法可检测的寄生虫是

A. 鞭虫、牛带绦虫　B. 牛带绦虫、蛲虫　C. 猪带绦虫、蛲虫

D. 蛲虫、姜片虫　E. 猪带绦虫、牛带绦虫

7. 成虫产出虫卵,但虫卵无法鉴别虫种的寄生虫是

A. 旋毛虫　B. 鞭虫　C. 姜片虫

D. 钩虫　E. 淋巴丝虫

8. 下列寄生虫感染能从粪便中检测到虫卵,但不能区别其虫种的是

A. 钩虫　B. 蛔虫　C. 蛲虫

D. 鞭虫　E. 血吸虫

9. 以下由钩虫感染引起的疾病,不能从病原学诊断中检获病原体的是

A. 腹泻　B. 贫血　C. 皮炎

D. 异嗜症　E. 消化道功能紊乱

10. 下列对十二指肠钩虫成虫的描述属于是错误的是

A. 头端向背面弯曲,尾端也向背面弯曲

B. 口囊内有一对板齿

C. 背肋在基部分 2 小支,每支再分 3 小支

D. 交合伞呈圆形

E. 虫体呈“C”字形

11. 下列对美洲钩虫成虫的描述属于是错误的是

A. 头端向背面弯曲,尾端也向腹面弯曲

B. 口囊内有两对钩齿

C. 背肋在无端分 2 小支,每支再分 2 小支

D. 交合伞呈椭圆形

E. 虫体呈“S”字形

12. 可引起胆道和阑尾疾病的寄生虫有

A. 猪囊尾蚴　B. 猪带绦虫成虫　C. 蛔虫

D. 钩虫　E. 贾第虫

13. 可在人体内寄生,但无排离阶段的寄生虫有

A. 猪带绦虫　B. 溶组织内阿米巴　C. 旋毛虫

D. 牛带绦虫　E. 贾第虫

14. 牛带绦虫患者经常从肛门主动排出的是

A. 头节　B. 幼节　C. 成节　D. 孕节　E. 头颈节

15. 下列描述中不属于猪带绦虫特征的是

A. 头节具有两圈小钩　B. 成节的卵巢有 3 叶

C. 虫体可分 700~1000 节　D. 孕节子宫每侧分 15~30 支

E. 头节具有 4 个吸盘

16. 下列描述中不属于牛带绦虫特征的是
A. 头节具有小钩　B. 成节的卵巢有 2 叶
C. 虫体可分 1000~2000 节　D. 孕节子宫每侧分 15~30 支
E. 头节具有 4 个吸盘

17. 误食新鲜人的粪便污染的食物，有可能感染的寄生虫是
A. 蛔虫　B. 钩虫　C. 猪囊虫
D. 细粒棘球绦虫　E. 姜片虫

18. 人体感染牛带绦虫的主要方式是
A. 生吃或半生吃牛肉　B. 生食或半生食猪肉
C. 生食或半生食水生植物　D. 生吃或半生吃淡水鱼
E. 生食或半生食淡水蟹、蝲蛄等

19. 感染阶段是囊尾蚴的寄生虫是
A. 旋毛虫　B. 弓形虫　C. 肺吸虫
D. 牛带绦虫　E. 溶组织内阿米巴

20. 人既是终宿主又是中间宿主的寄生虫有
A. 细粒棘球绦虫、旋毛虫　B. 猪带绦虫、隐孢子虫
C. 旋毛虫、猪带绦虫　D. 隐孢子虫、细粒棘球绦虫
E. 疟原虫、弓形虫

21. 既能鉴别猪带绦虫与牛带绦虫，又能确定驱虫效果依据的虫体部分是
A. 头颈节　B. 幼节　C. 虫卵　D. 成节　E. 孕节

22. 慢性肠阿米巴病最常用的实验诊断方法是
A. 生理盐水涂片查找滋养体　B. 生理盐水涂片查滋养体、碘染色查找包囊
C. 乙状结肠镜检查　D. 饱和盐水浮聚法找包囊
E. 检测特异性抗体

23. 下列病人或带虫者中可作为该寄生虫病传染源的是
A. 慢性阿米巴患者或带虫者　B. 晚期血吸虫病患者
C. 微丝丝蚴血症阴性者　D. 妊娠前已有弓形虫感染、血清 IgG 阳性者
E. 旋毛虫患者和带虫者

24. 急性溶组织内阿米巴痢疾患者，粪便检查中能检测到的虫体阶段是
A. 滋养体　B. 未成熟包囊　C. 成熟包囊
D. 滋养体和包囊　E. 裂殖体

25. 慢性溶组织内阿米巴结肠炎患者，粪便检查中能检测到的虫体阶段是
A. 滋养体　B. 未成熟包囊　C. 成熟包囊
D. 滋养体和包囊　E. 裂殖体

26. 溶组织内阿米巴带虫者，粪便检查中能检测到的虫体阶段是
A. 滋养体　B. 未成熟或成熟包囊　C. 成熟包囊
D. 滋养体和包囊　E. 裂殖体

27. 下列患者或感染者中，最可能成为阿米巴病传染源的是
A. 溶组织内阿米巴痢疾患者　B. 溶组织内阿米巴带虫者
C. 肝阿米巴患者　D. 阿米巴结肠炎腹泻患者
E. 肠外阿米巴患者

28. 可引起“旅游者腹泻”的寄生虫是
A. 鞭虫　B. 姜片虫　C. 血吸虫　D. 贾第虫　E. 蛔虫

29. 下列寄生人体原虫中，由媒介昆虫作为机械性传播病原体的是
A. 溶组织内阿米巴　B. 阴道毛滴虫　C. 杜氏利什曼原虫
D. 间日疟原虫　E. 恶性疟原虫
30. 可引起急性腹泻,并在粪便中能检测到病原体的寄生虫是
A. 溶组织内阿米巴　B. 贾第虫　C. 隐孢子虫
D. 钩虫　E. 以上均可以
31. 在下列寄生虫感染时,在粪检虫卵中属于最大的虫卵是
A. 姜片虫　B. 肺吸虫　C. 肝吸虫　D. 血吸虫　E. 蛔虫
32. 可经蚊虫传播的寄生虫有
A. 血吸虫、利什曼原虫　B. 利什曼原虫、丝虫　C. 丝虫、血吸虫
D. 疟原虫、淋巴丝虫　E. 溶组织内阿米巴、贾第虫
33. 成熟日本血吸虫卵形态特点有
A. 卵壳薄、有侧刺、内含毛蚴　B. 卵壳厚、无侧刺、内含毛蚴
C. 卵壳薄、有侧刺、内含卵细胞　D. 卵壳厚、无侧刺、内含卵细胞
E. 卵壳薄、无侧刺、内含毛蚴
34. 可引起肌肉和眼睛病变的寄生虫有
A. 弓形虫、猪囊尾蚴　B. 血吸虫、猪带绦虫成虫　C. 血吸虫、蛔虫
D. 弓形虫、钩虫　E. 钩虫、旋毛虫
35. 杜氏利什曼原虫寄生于人体的主要部位是
A. 红细胞　B. 单核-巨噬细胞　C. 脾
D. 骨髓　E. 白细胞
36. 下列寄生虫中人作为其中间宿主的是
A. 疟原虫、丝虫　B. 丝虫、包生绦虫　C. 疟原虫、细粒棘球绦虫
D. 淋巴丝虫、疟原虫　E. 旋毛虫、肺吸虫
37. 感染阶段是卵囊的寄生虫是
A. 肝吸虫　B. 牛带绦虫　C. 旋毛虫　D. 弓形虫　E. 血吸虫
38. 间日疟现症病人治疗最佳药物是
A. 乙胺嘧啶　B. 氯喹　C. 伯氨喹啉
D. 氯喹+伯氨喹啉　E. 青蒿素及其衍生物
39. 主要经皮肤感染人体的寄生虫是
A. 猪带绦虫　B. 姜片虫　C. 血吸虫
D. 弓形虫　E. 蛲虫
40. 可引起“旅游者腹泻”的寄生虫是
A. 鞭虫　B. 姜片虫　C. 血吸虫　D. 贾第虫　E. 隐孢子虫
41. 既可直接接触又可经间接接触传播的寄生虫是
A. 阴道毛滴虫　B. 弓形虫　C. 猪带绦虫
D. 包生绦虫　E. 弓形虫
42. 既可在终宿主与中间宿主间传播,也可在中间宿主间传播的寄生虫有
A. 旋毛虫　B. 弓形虫　C. 猪带绦虫
D. 阴道毛滴虫　E. 隐孢子虫
43. 下列对间日疟原虫的描述中,错误的是
A. 环状体大小约为 RBC 直径的 1/3　B. 典型发作间隔时间 48 小时
C. 外周血中一般只能查到环状体和配子体　D. 有复发和再燃现象
E. 红内期虫体主要侵犯的是幼稚红细胞

44. 日本血吸虫的中间宿主是
A. 扁卷螺和水生植物　B. 豆螺和淡水鱼虾　C. 川卷螺和淡水蟹
D. 湖北钉螺　E. 拟钉螺和淡水蟹
45. 下述描述中与肝吸虫病流行无关的是
A. 患者及保虫宿主粪便污染水源　B. 水中有淡水螺和淡水鱼虾
C. 易感者有不良的饮食习惯　D. 猫或狗也感染有肝吸虫
E. 人们在生产中接触中间宿主
46. 可致脑部病变的寄生虫有
A. 疟原虫、肺吸虫、弓形虫　B. 弓形虫、牛带绦虫、疟原虫
C. 溶组织内阿米巴、班氏丝虫　D. 杜氏利什曼原虫、马来丝虫
E. 旋毛虫、血吸虫、肝吸虫
47. 对旋毛虫生活史的描述属于错误的是
A. 人既是终宿主又是其中间宿主　B. 人因误食入幼虫而感染
C. 通过宿主转换才能完成其生活史　D. 虫体在人体内无肠外移行过程
E. 感染 1~3 周者首选病原学诊断是错的
48. 晚期血吸虫患者可能不存在的现象是
A. 可通过血检查获其病原体　B. 虫卵聚集于肝脏可引起肝硬化
C. 通过粪便检查不易检获虫卵　D. 肠壁组织形成瘢痕，明显增厚
E. 可通过血清学检查其特异性抗体
49. 下列寄生人体原虫中，由媒介昆虫作为生物性传播病原体的是
A. 溶组织内阿米巴　B. 蓝氏贾第鞭毛虫　C. 阴道毛滴虫
D. 隐孢子虫　E. 间日疟原虫
50. 日本血吸虫寄生后，引起人体病损的主要部位是
A. 肝脏、肠壁组织　B. 脑组织　C. 皮肤黏膜组织
D. 门脉-肠系膜静脉　E. 肝脏、脾脏
51. 对恶性疟初发患者进行病原诊断时最佳采血时间是
A. 发作后十几小时　B. 疟疾发作时　C. 发作前
D. 不受时间表限制　E. 晚上 9 点以后
52. 可引起原发性脑膜脑炎并且预后较差的原虫是
A. 福氏耐格里属阿米巴　B. 恶性疟原虫　C. 棘阿米巴
D. 溶组织内阿米巴　E. 弓形虫
53. 下列吸虫感染中，成虫可寄生于多种组织器官的是
A. 肝吸虫　B. 卫氏并殖吸虫　C. 日本血吸虫
D. 斯氏狸殖吸虫　E. 姜片虫
54. 医学昆虫对人体的主要危害是
A. 叮吸人血　B. 生物性传播疾病　C. 寄生和破坏人体组织
D. 机械性传播疾病　E. 引起过敏性疾病
55. 传播疟疾的医学昆虫是
A. 伊蚊　B. 库蚊　C. 按蚊　D. 中华按蚊　E. 雷氏按蚊
56. 下列医学昆虫中可引起过敏性哮喘的是
A. 伊蚊　B. 尘螨　C. 库蚊　D. 硬蜱　E. 软蜱
57. 下列医学昆虫中可引起神经性瘫痪的是
A. 伊蚊　B. 尘螨　C. 库蚊　D. 硬蜱　E. 软蜱
58. 下列医学昆虫中，常是隔代传播疾病的是

A. 伊蚊 B. 尘螨 C. 恙螨 D. 硬蜱 E. 软蜱

59. 下列医学蜱螨中,可长期寄生人体组织中的是

A. 蠕形螨 B. 尘螨 C. 恙螨 D. 硬蜱 E. 软蜱

60. 下列医学昆虫中,可通过性接触传播的是

A. 阴虱 B. 臭虫 C. 体虱 D. 跳蚤 E. 头虱

二、填空题

1. 根据对氧的需要,细菌可分_______,_______,_______和_______。
2. 病毒的复制周期主要包括_______,_______,_______和_______等几个阶段。
3. 人工被动免疫的主要用途是_______或_______。
4. 革兰阴性菌细胞壁外膜由_______,_______和_______三部分组成。
5. 革兰染色所用溶液依次为_______,_______,_______和_______。
6. 根据功能不同菌毛可分为_______和_______两类。
7. 高压灭菌的效果应以杀灭_______为标准。
8. 转导是以_______为媒介,将供体菌的遗传物质转移到受体菌中。
9. 根据外毒素的作用方式,外毒素可分为_______,_______,_______和_______四大类。
10. 新生隐球菌最常引起的疾病是_______。
11. HIV 包膜糖蛋白由 gp41 和_______组成,后者可与 T 辅助细胞膜上的_______分子结合。
12. 致病性葡萄球菌鉴定的主要依据是_______,_______,_______,_______和_______。
13. 通过吸血昆虫传播的病原体有_______,_______,_______和_______。
14. 根据溶血现象分类,致病性最强的链球菌是_______。
15. 沙门菌感染人类后,其 H 抗原刺激机体主要产生_______型抗体。其 O 抗原刺激机体主要产生_______型抗体。
16. 布鲁杆菌感染家畜可引起母畜_______;在人类引起_______热。
17. _______既可能是乙脑病毒的传染源,又是其传播环节中最重要的中间宿主。
18. 病毒衣壳的对称形式有_______,_______和_______。
19. 克-雅病变种的病原因子是_______。
20. 钩端螺旋体的病原体检测,发病第 1 周内应取_______,1 周后取_______。
21. 白喉棒状杆菌产生的外毒素是由_______的 *tox* 基因编码。
22. HIV 核衣壳中,除含有核酸外,主要还含有_______。
23. 麻疹病毒感染后,在口颊黏膜可出现_______斑,对临床早期诊断有一定意义。
24. 鹅口疮的病原体是_______。
25. 与 EB 病毒相关的两种人类肿瘤是_______和_______。
26. 破伤风毒素的作用机制是阻碍_______的释放,导致肌肉_______型麻痹。
27. 可在放线菌感染患者的脓液中找到_______,有诊断价值。
28. 病毒分离培养方法有_______,_______和_______。
29. 在我国,常用的减毒活疫苗有_______,_______和_______等。
30. 沙保培养基主要用于培养_______。
31. 结核分枝杆菌感染机体后引起_______型超敏反应,所引起的免疫属于_______免疫。
32. 流感嗜血杆菌和_______菌在血平板上共同孵育时可产生“卫星现象”,这是由于后者能产生_______因子。
33. 炭疽芽胞杆菌主要致病物质是_______和_______。
34. 铜绿假单胞菌在生长过程中产生的色素属于_______色素。
35. 百日咳的致病菌是_______。
36. Ⅰ期梅毒的典型临床体征是_______。

37. 钩端螺旋体经________染色呈棕褐色。
38. HCV 的传播途径主要有________,________和________。
39. 感染性心内膜炎最常见的致病菌是________。
40. 感染早期检测患者血清中________,可作为甲肝病毒新近感染的指标。
41. 写出下列各项的首选抗虫药物:

Clonorchiasis________;

lymph-filariasis________;

Kala Azar________;

Amoebiasis________。

42. 溶组织内阿米巴的致病阶段为________。
43. 急性阿米巴病的临床主要表现为________,典型的肠黏膜病理表现为________。
44. 可永久性寄生于人体的螨类有________、________。
45. 淋巴丝虫感染常用的病原学诊断方法是________,采集标本最适宜的时间是________。
46. 按蚊的生活史属________,其过程包括________,________,________,________。
47. 蛔虫寄生于人体的________,其导致的严重并发症常见的有________,________等。
48. 治疗蛔虫病常用药物为________。
49. 钩虫引起机体贫血的原因是________,________,________等。
50. 可经输血传播的寄生虫有________,________,________等。
51. 弓形虫的感染阶段包括________,________,________。
52. 孕妇感染弓形虫后,虫体的________阶段可通过胎盘传给胎儿。
53. 孕妇感染弓形虫后,可通过检测孕妇血清中的________和________动态变化评价胎儿感染情况。
54. 常用于孕妇弓形虫感染的治疗药物是________。
55. 脑囊虫病的主要症状有________,________和________。
56. 寄生虫直接寄生于肝脏,而引起肝脏病变的寄生虫有________,________,________等。
57. 黑热病的传播媒介是________,感染阶段为________,致病阶段为________,黑热病最主要的体征是________。
58. WHO/TDR 等提出的热带病规划中,重点防治的 6 类主要热带病中,我国有________,________,________,________等
59. 疟原虫主要寄生于人体的________,杜氏利什曼原虫寄生于人体的________。
60. 日本血吸虫则寄生于人体的________,马来丝虫成虫寄生于人体的________系统,班氏丝虫寄生于人体的________系统。

三、名词解释

1. Interferon
2. 霍乱毒素(作用机制)
3. 血凝素(定义,功能)
4. 汹涌发酵
5. septicemia(definition, example)
6. 抗“O”试验(理论依据、用途)
7. 类毒素(来源与作用)
8. 垂直传播(定义、举例)
9. 质粒(定义、特点)
10. 败血症(定义)
11. 结核菌素试验(OT 试验)(定义、用途)
12. 菌毛(定义、种类与功能)

13. 人工主动免疫(定义、用途)
14. 乙型肝炎病毒(本质、结构)
15. 条件致病菌(定义、致病条件)
16. Reservoir host
17. 感染阶段
18. 夜现周期性
19. 机会性致病寄生虫
20. Premouition
21. 组织性虫卵
22. intermediate host
23. relapse
24. nor-sterilizing immunity
25. larva migrans
26. 简述脑囊虫病的感染方式及其主要症状。

四、问答题

1. 简述乙型肝炎病毒的结构及其各部分抗原的作用。
2. 2004 年 4 月 28 日中午 12 时左右有 100 人就餐于嘉兴市秀城区某餐厅参加婚宴。从当日 17 时起,就餐人群中有人出现腹痛、腹泻、恶心、呕吐等胃肠道症状,至次日 11 时,患者共 31 人。
   请问(1)患者可能的诊断是什么?(2)为了进行微生物学检查需要取哪些标本?(3)写出你认为最有可能的三种病原菌。(4)如何对这三种病原体进行进一步的微生物学检查?
3. 试比较内外毒素的不同点。
4. 乙肝病毒有哪些主要抗原抗体系统,其中什么在血液中检测不到,什么具有保护作用,什么是病毒具有强感染性的标志?
5. 写出脑膜炎奈瑟菌和结核分枝杆菌具有诊断价值的形态和染色特性。
6. 简述结核菌素试验的原理、结果和分析。
7. 简述乙型肝炎的传染源、传播途径和特异性预防。
8. 举例说明持续性感染的类型。
9. 请列举三例食源性寄生虫病,并分别说明其感染阶段和寄生人体部位。
10. 简述间日疟原虫在人体内的生活史过程。说明疟疾周期性发作的机制及典型疟疾发作的表现。
11. 说明日本血吸虫对人体的危害,并简述如何防治血吸虫病。
12. 通过输血能否感染丝虫病?为什么?
13. 日本血吸虫成虫寄生在什么部位?为何会引起肝硬化等一系列病症?
14. 病例讨论

莫××,女性,35 岁,广西人,上海市某大学教师。婚后 2 年,近来停经 1 个多月,身感不适,估计有身孕,去某区中心医院妇产科就诊。经产科医生检查确诊其已妊娠约 2 个月,然后,用血清学方法检测了风疹病毒、巨细胞病毒和弓形虫抗体,结果:风疹病毒和巨细胞病毒抗体均阴性,弓形虫 IgG 阳性。医生告知:孕妇有弓形虫感染,弓形虫可通过胎盘感染胎儿,胎儿一旦感染上弓形虫,会影响胎儿的发育,造成畸胎或脑组织发育异常等。询问病史后了解该孕妇之前从不知其有弓形虫感染史。

问题:请你进一步从诊断、治疗和监测方面提出你的意见。

参考答案

一、选择题

微生物学部分

1	2	3	4	5	6	7	8	9	10
A	C	B	D	A	B	A	A	C	C
11	12	13	14	15	16	17	18	19	20
D	A	B	E	D	C	B	A	B	D
21	22	23	24	25	26	27	28	29	30
B	C	A	B	A	A	D	A	C	C
31	32	33	34	35	36	37	38	39	40
C	A	A	D	B	A	A	B	A	B
41	42	43	44	45	46	47	48	49	50
B	A	B	A	B	A	B	C	A	C
51	52	53	54	55	56	57	58	59	60
B	B	C	D	C	B	C	C	B	C
61	62	63	64	65	66	67	68	69	70
D	D	B	D	E	B	B	C	D	C
71	72	73	74	75	76	77	78	79	80
E	C	A	D	A	B	D	D	D	B
81	82	83	84	85	86	87	88	89	90
A	D	B	A	A	B	C	B	C	B
91	92	93	94	95	96	97	98	99	100
B	B	C	D	D	D	E	A	D	A
101	102	103	104	105	106	107	108	109	110
A	B	A	D	C	D	C	D	E	A

寄生虫学部分

1	2	3	4	5	6	7	8	9	10
C	D	A	B	A	B	D	A	C	B
11	12	13	14	15	16	17	18	19	20
B	C	C	D	D	A	C	A	D	C
21	22	23	24	25	26	27	28	29	30
A	B	A	A	D	B	B	D	A	E
31	32	33	34	35	36	37	38	39	40
A	D	A	A	B	C	D	D	C	D
41	42	43	44	45	46	47	48	49	50
A	B	C	D	E	A	D	A	D	A
51	52	53	54	55	56	57	58	59	60
B	A	B	B	C	B	D	C	A	A

二、填空题

1. 专性需氧菌,微需氧菌,兼性厌氧菌,专性厌氧菌
2. 吸附和穿入,脱壳,生物合成,组装和释放
3. 治疗,紧急预防
4. 脂蛋白,脂质双层,脂多糖
5. 结晶紫,碘液,乙醇,稀释复红
6. 普通菌毛,性菌毛
7. 芽胞
8. 噬菌体
9. 神经毒素,肠毒素,溶细胞毒素,细胞毒素
10. 隐球菌性脑膜炎
11. gp120, CD4
12. 产生金黄色色素,有 α 溶素,发酵甘露醇,产生凝固酶,产生耐热核酸酶
13. 立克次体,乙脑病毒,鼠疫耶氏菌,登革病毒(伯氏疏螺旋体等)
14. 乙型溶血性链球菌
15. IgG, IgM
16. 流产,波浪热
17. 幼猪
18. 二十面体立体对称,螺旋对称,复合对称
19. 朊粒
20. 血,尿
21. β 棒状杆菌噬菌体
22. 反转录酶
23. 柯氏斑(koplik)
24. 白假丝酵母
25. 鼻咽癌,非洲儿童恶性淋巴瘤
26. 抑制性神经介质/γ 氨基丁酸,痉挛
27. 硫磺样颗粒
28. 鸡胚培养,动物接种,细胞培养
29. BCG,脊髓灰质炎减毒活疫苗,麻腮风减毒活疫苗
30. 真菌
31. Ⅳ,感染
32. 金黄色葡萄球菌,V
33. 荚膜,炭疽毒素
34. 水溶性
35. 百日咳鲍特菌
36. 无痛性硬下疳
37. 镀银
38. 输血或血制品传播,性接触传播,母婴传播
39. 甲型溶血性链球菌
40. HAVIgM
41. 吡喹酮, 海群生, 葡萄糖酸锑钠, 甲硝唑
42. 滋养体

43. 阿米巴痢疾，烧瓶样溃疡
44. 蠕形螨，疥螨
45. 厚血膜法，晚上 9 点以后
46. 完全变态，卵，幼虫，蛹，成蚊
47. 小肠，胆道蛔虫症，肠梗阻
48. 阿苯达唑
49. 吸食血液，泌抗凝素造成伤口渗血，吸血边排血造成漏血
50. 疟原虫，弓形虫，利什曼原虫
51. 包囊，卵囊，速殖子
52. 速殖子
53. IgM，IgG
54. 螺旋霉素
55. 癫痫，颅内压升高，精神症状
56. 肝吸虫，溶组织内阿米巴，杜氏利什曼原虫
57. 白蛉，前鞭毛体，无鞭毛体，脾肿大
58. 血吸虫，丝虫，利什曼原虫，疟原虫
59. 肝细胞和红细胞，单核巨噬细胞
60. 肠系膜静脉，浅部淋巴系统，深部和泌尿生殖系统淋巴系统

三、名词解释

1. 干扰素：受病毒及其他干扰素诱生剂作用后，由感染细胞等产生的能抑制病毒复制的小分子蛋白。

2. B 亚单位可与小肠黏膜上皮细胞膜受体即神经节苷脂（GM1）结合，引起肠毒素的变构，协助 A_1 多肽解离、活化并穿过细胞，刺激细胞内的腺苷酸环化酶活化，使 ATP 转化为 cAMP，致细胞内 cAMP 浓度升高，导致内皮细胞 Na^+ 和 Cl^- 的吸收被抑制，并大量分泌 Cl^- 和 HCO_3^-，由于大量电解质分泌至肠腔，使肠腔内渗透压升高，大量水分有细胞进入肠腔，进而产生严重腹泻、呕吐、电解质大量丧失。

3. 流感病毒等包膜上镶嵌有病毒基因编码的糖蛋白刺突，能与人、鸡、豚鼠等多种红细胞表面 *N*-乙酰神经氨酸（唾液酸）受体结合引起红细胞凝集。功能：与病毒吸附和穿入宿主细胞有关，引起红细胞凝集，有免疫原性。

4. 产气荚膜梭菌在牛奶培养基内能分解乳糖产酸，使其中酪蛋白凝固，同时产生大量气体，可将凝固的酪蛋白冲成蜂窝状，甚至将覆盖在培养基上的凡士林层冲到试管顶部，气势凶猛，称作“汹涌发酵”。

5. 败血症：致病菌侵入血液并在其中大量繁殖，产生毒性产物，造成机体严重损害，出现全身性中毒症状。例如鼠疫耶氏菌、炭疽芽胞杆菌等可引起败血症。

6. 理论依据：链球菌感染病人 SLO 抗体显著升高，特别是活动性病例。

用途：测其含量可作为链球菌新近感染指标或风湿热及其活动性的辅助诊断。

7. 来源：细菌外毒素经甲醛处理，失去毒性保持免疫原性。

作用：用于人工主动免疫，可刺激机体产生抗毒素，能中和外毒素的毒性作用。

8. 指病毒从母亲通过胎盘、分娩、哺乳等传给子代。主要见于乙肝病毒、人类免疫缺陷病毒、巨细胞病毒等。

9. 定义：细菌染色体以外的遗传物质，环状或线状的双链 DAN。

特点：能自我复制；能转移；能丢失与消除，与细菌生命活动无关。

10. 定义：细菌进入血流后，在其中大量繁殖，产生毒性产物，引起全身中毒症状。

11. 定义：应用结核菌素进行皮肤试验来测定机体对结核分枝杆菌是否能引起超敏反应（Ⅳ型）的一种试验。

用途：①选择预防接种对象及接种后效果观察；

②婴儿作为 TB 感染的辅助诊断；

③肿瘤患者的细胞免疫功能测定；

④流行病学调查。

12. 定义：细菌菌体表面附着的比鞭毛细，短而直的丝状物。

种类与功能：普通菌毛——黏附作用、与致病性密切相关。

性菌毛——传递遗传物质，与细菌遗传变异有关。

13. 定义：人工的方法将疫苗或类毒素等抗原接种于人体，使机体产生获得性免疫力。

用途：主要用于特异性预防。

14. 本质：完整 HBV 颗粒。

结构：42nm 直径的球形颗粒。

核心：环状双链 DNA，四个基因区。

衣壳：双层衣壳。

15. 定义：正常菌群与宿主间的生态平衡被打破，原来不致病的正常菌群可以引起疾病，称"条件致病菌"。

致病条件：寄居部位的改变；免疫功能低下；菌群失调。

16. 保虫宿主：寄生于人体内的寄生阶段也可寄生于某些脊椎动物，并可作为传染源，通过一定的途径传播给人，从流行病学上来说这些脊椎动物为保虫宿主，如日本血吸虫成虫除寄生于人体肠系膜静脉外，也可寄生于牛等家畜的肠系膜静脉，从流行病学上来说牛即为保虫宿主。

17. 寄生虫生长发育过程中某一阶段可侵入人体，并可生长发育至寄生阶段，这个可侵入人体的特定阶段称为感染阶段。例如，日本血吸虫的尾蚴为可侵入人体的感染阶段。

18. 淋巴丝虫微丝蚴白天滞留于肺泡毛细血管，夜间则出现于外周血液中，微丝蚴在外周血液中的夜多昼少现象称为夜现周期性。例如，我国流行的马来丝虫病，该丝虫微丝蚴在外周血液出现的高峰时间为夜 8:00 至次晨 4:00。

19. 某些寄生虫侵入健康人体内，只处于隐性感染状态，当各种原因造成机体免疫功能受累时，使虫体增殖能力增强且致病，出现相应的临床症状，甚至致患者死亡，这类寄生虫称为机会性致病寄生虫。

20. 带虫免疫：疟疾患者经过连续的急性发作后而停止，此时，血液或组织中仍有少量原虫，宿主免疫力与原虫之间处于相对平衡，表现有一定的保护性免疫力。同时，血液内又维持低水平的原虫血症，宿主的免疫力也可随体内虫体的清除而消失，这种免疫状态称为带虫免疫。

21. 血吸虫卵产出后沉积在肝和肠壁组织中，并在组织中发育成熟，虫卵内毛蚴分泌可溶性虫卵抗原，刺激机体产生免疫病理反应，这种在组织中沉积、成熟、具致病性的虫卵称为组织性虫卵。

22. 中间宿主：寄生虫的幼虫或无性生殖阶段寄生的宿主称为中间宿主。

23. 复发：间日疟初发停止后，红内期原虫全部被杀灭，在无新的感染的情况下，肝细胞内迟发性子孢子复苏后，再次侵入红细胞内引起的疟疾发作，称为复发。

24. 非消除性免疫：寄生虫感染后可使宿主诱生一定程度的抗再感染的免疫力，这种免疫力不能完全清除宿主体内原有的寄生虫，体内的虫荷维持在较低的水平。一旦用药物清除体内的残余寄生虫，宿主已获得的免疫力也随之消失。

25. 幼虫移行症：某些蠕虫幼虫侵入非正常宿主人体后，虫体停留于幼虫阶段，但可长期存活，在宿主体内到处移行，引起局部或全身性损害，这种现象称为幼虫移行症。

26. 感染方式：自体内重复感染，自体外重复感染，异体感染。

脑囊虫病的主要症状：癫痫，颅内高压，精神症状

四、问答题

1. 呈球形，直径为 42nm，具有双层衣壳。外衣壳：由脂质双层与蛋白质组成，HBV 的表面抗原(HBsAg)镶嵌于此脂质双层中。内衣壳：包括核心抗原(HBcAg)和 e 抗原(HBeAg)。内部核心为病毒的不完全环状双股 DNA 和 DNA 聚合酶。HBsAg：机体受感染标志，刺激机体产生中和抗体。HBcAg：抗原性强，非中和抗体。HBcAg：在清除 HBV 感染细胞中有重要作用。HBeAg：复制及具传染性的标志。

2. (1)食物中毒/急性胃肠炎。

(2)剩余食物,呕吐物,粪便。

(3)金黄色葡萄球菌,沙门菌,副溶血性弧菌(产气荚膜梭菌,蜡样芽胞杆菌)。

(4)沙门菌/副溶血性弧菌:SS 平板,可疑菌落生化反应,诊断血清鉴定。

金黄色葡萄球菌:分离培养鉴定,接种肉汤,滤液注射幼猫。

产气荚膜梭菌:直接涂片镜检,大于 10^5/g 食物,10^6/g 粪便。

3. 内外毒素的不同点如下。

种类	内毒素	外毒素
产生细菌	革兰阴性菌	革兰阳性菌及部分革兰阴性菌
化学本质	脂多糖	蛋白质
稳定性	稳定性好	差
毒性作用	较弱、作用大致相同	强,对机体组织器官有选择性
抗原性	弱,能刺激机体形成抗体,无中和作用	强,能刺激机体形成抗毒素

4. 主要抗原抗体系统:表面抗原(HBsAg),抗表面抗原抗体(抗-HBs);核心抗原(HBcAg),核心抗体(抗-HBc);e 抗原(HBeAg),e 抗体(抗-HBe)。

血液中检测不到:核心抗原(HBcAg)。

有保护作用:抗表面抗原抗体(抗 - HBs)。

强感染性的标志:e 抗原(HBeAg)。

5. 脑膜炎奈瑟菌:肾形或豆形,革兰阴性,双球菌,两菌接触面平坦或略向内陷,在孵育 24h 后的培养物中,常呈现衰退形态,菌体大小较不一致,着色亦深浅不匀。在患者脑脊液中,多位于中性粒细胞内,形态典型。新分离菌株大多有荚膜和菌毛。

结核分枝杆菌为细长略带弯曲的杆菌,细胞壁脂质含量较高,特别是有大量分枝菌酸包围在肽聚糖层的外面,可影响染料的穿入。一般用齐尼抗酸染色法,呈阳性,结核分枝杆菌呈红色。

6. 结核菌素试验是应用结核菌素进行皮肤试验来测定机体对结核分枝杆菌是否能引起迟发型超敏反应(Ⅳ型超敏反应)的一种试验。

纯蛋白衍化物 PPD 有两种:人结核分枝杆菌制成的 PPD-C 和卡介苗制成的 BCG-PPD。

常规试验分别取 2 种纯蛋白衍化物(PPD)5 个单位注射两前臂皮内,48~72h 后红肿硬结 <5mm 者为阴性,超过 5mm 者为阳性,表明有感染且存在免疫力,≥ 15mm 为强阳性,对临床诊断有意义(若 PPD-C 侧红肿大于 BCG-PPD 侧为感染;反之,BCG-PPD 侧大于 PPD-C 侧,可能系卡介苗接种所致)。阴性反应表明未感染过结核分枝杆菌,但应考虑以下情况:①感染初期,因结核分枝杆菌感染后需 4 周以上才能出现超敏反应;②老年人;③严重结核患者或正患有其他传染病;④获得性细胞免疫低下。

7. 主要传染源是患者或无症状 HBsAg 携带者。

传播途径主要有两条。①血液、血制品等传播:HBV 在血流中大量存在,而人又对之极易感,故只需极少量污染血进入人体即可导致感染。输血、注射、外科或牙科手术、针刺、共用剃刀或牙刷、皮肤黏膜的微小损伤、性行为等均可传播。

②母婴传播:主要是围产期感染,即分娩经产道时,通过婴儿的微小伤口受母体的病毒感染。哺乳也是传播 HBV 的途径。有些婴儿在母体子宫内已被感染,表现为出生时已呈 HBsAg 阳性。

特异性预防:①主动免疫,注射乙肝疫苗(HBsAg)是最有效的预防方法;②被动免疫,含高效价抗-HBs 的人血清免疫球蛋白(HBIG)可用于被动免疫预防。

8. 慢性感染:显性或隐性感染后,病毒未能完全清除,可出现症状,也可无症状而长期带毒。在慢性感染全过程中病毒可被分离培养或检测,如巨细胞病毒、EB 病毒、乙型肝炎病毒和人类免疫缺陷病毒等。

潜伏性感染:原发感染后,病毒基因存在于一定的组织或细胞中,但并不能产生感染性病毒,也不出现临床症状。在某些条件下病毒被激活增殖,感染急性发作而出现症状。急性发作期可以检测出病毒。例如,单纯疱疹病毒感染后,潜伏于三叉神经节,此时机体既无临床症状也无病毒排出。由于机体免疫力低下、劳累、环境、内分泌和辐射等因素影响,潜伏的病毒被激活,沿感觉神经到达皮肤和黏膜,引起口唇单纯疱疹。水痘-带状疱疹病毒初次感染儿童时引起水痘,临床症状消失后,病毒可长期潜伏在脊髓后根神经节或颅神经的感觉神经节,当局部神经受冷、热、压迫或X线照射及在肿瘤或使用免疫抑制剂等机体免疫力降低时,潜伏的病毒可被激活,经神经扩散至皮肤,产生沿肋间神经分布的带状疱疹。

慢发病毒感染或迟发感染:较为少见但后果严重。病毒感染后有很长的潜伏期,既不能分离出病毒也无症状。经数年或数十年后,一旦症状出现多为亚急性、进行性并导致死亡。例如,儿童期感染麻疹病毒恢复后,经过十余年后可发生亚急性硬化性全脑炎(subacute sclerosing panencephalitis,SSPE)。

9. 四例食源性寄生虫病其感染阶段和寄生人体部位如下。

虫体	感染阶段	寄生部位
猪带绦虫	囊尾蚴	小肠
牛带绦虫	囊尾蚴	小肠
肝吸虫	囊蚴	肝胆管
肺吸虫	囊蚴	肺脏

10. 疟原虫生活史:

(1)红细胞外期

(速发型)

子孢子→红外裂殖体 → 裂殖子 → 进入红细胞

(迟发型 P. v.)

(2)红细胞内期

环状体 → 大滋养体 → 早期裂殖体

↑ ↓

裂殖子 ← 成熟裂殖体

(3)配子体形成期

裂殖子→雌雄配子体

疟疾发作机制:与红内期裂体增殖有关。红内期成熟裂殖体胀破红细胞后,大量的裂殖子、原虫代谢产物及红细胞碎片进入血流,其中一部分被巨噬细胞、中性粒细胞吞噬,刺激这些细胞产生内源性致热质,后者与原虫的代谢产物共同作用于宿主下丘脑体温调节中枢,引起发热。

发作时临床表现:周期性寒战、高热和出汗退热三个连续过程。

11. 日本血吸虫对人体的危害如下。

(1) 尾蚴:尾蚴性皮炎。

(2) 童虫:肺部炎症。

(3) 成虫:静脉内膜炎。

(4) 虫卵:虫卵性肉芽肿。

肠壁:脓肿溃疡;增生肠腔变窄;甚至癌变。

肝脏:脓肿;形成结节;晚期肝纤维化,导致门脉高压(巨脾、腹水、侧支循环)。

异位损害:虫卵随血流到脑、肺等处引起肉芽肿。

防治:治疗患者:吡喹酮;管理粪便,防止含虫卵粪便污染水源;查螺灭螺;避免接触疫水。

12. 通过输血不可能感染丝虫病。因为丝虫病是指体内有丝虫成虫寄生,产生一系列的临床症状。而输血时如是微丝蚴血症阳性者血液,可通过输血将微丝蚴输入给受血者,微丝蚴输入后可能在短期内产生某些轻微症状,但微丝蚴不会发育至成虫,其有一定的寿命,最终全部死亡。

13. 日本血吸虫成虫寄生于肠系膜静脉。

成虫产出的虫卵约 30% 随血流进入肝脏，但虫卵不能通过肝窦，沉积在肝脏。沉积肝脏的虫卵经约 11 天发育为含有毛蚴的成熟的卵，毛蚴分泌的可溶性虫卵抗原（SEA）刺激机体免疫系统，产生迟发型超敏反应，在虫卵周围形成嗜酸粒细胞、巨噬细胞、成纤维细胞等，聚集于虫卵周围，与淋巴细胞一起构成以虫卵为中心的组织肉芽肿，且有抗原-抗体复合物形成。

反复的炎性刺激及迁延不愈的病程，在虫卵周围形成肉芽肿及其纤维化，导致窦前静脉周围的肝组织广泛的纤维化，逐渐产生肝硬化，并发展为门脉高压。从而在临床上出现脾肿大、侧支循环形成、腹壁、食道、胃底静脉曲张，上消化道出血与腹水等症状。

14. 从诊断上：该孕妇是首次被检出弓形虫抗体 IgG 阳性，现在无法确定是妊娠前还是妊娠后感染，为了进一步确定其体内是否存在活动性感染，因在每间隔 1～2 个月进行重复检测，如果第二次检出的 IgG 滴度是第一次抗体滴度的 4 倍，并在指定的复查机构证实是阳性，应考虑终止妊娠。如不能肯定有活动性感染，又怀疑有弓形虫感染的可能性，在治疗上可考虑用螺旋霉素抑制虫体的增殖。

为了进一步考虑弓形虫感染对胎儿发育带来的危害性，应进行医学监视，可采用两种方法：一是采用影像方法，如 B 超/X 线方法，一旦发现胎儿脑部发育有钙化等病灶，应终止妊娠；第二种方法，在技术能力许可的条件下取羊水进行动物接种，或取脐带血做动物接种、血清学检测，如检出弓形虫阳性应终止妊娠。

（赵　蔚　王兆军　徐大刚）